V&R

Gerettete Kirche

Studien zum Anliegen des Breslauer
Lutheraners Johann Gottfried Scheibel
(1783–1843)

In Verbindung
mit Werner Klän und Peter Maser

herausgegeben
von Peter Hauptmann

Vandenhoeck & Ruprecht
in Göttingen

KIRCHE IM OSTEN

Studien zur osteuropäischen Kirchengeschichte und Kirchenkunde

Im Auftrag des Ostkirchenausschusses der Evangelischen Kirche in Deutschland und in Verbindung mit dem Ostkirchen-Institut der Westfälischen Wilhelms-Universität Münster herausgegeben von Peter Hauptmann

Monographienreihe Band 20

CIP-Kurztitelaufnahme der Deutschen Bibliothek

Gerettete Kirche: Studien zum Anliegen d. Breslauer Lutheraners Johann Gottfried Scheibel (1783–1843) / in Verbindung mit Werner Klän u. Peter Maser hrsg. von Peter Hauptmann, – Göttingen: Vandenhoeck u. Ruprecht, 1987
(Kirche im Osten: Monographienreihe; Bd. 20)
ISBN 3-525-56438-4

NE: Scheibel, Johann Gottfried [Mitverf.]; Hauptmann, Peter [Hrsg.]; Kirche im Osten / Monographienreihe

Gesetzt aus Baskerville auf Linotron 202 System 3
Satz und Druck: Gulde-Druck GmbH, Tübingen
Bindearbeit: Hubert & Co., Göttingen

Inhalt

Mitarbeiter

Pastor Dr. *Klaus Engelbrecht,* Hermannsburg 21, 3583 Wabern 8 (Unshausen)
Prof. Dr. *Peter Hauptmann,* Warendorfer Straße 5, 4400 Münster
Pastor Dr. *Gottfried Herrmann,* Fr.-Engels-Straße 19, DDR-9550 Zwickau
Pastor Dr. *Werner Klän,* Zumsandestraße 22, 4400 Münster
Dr. *Peter Maser,* v.-Siemens-Straße 3 B, 4404 Telgte
Prof. Dr. *Manfred Roensch,* Altkönigstraße 150, 6370 Oberursel/Ts. 1
Pastor Dr. *Christian-Erdmann Schott,* Eleonorenstraße 31, 6500 Mainz-Gonsenheim
Prof. Dr. *Volker Stolle,* Altkönigstraße 150, 6370 Oberursel/Ts. 1

Vorwort

„Gerettete Kirche“ als Obertitel eines Buches, in dem die anläßlich eines Symposions zur 200. Wiederkehr des Geburtstags des Breslauer Theologen Johann Gottfried Scheibel (1783–1843) in der Lutherischen Theologischen Hochschule zu Oberursel gehaltenen Vorträge mit drei weiteren Beiträgen und einer kleinen Auswahl aus Scheibels wichtigstem Schrifttum vereinigt sind, mag außerhalb des strengen Luthertums als Herausforderung empfunden werden. Dieser Obertitel soll indessen keine Wertung des von J. G. Scheibel angeführten Widerstands gegen die Einführung der Union in Preußen suggerieren. Eine solche Wertung kann nur in Abhängigkeit von den jeweiligen kirchlichen Bindungen und theologischen Überzeugungen erfolgen. Vielmehr drängt sich dieser Obertitel insofern auf, als er die kürzeste Formel für das von J. G. Scheibel mit letzter Hingabe verfolgte Anliegen darstellt. In seiner „Actenmäßigen Geschichte der neuesten Unternehmung einer Union zwischen der reformirten und lutherischen Kirche vorzüglich durch gemeinschaftliche Agende in Deutschland und besonders in dem preußischen Staate“ aus dem Jahre 1834 ist an den beiden Höhepunkten der Darstellung von nichts Geringerem die Rede als von der Rettung der Kirche. So beschließt er seinen Bericht über den die Einführung der Union besiegelnden Breslauer Abendmahlsgottesdienst vom 25. Juni 1830 mit den Worten: „Die Lutheraner blieben für sich. Ihre Zahl war für den Augenblick viel kleiner, als sonst; doch wie viele Verführte, Betäubte konnten und können wieder wach werden. *Die Kirche war gerettet*“ (Bd. I, S. 230; Hervorhebung durch den Hrsg.). Und zum Abschluß seiner Abhandlung erklärt er: „Für jetzt war dieser Teil meines Kampfes vollendet. Ich habe zwei Aemter verloren, das Vaterland, die Meinigen verlassen. *Aber die Kirche, das Reich meines Heilandes, wußte ich dort gerettet.* Hallelujah!“ (Bd. I, S. 287; Hervorhebung im Original). Um dieses von ihm verfolgten Anliegens willen aber bleibt die Auseinandersetzung mit seinem Denken und Handeln eine Aufgabe, der sich kein nach dem Wesen der Kirche fragender Theologe entziehen sollte.

Das Oberurseler Symposion vom 12. November 1984 dürfte die erste Veranstaltung dieser Art gewesen sein, auf der sich gemeinsam mit Altlutheranern auch ein Unionslutheraner um eine gerechte Würdigung J. G. Scheibels bemüht hat, und der vorliegende Sammelband die erste Veröffentlichung, in der entsprechende Studien sowohl aus dem freikirchlichen

Luthertum als auch aus der Union vereinigt sind. Daran mag abzulesen sein, daß die Beschäftigung mit J. G. Scheibel und den Anfängen der altlutherischen Bewegung in Schlesien in ein neues Stadium getreten ist, dadurch gekennzeichnet, daß man auf beiden Seiten der apologetischen oder polemischen Einfärbung der Untersuchungen überdrüssig ist. Eine solche Einfärbung ergab sich aus der von Altlutheranern wie von Unionslutheranern gleichermaßen empfundenen Notwendigkeit, die Lutheraner in den von keiner Union betroffenen Landeskirchen jeweils auf die eigene Seite zu ziehen. Dieses Bestreben verführte auf altlutherischer Seite dazu, jegliche Einflüsse auf J. G. Scheibel, die nicht unmittelbar aus seiner lutherischen Bekenntnisbindung abzuleiten waren, in Abrede zu stellen und seine Eigenwilligkeiten zu unterschlagen, auf unierter Seite hingegen dazu, die Augen vor dem ganzen Ausmaß an Übereinstimmung zwischen Luther und Scheibel in der Abendmahlsfrage zu verschließen und Scheibel durch die Unterstellung von Sonderlehren zum Außenseiter zu stempeln. Doch das zu solcher Verzeichnung führende Ringen ist längst zugunsten der Unionslutheraner entschieden, spätestens seit dem Beitritt der lutherischen Landeskirchen zur Evangelischen Kirche in Deutschland und zur Leuenberger Konkordie, und die in der Selbständigen Evangelisch-Lutherischen Kirche mit anderen freikirchlichen Lutheranern verschmolzenen Altlutheraner haben sich schließlich mit der Einsamkeit ihres Weges abgefunden und sind im Bewußtsein ihres höheren Maßes an Übereinstimmung mit der ursprünglichen Kirche der lutherischen Reformation durchaus in der Lage, die Vielzahl der bei der Entstehung ihrer ältesten Gemeinden mitwirkenden Einflüsse vorurteilslos zu erörtern.

Es ist an der Zeit, dem Andenken J. G. Scheibels endlich die Pflege angedeihen zu lassen, die seiner tatsächlichen Bedeutung entspricht; denn im selben Maße, in dem ihn seine Gegner herabzusetzen suchten, hielten auch seine Glaubensgenossen ihm gegenüber auf Abstand, weil er durch die Flüchtigkeit seiner Schreibweise und die Eigenwilligkeit seiner Gedankengänge der Gegenseite eine Fülle allzu bequemer Angriffsflächen darbot. Eine geradezu klassische Formulierung für die frühesten Vorbehalte gegenüber J. G. Scheibel in den eigenen Reihen findet sich in einem Brief von Eduard Kellner (1802–1879), dem Pastor der 1834 durch ihren Widerstand gegen die Einführung der Union berühmt gewordenen Gemeinde in Hönigern bei Namslau, an Wilhelm Löhe (1808–1872), den Pfarrer von Neuendettelsau. „Auf daß sich kein Fleisch rühme", heißt es hier, darum habe Gott „auch die in so schönen Worten gleißende preußische Union mit allen sie stützenden Professoren und 7000 Pastoren durch den zwar tiefblickenden, aber nicht drei Sätze zweckmäßig schreibenden Scheibel stürzen lassen" (Zit. bei R. Rocholl, Geschichte der evangelischen Kirche in Deutschland, Leipzig 1897, S. 488). So wurde denn auch nach J. G. Scheibels Tod keine seiner zahlreichen Schriften wieder aufgelegt, und erst in den dreißiger Jahren unseres Jahrhunderts drängte die Kirchenleitung der damaligen Evangelisch-Lutherischen Kirche Altpreußens auf die Ausarbeitung einer den wissenschaftlichen Anforderungen genügenden Darstellung seines Lebens und Wirkens. Martin Kiunke (1898–1983) hat sie 1939 mit seiner von Hermann Sasse (1895–1976) betreuten Erlanger Dissertation vorgelegt: „Johann Gottfried Scheibel und sein Ringen um die Kirche der lutherischen Reformation". Von der 1941 als Privatdruck hergestellten Erstauflage hat sich jedoch nur eine geringe Anzahl von Exemplaren durch die Kriegswirren hindurch erhalten. Erst durch den 1985 in Göttingen besorgten Nachdruck ist dieses grundlegende Werk als Band 19 unserer Monographienreihe „Kirche im Osten" wieder allgemein zugänglich. Mit ihm gehört die als Band 20 unmittelbar auf ihn folgende vorliegende Studiensammlung auch innerlich aufs engste zusammen. Beide Bände wollen den von der 200. Wiederkehr von J. G. Scheibels Geburtstag am 16. September 1983 ausgehenden Anstößen eine anhaltende Nachwirkung sichern. Gewiß wird sich Eduard Kellners Urteil über J. G. Scheibel nicht in sein Gegenteil verkehren lassen, was die darin enthaltenen Aussagen anlangt, wohl aber hinsichtlich ihrer Gewichtung. Aus dem „zwar tiefblickenden, aber nicht drei Sätze zweckmäßig schreibenden Scheibel" wird für den aus dem inzwischen erreichten zeitlichen Abstand heraus urteilenden Lutheraner der zwar nicht immer zweckmäßig schreibende, aber tiefblickende Scheibel, und diesem vielberufenen Tiefblick Scheibels kommt in der Tat ein in der Geschichte des Luthertums unverwechselbarer Rang zu.

Man darf sich den Zugang zum Zeugnis J. G. Scheibels wie der übrigen lutherischen Väter des 19. Jahrhunderts allerdings nicht dadurch verbauen lassen, daß man es von seinem zeitgeschichtlichen Hintergrund ablöst und am ebenfalls für sich genommenen theologischen Lebenswerk Martin Luthers mißt. Die Bedeutung eines Theologen für seine Kirche hängt ja nicht allein von seiner Originalität und geistigen Größe ab, sondern auch von seiner Fähigkeit, auf die Herausforderungen des jeweiligen Zeitalters die gehörige Antwort zu finden. Da die Herausforderungen des 19. Jahrhunderts jedoch andere waren als die des Reformationszeitalters, konnte es gar nicht ausbleiben, daß neue Antworten gesucht oder doch die alten zumindest abgewandelt wurden. So hat man es in der Kirche der lutherischen Reformation auch allezeit gehalten, und allein die von ihren eindrucksvollsten Vertretern im 19. Jahrhundert geleistete Aktualisierung ihres Lehrerbes wurde vielfach mit der abwertenden Bezeichnung „Neuluthertum" belegt. Dieser Begriff entstammt indessen keiner vergleichenden Betrachtung der verschiedenen Epochen in der Geschichte der Lutherischen Kirche, sondern wurde um rein kirchenpolitischer Zielsetzungen willen eingeführt. In der Kirchengeschichtsschreibung hat er darum auch nichts zu suchen, und wer ihn durchaus gebrauchen will, trübt sich damit nur selbst den Blick. Wie es dem Versuch, Luthers Theologie zu erfassen, nur abträglich sein kann, wenn man den jungen Luther gegen den alten ausspielen wollte, so läßt sich auch die Lutherische Kirche nicht als lebendige Wirklichkeit erfahren, wenn man vor lauter Bewunderung für ihren großen Reformator meinte, ihre besonderen Zeugen aus den folgenden Epochen und zumal dem 19. Jahrhundert übersehen zu dürfen.

Prof. Dr. theol. Peter Hauptmann
Leiter des Ostkirchen-Instituts der
Westf. Wilhelms-Universität Münster

Werner Klän

Johann Gottfried Scheibel
(1783–1843)

Seine Jubiläen teilt Johann Gottfried Scheibel[1] notgedrungen, aber in gewisser Hinsicht auch bezeichnenderweise mit Martin Luther. Aufs Jahr genau drei Jahrhunderte nach dem Reformator ist er geboren, am 16. 9. 1783 nämlich; für sein kirchliches Wirken sind zwei Daten, die ihm das Werk des Wittenbergers bereits vorgab, wichtig geworden: das dreihundertjährige Jubiläum der lutherischen Reformation im Jahr 1817 und die 300-Jahr-Feier des Augsburgischen Bekenntnisses im Jahre 1830. Diese beiden Jubelfeste mußten im Königreich Preußen den Anlaß hergeben, daß die vom König gewünschte[2], von seinen Hoftheologen befürwortete[3]

---

[1] Die nach wie vor gründlichste Untersuchung zu Scheibel stammt von M. Kiunke: Johann Gottfried Scheibel und sein Ringen um die Kirche der lutherischen Reformation, Erlangen 1941, ND: Göttingen 1985 (= KiO Monographienreihe 19). Kiunke hat das unbestreitbare Verdienst, auf der Grundlage der Archivalien im Archiv des Oberkirchenkollegiums der Evangelisch-lutherischen Kirche in Preußen die entstellenden Darstellungen von H. T. Wangemann: Sieben Bücher Preußischer Kirchengeschichte, Berlin 1859–1861 (künftig: Wangemann, 7 Bücher) und E. Foerster: Die Entstehung der Preußischen Landeskirche unter der Regierung König Friedrich Wilhelms des Dritten. Ein Beitrag zur Geschichte der Kirchenbildung im deutschen Protestantismus, 2 Bde., Tübingen 1905–1907 (künftig: Foerster) korrigiert zu haben. Allerdings ist Kiunkes Darstellung ihrerseits zu apologetisch. Darauf machen neuerdings P. Maser: Georg Philipp Eduard Huschke an Hans Ernst von Kottwitz. Eine Untersuchung zum Verhältnis der altlutherischen Opposition in Breslau zur Erweckungsbewegung in: KiO 25, 1982, S. 11–63, bes. S. 35ff. (künftig: Maser, Huschke) und V. Stolle: Johann Gottfried Scheibel. Zur Wiederkehr seines Geburtstages am 16. 9. 1983, in: Lutherische Theologie und Kirche (künftig: LThuK) 3/1983, S. 81–107 (zit.: Stolle) bes. S. 95ff. aufmerksam. Während Maser Scheibel stärker in die Erweckungsbewegung einordnet, sieht Stolle ihn eher als Theologen im Gegenüber zum deutschen Idealismus. Beide Thesen müßten noch einmal eingehend überprüft werden.

[2] Friedrich Wilhelm III. hat diesen Wunsch als den seinen in der Kabinettsordre vom 27. 9. 1817 unmißverständlich zum Ausdruck gebracht; der Wortlaut bei Wangemann, 7 Bücher I, S. 28ff.

[3] Vgl. die einschlägigen Ausführungen bei Foerster, I, S. 169ff., 199ff. Der hervorragende Befürworter der Union in Preußen war ohne Zweifel Schleiermacher: Schleiermacher, F. D. E.: Der christliche Glaube nach den Grundsätzen der evangelischen Kirche im Zusammenhang dargestellt [1821/22] in: Friedrich Daniel Ernst Schleiermacher, Kritische Gesamtausgabe (Hrsg. von Hans-Joachim Birkner und Gerhard Ebeling) Abtei-

und dem Geist der Zeit so naheliegende[4] Vereinigung der lutherischen und der reformierten Kirchen ins Werk gesetzt[5] und zur Durchführung gebracht[6] wurde. Es war Johann Gottfried Scheibel – und zuerst er fast ganz allein[7] –, der im Namen des Rechtes der lutherischen Kirche gegen diese staatlich beförderte Zerstörung ihres Bestehens protestierte und damit den entscheidenden Anstoß gab zur Entstehung einer bekenntnisgebundenen Oppositionsbewegung, die in die Gründung der Evangelisch-lutherischen Kirche in Preußen[8] – der sogenannten „altlutherischen" Kirche – mündete.

Wer war der Mann, der so beharrlich am Erbe der lutherischen Kirche festhielt? Wie begründete und wie führte er seinen Kampf gegen die Union? Und welche Wirkungen rief er hervor? In drei Abschnitten wollen wir uns im folgenden mit Scheibel beschäftigen: zunächst mit seiner

---

lung 1, Band 7, 1 und 7,2 hrsg. von Hermann Peiter, Band 7,3 hrsg. von Ulrich Barth. Berlin 1980/84; dazu K.-M. Beckmann: Unitas Ecclesiae. Eine systematische Studie zur Theologiegeschichte des 19. Jahrhunderts, Gütersloh 1967, S. 37ff. Scheibel hat bald die Theologie Schleiermachers kategorisch abgelehnt; vgl. J. G. Scheibel: Allgemeine Untersuchung der christlichen Verfassungs- und Dogmen-Geschichte mit Rücksicht auf Zeit und Vaterland, Breslau 1819, S. VII–X.

[4] Vgl. z. B. die von Scheibel unabhängigen Thesen von C. Harms: Das sind die 95 theses oder Streitsätze Dr. Luthers, theuren Andenkens. Zum besonderen Abdruck besorgt und mit andern 95 Sätzen als mit einer Übersetzung aus Ao. 1517 in 1817 begleitet von Claus Harms, Archidiakonus an der St. Nicolaikirche in Kiel, Kiel 1817 (ND in: Claus Harms. Ein Kirchenvater des 19. Jahrhunderts. Auswahl aus seinen Schriften, hrsg. von Johann Schmidt, Gütersloh 1976, S. 60ff.); dazu die Grundbestimmungen der Unionen in Baden, Rheinbayern, Rheinhessen, Nassau, Rheinland, Westfalen, Lichtenberg, Saarbrücken bei C. I. Nitzsch: Urkundenbuch der Evangelischen Union mit Erläuterungen, Bonn 1853. Scheibels eigene Anschauung ist in dieser Hinsicht seit spätestens 1815 klar und bleibt bis zu seinem Tode unverändert; vgl. Anm. 27.

[5] Die Kabinettsordre vom 27. 9. 1817 war nur die Intitialzündung. Von wenigen Ausnahmen abgesehen, kam es in Preußen allerdings kaum zur Durchführung von Unionsmaßnahmen. Erst mit Hilfe der vom König verfaßten Agende wurde allmählich auch ein Fortschritt in der Unionsfrage erzielt; s. u. S. 19f.

[6] Der Text der königlichen Kabinettsordre vom 4. 4. 1830 bei J. G. Scheibel: Actenmäßige Geschichte der neuesten Unternehmung einer Union zwischen der reformirten und lutherischen Kirche vorzüglich durch gemeinschaftliche Agende in Deutschland und besonders in dem preußischen Staate. Erster Theil, Die Geschichts-Erzählung selbst enthaltend, Leipzig 1834; Zweiter Theil, enthaltend hundert und zwei und dreißig Acten-Stücke, Leipzig 1834 (künftig: Scheibel, Geschichte); hier II, S. 33ff.

[7] Vgl. die 95 Thesen von C. Harms, z. B. These 75: „Als eine arme Magd möchte man die lutherische Kirche jetzt durch eine Copulation reich machen. Vollziehet den Act ja nicht über Luthers Gebein! Er wird lebendig davon und dann – Weh euch!"

[8] So ihre offizielle Selbstbezeichnung seit der kirchlichen Reorganisation im Jahr 1841; vgl. die Beschlüsse der von der evangelisch-lutherischen Kirche in Preußen im September und October 1841 zu Breslau gehaltenen Generalsynode. Leipzig 1842, Titelblatt; S. 8. Der staatlich konzessionierte Name war „Gemeinschaft der von der evangelischen Landeskirche sich getrennt haltenden Lutheraner", wie ihn die „Generalconcession" vom 7. 8. 1845 vorschrieb; der Wortlaut bei Wangemann, 7 Bücher II, S. 411–415.

Herkunft und seinem Werdegang, dann mit seinem Kampf gegen die Preußische Union und schließlich mit seiner Auswirkung auf die lutherische Kirche. Zuletzt soll der Versuch gemacht werden, ihn zusammenfassend in seiner Bedeutung für die selbständigen evangelisch-lutherischen Kirchen zu würdigen.

1. Johann Gottfried Scheibels Herkunft und Werdegang

Am 16.9.1783 wurde Johann Gottfried Scheibel als einziger Sohn der Eheleute Johann Ephraim Scheibel und seiner Ehefrau Johanna Christiane, geb. Morgenroth geboren[9]. Das Elternhaus in Breslau war geprägt von einem lutherisch-kirchlichen Geist. Überhaupt ist festzustellen, daß in Schlesien das kirchlich-bekenntnismäßige Bewußtsein am Ende des 18. Jh.s noch weitaus stärker ausgeprägt war als im übrigen Deutschland. Weder Pietismus noch Aufklärung hatten größere Einbrüche in das schlesische Luthertum erzielen können, stand doch die lutherische Kirche bis zum Jahre 1740 unter der drangvollen Herrschaft der katholischen Habsburger[10]. Eine „konservative Grundhaltung"[11] ist somit ohne Zweifel auch für Scheibels Elternhaus kennzeichnend. Johann Gottfried wurde schon früh in die Bibel, dazu auch in den Gottesdienst und die Geschichte seiner schlesischen Heimat eingeführt und entscheidend dadurch beeinflußt[12].

Im Jahr 1801 begann er sein Studium an der Universität Halle. Dort schon beschäftigte er sich intensiv mit der Auslegung der hl. Schrift, dazu angeleitet von Georg Christian Knapp[13], dem ihm immer „unvergeßli-

[9] Die Angaben nach Kiunke, S. 39–40.

[10] Zu den Einzelheiten vgl. Kiunke, S. 8–28; Maser wertet diese Situation als „Belastungen des habsburgischen ‚Erbes' für das geistige und insbesondere kirchliche Leben Schlesiens"; vgl. Maser, Huschke, S. 37. Es wäre zu fragen, ob bei dieser Wertung nicht eine Art Fortschrittgedanke als ideologische Leitlinie mitgewirkt hat. Zu Scheibels eigener Sicht der Dinge vgl. Geschichte I, S. 15f.

[11] Maser, Huschke, S. 38.

[12] Scheibel, Geschichte I, S. 21: „Meine historischen Studien führten mich, ohne alle praeoccupata opinio, auf die Urquelle des Christentum, *die Bibel.*" Über seinen theologischen Werdegang hatte sich Scheibel schon 1816 in seinen Untersuchungen zur Bibel und Kirchengeschichte, S. I–VIII, dazu 1819 in seiner Allgemeinen Untersuchung der christlichen Verfassungs- und Dogmen-Geschichte, S. III–XVI, dann wieder in seinem theologischen Hauptwerk Das Abendmal (sic!) des Herrn. Historische Einleitung, Bibel-Lehre und Geschichte derselben. Ausführliche Erläuterung früherer Schrift, Breslau 1823, S. X–XXX geäußert. Diese autobiographischen Verlautbarungen sind bisher noch nicht gründlich im Zusammenhang untersucht worden; vgl. dazu unten S. 14f.

[13] Georg Christian Knapp (1753–1825); Scheibel hat auf ihn eine Gedächtnisrede verfaßt; vgl. Anm. 17.

chen Lehrer"[14]. Bei Knapp lernte Scheibel die „*biblische* Dogmatik"[15] und kam zum Entwurf einer „*biblischen Theologie*"[16]. Als ein durch und durch geschichtlich denkender Theologe[17] unterscheidet Scheibel von der Bibel zwar die spätere Ausformung der kirchlichen Bekenntnisse. Aber im Unterschied zur Wissenschaft seiner Zeit spielt er die biblische nie gegen altkirchliche und reformatorische Dogmatik aus[18]. Vielmehr kommt er zu dem Urteil: „Nur die christlichen Ideen werden von der Geschichte bestätigt."[19] So im Jahr 1823.

Zwanzig Jahre zuvor, mitten im Studium, mußte auch Scheibel eine Krise seines Glaubens durchstehen. Er wandte sich der damals modernen Naturphilosophie[20] zu, begeisterte sich für die Ideen der aufkommenden Romantik. So kann man mit Fug und Recht sagen, daß Scheibel die Auseinandersetzung mit dem Geist seiner Zeit nicht nur geführt, sondern durchlebt hat, und zwar in einem solchen Maße, daß ihm der Glaube an den Gott der Bibel abhanden kam[21]. Erst die innere Überführung von der

---

[14] J. G. SCHEIBEL: Die evangelische Lehre: der gesegnete Kelch und das gesegnete Brodt im heil. Abendmahl sind die Gemeinschaft des Leibes und Blutes Jesu Christi (1. Cor. 10,16.), Predigt gehalten am 22. p. Trin., 2. 11. 1917, Vorwort; vgl. MASER, Huschke, S. 38f. Schon seine Untersuchung über Bibel und Kirchengeschichte hatte Scheibel u. a. „Herrn D. und Profeßor Knapp in Halle, seinem ewig theuren Lehrer" gewidmet.

[15] SCHEIBEL, Geschichte I, S. 30; „Kurz, die Theologia biblica wurde die einzige Richtschnur meiner Ueberzeugung." Untersuchungen über Bibel und Kirchengeschichte, S. III.

[16] Geschichte I, S 30.

[17] Eigentlich hatte Scheibel statt Theologie Geschichte studieren wollen; nur im Gehorsam gegen den Vater nimmt er 1804 davon Abstand, nach Göttingen zu gehen, um das Studium der Geschichte zu beginnen. Es war wohl Knapp, bei dem Scheibel lernte, daß man auch als Theologe Historiker sein konnte und durfte; vgl. J. G. SCHEIBEL: Gedächtniss-Rede auf Georg Christian Knapp, beim Anfang der Winter Vorlesung (den 31. October 1825) gehalten, Breslau [1825]. Historische Studien haben Scheibel jedenfalls sein Leben lang begleitet; auf diese Weise ist er denn auch der herausragende Geschichtsschreiber der „altlutherischen Bewegung" geworden; vgl. Geschichte I, S. 18f; Untersuchung über Bibel und Kirchengeschichte, S. Vf.; dazu STOLLE, S. 102, Anm. 61.

[18] „Daß nun jene *christliche Dogmatik* in den *kirchlichen Systemen* verschiedenartig dargestellt worden, welche Veränderungen die Dogmengeschichte nachweist, ist mir auch wohl nicht fremd geblieben; aber allerdings leugne ich, daß die wahrhaft gläubigen Kirchenlehrer irgend einer Zeit eigentlich neue Dogmen erfunden haben. *Terminologien* und *systematische Darstellungen* haben sie aufgebracht, aber nicht andere, als die *biblischen Ideen.*" Abendmal 1823, S. XVII, vgl. KIUNKE, S. 50f.

[19] Abendmal 1823, S. XVI.

[20] Als Hauptvertreter nennt Scheibel selbst neben Kant, der aber wohl kaum größeren Eindruck bei ihm zu hinterlassen haben scheint, vor allem Schelling und Steffens; Geschichte I, S. 25.

[21] Die einschlägigen autobiographischen Äußerungen finden sich bei J. G. SCHEIBEL: Allgemeiner Untersuchung der christlichen Verfassungs- und Dogmen-Geschichte mit Rücksicht auf Zeit und Vaterland, S. IVff.; Geschichte I, S. 25ff. Eine genaue Analyse der Texte kann hier nicht stattfinden. Sie scheinen jedoch übereinstimmend zu belegen, daß Scheibel 1803/04 eine Art Bekehrung erfuhr, die in der Abkehr von Naturphilosophie

Wahrheit der Bibel gab ihm je länger je mehr die Grundlage für eine umfassende Sicht von Geschichte und Gegenwart: „[...] der dreieinige Gott und sein Wirken war mir Princip des Erkennens.“[22] Solcherlei biblische Theologie fand Scheibel schließlich in den Bekenntnisschriften der lutherischen Kirche angemessen zum Ausdruck gebracht. Bei wiederholter Prüfung[23] ergab sich ihm die völlige Übereinstimmung der Schriftlehre mit der Lehre der lutherischen Kirche in ihren Bekenntnissen: „Mein eigenes unausgesetztes Schrift-Studium bestätigte mir allein die kirchliche Exegese.“[24]

Auf einem Gebiet freilich mußte Scheibel sich diese Überzeugung von der Entsprechung der biblischen Aussagen und der lutherischen Kirchenlehre hart erarbeiten; das war die Lehre vom hl. Abendmahl. Bei seinem Lehrer Knapp in Halle hatte sich der Student Scheibel, entgegen seiner kirchlichen und väterlichen Unterweisung, eine Abendmahlsauffassung angeeignet, die der Zwinglis und der reformierten Kirche nahekam[25]. Nur immer erneutes Studium der neutestamentlichen Stellen[26] brachte ihn allmählich zu der Erkenntnis, daß das lutherische Verständnis der Einsetzungsworte das richtige sei[27]. Dabei stützte sich Scheibel vor allem auf den zweiten Teil der Rede Jesu über das Lebensbrot Joh. 6[28]. Erst als ihm auch dieser Text als verläßliche Deutung der Einsetzungworte aufgeht,

und Romantik und gleichzeitiger Rückkehr zur Autorität der hl. Schrift bestand, freilich erst in einem zweiten Schub zur völligen Ablösung vom Weg philosophischer Erkenntnis bei gleichzeitig vollständiger Hinkehr zur Wahrheit der Bibel ihr Ziel fand. Bei der Beurteilung derartiger Phänomene darf eine Fixierung auf punktuelle Erlebnisse keinesfalls den prozessualen Charakter solcher Entwicklungen überdecken.

22 Geschichte I, S. 28.

23 Vgl. Geschichte I, S. 30f., 33.

24 A.a.O., S. 33.

25 Predigt vom 2. 11. 1817, S. 5; dazu Kiunke, S. 58, 74–76; Stolle, S. 83–87.

26 „So ward die Wahrheit nur durch erneutes Forschen, welches die Gnade leitete, erkannt.“ Predigt vom 2. 11. 1817, S. 5.

27 „Und so ward ich denn auch, nur durch die Bibel selbst, auf *das Richtige der lutherischen Abendmals-Lehre* aufmerksam.“ Geschichte I, S. 33; etwas allgemeiner und unbestimmter schon 1814, J. G. Scheibel: Die Würde der evangelisch-lutherischenn Kirche. Predigt am Reformations-Fest 1814 in der Barbara-Kirche in Breslau gehalten; und mit einigen Bekenntnissen für die in Berlin vereinte geistliche Commission zur Anordnung des evangelischen Cultus herausgegeben von J. G. Scheibel. Breslau 1816; hier spricht Scheibel „von der *wahren* Lehre vom Abendmal (sic!), nach dem wörtlichen Sinn der Lehre Jesu und Pauli, die Zwingli mißverstand“ (S. 17).

28 So schon in seiner Predigt vom 2. 11. 1817, S. 7–14; dann gesondert behandelt in J. G. Scheibel: Das Abendmahl des Herrn. Bibellehre und historische Untersuchung, Breslau 1821; Das heilige Opfermahl des Bundes der Liebe mit dem Herrn, das er den Seinigen bei dem Anfange seiner versöhnenden Leiden anordnete. Predigt gehalten Freytags nach dem Sonntag Judica, den 13. April 1821 über Matth. XXVI, 26–29, Breslau 1821; vgl. dazu Geschichte I, S. 70f. Hierauf entbrannte eine heftige literarische Fehde zwischen Scheibel und seinem Jugendfreund, dem rationalistisch gesonnenen Kollegen David Schulz; vgl. Kiunke, S. 109ff.

dringt Scheibel zu der Gewißheit der lutherischen Abendmahlsauffassung durch, um sie dann sein Leben lang gegen alle vernunftgläubige Kritik oder auch gegen die reformierte Deutung festzuhalten[29].

So wurde für ihn die lutherische Lehre vom hl. Abendmahl geradezu der Mittelpunkt seiner Theologie, „der Schlüssel zur Beurteilung theologischer Positionen und kirchlicher Vorgänge“: „Es ist diese Überzeugung von dieser Feier nicht eine einzelne, für sich bestehende Lehre, nicht eine Ansicht, die an sich gleichgültig oder doch wenigstens für übrige Wahrheiten des Christentums nicht entscheidend, angenommen werden kann als ein höheres Geheimnis oder nicht. Nein, [...] auf unsern ganzen Glauben an Jesum, auf unsere ganze Hoffnung zu ihm hat sie die bedeutsamste Wirkung.“[30] Eben das ist der tiefere Grund für Scheibels Überzeugung, daß eine unbiblische Abendmahlslehre, wie er sie bei der reformierten und der römisch-katholischen Kirche erkennt, notwendig kirchentrennenden Charakter hat. Daher kommt für ihn kirchliche Gemeinschaft, die am Altar praktiziert wird, mit andersgläubigen Christen, so sehr Scheibel sie auch persönlich ehrt und respektiert, nicht in Betracht[31].

Inzwischen hatte Scheibel seine theologischen Examina bestanden und war in der Laufbahn eines Geistlichen in Breslau bis zum Diakonus an der St.-Elisabeth-Kirche, der Hauptkirche der Stadt, aufgestiegen. Hier sammelte sich je länger, je mehr eine „Personalgemeinde“ um ihn, die von anfänglich 115 bis auf etwa neunhundert Seelen im Jahre 1827 anwuchs[32]. Dieses Phänomen ist vor allem auf Scheibels Predigtweise zurückzuführen[33]. Ohne zu übertreiben, werden wir Scheibel als *den* Erweckungsprediger Breslaus bezeichnen können[34]. Hinzu kam Scheibels außerordentliche seelsorgerliche Begabung, die er vor allem als Beichtvater seiner Gemeindeglieder an den Tag legte[35]. So sammelte sich im Laufe der Zeit

---

29 J. G. SCHEIBEL: Nöthiges Zeugnis von meinem unverrückten lutherisch-kirchlichen Bekenntnis, Nürnberg 1842.

30 Geschichte II, S. 280f.; dazu auch J. G. SCHEIBEL: Communion-Buch (künftig: SCHEIBEL, Communion-Buch), Breslau 1827, S. 120f. 130; KIUNKE, S. 209–222; STOLLE, S. 83–87.

31 Z. B. Communion-Buch, S. 175; vgl. auch seine Aussage: „Ich liebe, ich ehre Reformierte; aber ans Altar kann ich nicht mit ihnen gehen. Ich ehre, ich liebe Katholiken, ihre Messe halte ich für Götzen-Opfer.“ Geschichte I, S. 47f. Über seine Stellung zur röm.-kath. Kirche vgl. J. G. SCHEIBEL: Archiv für historische Entwickelung und neueste Geschichte der Lutherischen Kirche, Erstens und Zweytes Heft, Nürnberg 1841, S. 49–229.

32 Geschichte I, S. 79f.

33 Dies belegen unabhängig voneinander R. Rothe, A. Tholuck, J. Müller, H. Steffens, G. Ph. E. Huschke; vgl. KIUNKE, S. 140ff., dazu MASER, Huschke, S. 42 und 47.

34 KIUNKE, S. 138ff.; eine genaue homiletische Untersuchung der Predigten Scheibels steht noch aus; leider sind aus seiner Frühzeit nur wenige Predigten im Druck erhalten; die späteren spiegeln dann schon die Erfahrungen des Unionskampfes wieder, sind also nicht eigentlich mehr als *Erweckungs*predigten zu verstehen.

35 Geschichte I, S. 80; vgl. KIUNKE, S. 155f.

eine Schar erweckter Christen, denen das Recht und die Würde der lutherischen Kirche viel bedeutete. Diese Gemeinde Scheibels bildete späterhin den Kern und Kristallisationspunkt der lutherischen Opposition gegen die Einführung der Union.

Scheibel selbst hatte sich im Jahre 1811 um ein Lehramt an der neu gegründeten Universität Breslau beworben[36] und war vom Kultusminister mit der Wahrnehmung einer außerordentlichen Professur der Theologie betraut worden; 1818 wurde er gar ordentlicher Professor[37]. Als biblisch gebundener, bekenntnismäßig ausgerichteter Theologe stand Scheibel in der damaligen Universitätslandschaft völlig allein[38]. Niederschmetternd ist sein Urteil über die vernunftgläubige Theologie seiner Zeit: „Sie ist mit Einem Wort das furchtbare Unternehmen: das innerste Heidenthum zu Christenthum, und das Wesentliche des Christenthums zu Judenthum zu machen."[39] Indessen läßt sich Scheibel durch diese Einschätzung keineswegs zur Wissenschaftsfeindlichkeit verleiten. „Die wahre Wißenschaft ist der Schutz der Bibel und des Christenthums", kann er sagen[40]. Er meint damit eine Art der Forschung, die möglichst vorurteilsfrei[41] sich dem Anspruch der hl. Schrift, Gottes Wort zu sein, unterstellt, zugleich aber unter Aufbietung aller philologischen, grammatischen und historischen Kenntnisse den Wortsinn der hl. Schrift ermittelt[42]: „Wir haben blos zu

36 Seine Bewerbungsschrift trägt den Titel: Einige Bemerkungen über das Studium der Universalgeschichte, Statistik und Kirchengeschichte, Breslau 1811.

37 Er wurde jedoch in die Fakultät nicht aufgenommen; das verhinderte David Schulz. Vgl. Geschichte I, S. 19; Kiunke, S. 109ff.

38 Sein Urteil über die eigene Position im Jahre 1834 dürfte für seine gesamte akademische Tätigkeit gültig sein: „Doch eben mit diesem meinem so ganz strengen Luthertum bin ich ja mit dem ganzen theologischen Zeitalter, und zwar auch selbst mit den Gläubigen in ihm in Zwiespalt." (Geschichte I, S. 69). Ganz ähnlich auch ein Jahr zuvor: „Es ist daher nothwendig, da ich, leider! *allein* noch in Deutschland wissenschaftlich den lutherischen Lehrbegriff vertheidige, vorerst, bis meine theologische Encyklopädie und Zeitschrift erscheinen, wenigstens eine Confession zu geben." (Biblische Belehrungen über lutherischen und reformirten Lehrbegriff und Union beider Confessionen, zugleich mit einigen kirchenhistorischen Angaben, als Antikritik zweier Recensionen in der Beilage der schlesischen Provinzial-Blätter, Juli 1832, Dresden 1833, S. 46f.)

39 Ebd., S. 49; Scheibel bezieht sich hier auf seine Vorlesung im Jahre 1814/15, „also 2 Jahr vor aller Unionsfehde".

40 Untersuchungen über Bibel und Kirchengeschichte, S. XXXIII.

41 Jedenfalls nimmt er für sich in Anspruch, ohne Vorurteil auf die hl. Schrift zugegangen zu sein; vgl. Anm. 12.

42 „Ganz irrig ist [...], daß die grammatisch-historische Interpretation auf Rationalismus oder Subjectivität, wenn nicht die kirchlichen Bekenntnisse Princip sind, *beruhe* [...]. Grobe Schnitzer gegen Philologie begeht der Rationalismus, sündigt also gegen den Glauben nicht *wegen* der Philologie, sondern *gegen* Philologie, und *verdreht* die Bibel zunächst gegen d[en] Sprachgebrauch u[nd] gegen *die Geschichte.*" (Archiv für historische Entwickelung und neueste Geschichte der Lutherischen Kirche, S. 197.) „Die grammatisch-histor[ische] Exegese ist nicht ein Vehikel nur, sondern *selbständige* Gabe des heil[igen] Geistes, wie jede Wissenschaft, 1 Cor XII., 10." (ebd., S. 199) „Es ist daher ganz falsch, wenn wegen

fragen: Was ist darinn gesagt?"[43] Gerade diese Auslegung der Bibel führt nach Scheibel aber auf diejenigen Wahrheiten, die die lutherische Kirche in ihren Bekenntnissen ausspricht[44]. Hatte er dies für unumstößlich erkannt und fand er dies unwiderleglich begründet, dann mußte jeder Versuch, die biblische Wahrheit der lutherischen Theologie, besonders ihrer Abendmahlsauffassung, zu verdrängen, Scheibels schärfsten Protest hervorrufen. Im Jahre 1817 war dieser Augenblick gekommen.

2. Johann Gottfried Scheibels Kampf gegen die Einführung der Union in Preußen

Am 27. 9. 1817 erließ König Friedrich Wilhelm III. eine Kabinettsordre[45], in der er seinen Wunsch zum Ausdruck brachte, es möchte in Preußen „Eine neu belebte evangelische-christliche Kirche" entstehen. Diese sollte nach seinen Vorstellungen „eine wahrhaft religiöse Vereinigung" [...] „nach ächt biblischen Grundsätzen" darstellen, in der, wie der König sich ausdrückte, „das Außerwesentliche beseitigt und die Hauptsache im Christentum, worin beide Confessionen eins sind", festgehalten werde. Bei der Erreichung dieses Zieles sollte aller Zwang, auch alle Überredung ausgeschlossen sein.

Dieser Aufruf hatte zwar zunächst nur geringen Erfolg[46]. In Breslau fand eine unierte Abendmahlsfeier z. B. nur in der Theologischen Fakultät der Universität statt. Als einziger der Professoren beteiligte sich Scheibel hieran nicht[47]. Vielmehr legte er in seiner Predigt am dritten Festtag des Reformationsjubiläums, dem 2. 11., die lutherische Abendmahlslehre dar[48]: „Ist's *unerheblich,* was wir beim Abendmahl uns *denken?*", fragte er seine Gemeinde[49]. Diese Predigt wurde in zwei Auflagen gedruckt und fand also einige Verbreitung[50]. Damit mußte einer kirchlich

dem Rühmen der Rationalisten von der grammatisch-histor[ischen] Interpretation, diese selbst durch Gläubige verdächtigt wird. Sie selbst, diese Interpretation, hat ihren guten Grund. Die Rationalisten stützen sich *nicht durch sie,* sondern durch ihre *vorsätzlichen Lügen* und *Schnitzer* gegen den Sprachgebrauch des A. u[nd] N.T." (ebd., S. 273; vgl. Abendmal 1823, S. XXff.).

43 Archiv für historische Entwickelung und neueste Geschichte der Lutherischen Kirche, S. 273.

44 Vgl. Abendmal 1823, S. XVII f.; ganz analog seine Stellung zu Luther, S. XVIII f.

45 Vgl. K. Wappler: Der theologische Ort der preußischen Unionsurkunde vom 27. 9. 1817 (= Theologische Arbeiten 35), Berlin 1978, S. 9f.

46 Foerster I, S. 280ff.

47 Geschichte I, S. 58.

48 S. Anm. 25.

49 A.a.O., S. 21; vgl. Kiunke, S. 98.

50 Nach Scheibel, Geschichte I, S. 58 wurden von beiden Auflagen in Breslau fünfhundert Exemplare verbreitet.

interessierten Öffentlichkeit, zumindest in Breslau klar sein, wo Scheibel in der Frage der Union stand. Seine bekenntnistreue Stellung trug ihm denn auch alsbald die Feindschaft seiner Kollegen an der Universität ein[51]. Zwar machte die Union in Preußen zunächst kaum weitere Fortschritte, doch versuchten die Staats(-Kirchen-)Behörden, mit Hilfe von Synoden die Vereinigung der lutherischen und der reformierten Kirche voranzubringen[52]. Unter Leitung der Theologischen Fakultät arbeitete dann im Oktober 1822 eine solche Synode in Breslau ein Einigungsdokument aus.

Scheibel aber hatte mittlerweile immer deutlicher seine Abendmahlstheologie dargelegt: „[...] ich werde, – Jesus Christus, der Richter der Lebendigen und der Toten, zur Rechten des Vaters ist Zeuge – ich werde, bis diese Lippen erblassen und diese Hände erstarren, nur den Leib und das Blut des Herrn im heiligen Mahl der Gemeinde bekennen und geben, und nichts anderes will ich je in diesem Mahl empfangen als Leib und Blut meines Herrn, meines Heilandes und Gottes."[53]

So kann Scheibels sowohl für die Synode, als auch für ihn höchst kennzeichnendes Urteil über diese Art der Einigungsbemühungen nicht verwundern:[54] „In zwei Morgen ungefähr von 8½ bis 1 Uhr war eine neue Dogmatik gemacht. So schnell war sonst keine Synode mit einem einzigen Dogma oder einigen wenigen Ritual-Gesetzen fertig."[55] Scheibel kritisiert also eine offenkundige Oberflächlichkeit in der Behandlung dogmatischer Fragen.

Überdies stießen zur Überraschung der Breslauer Geistlichkeit ihre Bemühungen auch bei den kirchlichen Behörden in Berlin nicht auf Gegenliebe[56]. Der Rat der Stadt Breslau lehnte schließlich 1824 die Einführung der Union vollends ab[57]. Dieser Vorgang ist wohl auf die Veröffentlichung der großen Abendmahlsschrift Scheibels im Jahr 1823 zurückzuführen. So waren die Unionspläne des Königs in Breslau, zumindest für's erste, gescheitert.

Unterdessen hatte jedoch Friedrich Wilhelm III. einen erneuten Anlauf zur Durchsetzung seines Vereinigungsvorhabens unternommen. Auf der Grundlage von Vorarbeiten einer „Geistlichen Kommission" hatte er eine neue Agende für die Hof- und Garnisonsgemeinde in Potsdam und

---

[51] Vgl. a.a.O., S. 45, 59.

[52] Vgl. Geschichte I, S. 59ff.; die dazu gehörigen Dokumente Geschichte II, S. 5–19; Scheibels Votum dazu S. 19–30.

[53] Predigt vom 13. 4. 1821, S. 16; vgl. KIUNKE, S. 111; dazu auch Abendmahl 1821.

[54] Unionsverhandlungen der Synode zu Breslau 1822, Breslau 1822, zitiert nach KIUNKE, S. 468; vgl. auch KIUNKE, S. 118–137.

[55] Geschichte I, S. 71.

[56] Die Aufstellung eines Unionssymbols widerstritt völlig den Intentionen am Berliner Hof; vgl. FOERSTER II, S. 45ff.

[57] Vgl. KIUNKE, S. 173.

für die Garnisons-Kirche in Berlin selbst erarbeitet und im Jahr 1816 einführen lassen. Im Jahr 1822 erschien dann die umgearbeitete „Kirchen-agende für die Hof- und Dom-Kirche in Berlin", gleichfalls aus der Feder des Königs stammend. Scheibel hatte schon 1816 die Geistliche Kommission gewarnt: „Bestimmen Sie also, Hochwürdige, was Sie wollen, und es werde befohlen, was Sie wünschen; sobald *neue symbolische Bücher, irgendein neues Sakrament,* oder eine nur *eben so* feierliche Handlung als Taufe und Abendmahl, sobald endlich Glauben constituierende Synoden eingeführt werden, so müssen wir wahre Lutheraner uns [...] von allem Gehorsam gegen Ihre Verfügungen lossagen. [...] Die Lutheraner werden *zu leiden* verstehen *um Jesu willen.*"[58] Das war ein wahrhaft prophetisches Wort.

Aber auch andernorts stieß die neue Agende, wenn auch aus anderen Gründen als bei Scheibel, nicht auf Gegenliebe[59]. Scheibel konnte zunächst seine Amtsbrüder an der St.-Elisabeth-Kirche in Breslau dafür gewinnen, in einem Gutachten ihrer Ablehung der Agende Ausdruck zu verleihen[60]. Nach ihrer gemeinsamen Überzeugung war die neue Gottesdienstordnung nämlich praktisch uniert. Daher durfte sie kein Recht und keinen Raum in der lutherischen Kirche finden. Dieselbe Stellung nahm Scheibel ein. Er führte den Nachweis, daß die königlich verordnete Agende nur den Zweck habe, die kirchliche Union auf dem Weg über den Gottesdienst einzuführen[61]. Es müsse aber auch der Gottesdienst ganz und gar Gottes Wort und dem Bekenntnis einer Kirche entsprechen; so dürfe z. B. beim hl. Abendmahl die klare Bezeugung der realen Gegenwart von Christi Leib und Blut nicht verschwiegen, verdrängt oder verschleiert werden[62].

Überhaupt aber sprach Scheibel dem – reformierten! – König das Recht ab, in das innere Leben der lutherischen Kirche einzugreifen, wie Friedrich Wilhelm III. es durch die Anordnung der Agende getan hatte. Scheibel sah darin eine Verletzung der altangestammten Rechte der lutherischen Kirche für ihr unangetastetes Bestehen[63].

---

58 Die wahre Würde der evangelisch-lutherischen Kirche, S. 11f., 13; zur Agende vgl. FOERSTER II, S. 55–210.

59 Zum Agendenstreit vgl. FOERSTER II, S. 70–92.

60 Der Wortlaut auszugsweise bei E. ZIEMER: Vor 100 Jahren. Aktenmäßige Ergänzungen zur Entstehungsgeschichte der ev.-luth. Gemeinde in Breslau, Breslau 1930, S. 52.

61 Votum des Diakonus Scheibel in Sachen der Berliner Hof- und Dom-Agende vom 5. 10. 1828; der Wortlaut Geschichte II, S. 30–33. Erst 1836 erschien seine gründliche theologische und liturgische Analyse, J. G. SCHEIBEL: Luthers Agende und die neue Preußische. Genaue Vergleichung Beider, nebst ausführlichen Erörterungen der Geschichte der lutherischen Agenden in Deutschland und der Wittenberger Concordie von 1536, als Prüfung der Schrift: „Luther in Beziehung auf die Evangelische Kirchen-Agende in der (sic!) königl. preuß. Lande. 2. Aufl. Berlin 1834", Leipzig 1836.

62 Schon 1828 hatte Scheibel das *jus liturgicum* des reformierten Landesherrn heftig bestritten; vgl. Geschichte II, S. 30–33, dazu seine Äußerungen im Gespräch mit dem schlesischen Oberpräsidenten von Merkel am 15. 6. 1830, S. 45–51.

63 Am Ende des zweiten Bandes seiner Actenmäßigen Geschichte (Geschichte II,

Es ging ihm also im Kampf gegen die preußische Union um die Bewahrung der lutherischen Kirche[64], nicht aber um die grundsätzliche Lösung vom Kirchenregiment des Landesherrn (bzw. des Staates)[65] oder gar um die Durchführung irgendwelcher „freiheitlicher" bzw. „biblischer" Idealvorstellungen von der Verfassung der Kirche[66].

Unauflöslich war für ihn allerdings der Zusammenhang von Gottesdienst, Bekenntnis und Kirche[67]. Die Kirche muß, so ist nämlich Scheibels unerschütterliche Überzeugung, das Recht haben und behalten, die Grundsätze ihres Bekenntnisses in ihrem Gottesdienst unverkürzt zum Ausdruck zu bringen. Wird sie daran gehindert, so ist sie bereits in ihrem Bekenntnis beeinträchtigt. Wird sie aber gar zur Annahme von Ordnungen gezwungen, die ihrem Bekenntnis widersprechen, dann ist in letzter Konsequenz ihr Bestehen als Bekenntniskirche überhaupt bedroht[68].

Mit dieser Argumentation hat Scheibel die grundlegenden Motive und die tragenden Elemente für den Widerstand der lutherischen Opposition gegen die preußische Union und für die Anfänge der „altlutherischen" Kirchenbildung geliefert[69]. Mit der Durchführung der Unionspläne im Jahre 1830 wurden diese Grundsätze für die schlesischen Lutheraner wichtig und wirksam.

S. 269ff.) führt Scheibel u.a. folgende Urkunden als Rechtsgrundlage der lutherischen Kirche in Preußen auf: Majestätsbrief Rudolph II. vom 20. 8. 1609; Instrumentum Pacis Osnabrucensis, Art VII; Altranstädter Konvention vom 11–12. 8. 1707; Allgemeines Landrecht Teil II Titel 11; dazu eine Anzahl von Reversalien der preußischen Könige.

[64] Allerdings hatte er in seiner ersten Petition von 1830 (Geschichte II, S. 36f.) nur um Belassung der alten „Wittenberger" Agende für sich und seine Gemeinde gebeten; möglicherweise wirkt sich hier eine von Knapp übernommene Anschauung aus, daß es nämlich die kleinen kirchlichen Gemeinschaften seien, die auch in glaubensarmen Zeiten das Christentum bewahrt hätten; vgl. dazu den Beitrag von P. Maser in diesem Band, S. 126–136.

[65] So hielt es Scheibel immerhin für möglich, dem Landesherrn (bzw. dem Staat) das *jus circa sacra* zuzugestehen; allerdings dringt er auf genaue Unterscheidung der beiden Reiche; vgl. J. G. Scheibel: Von der biblischen Kirchenverfassung. Sendschreiben an Herrn Dr. Hengstenberg, Dresden 1832, S. 16; dazu Kiunke, S. 262f.; zur Frage des Verhältnisses von „Theokratie" und „Summepiskopat" bei Scheibel vgl. den Beitrag von M. Roensch in diesem Band, S. 46–54.

[66] Vgl. W. Klän: Die Anfänge der altlutherischen Bewegung in Breslau (künftig: Klän, Anfänge), in: KiO 21/22, 1978/79, S. 145, Anm. 19.

[67] Für Scheibel ist die lutherische Lehre eben auch in dem Sinn verbindlich, daß eine Agende, die in der Union wurzelt und/oder auf Union zielt, nicht unter die Adiaphora zu rechnen ist, da ihr Gebrauch dem Eindruck eines Beitritts zur Union Vorschub leisten muß; vgl. Geschichte I, S. 83–117.

[68] Scheibel hatte dies in aller Klarheit in seinem Votum in Sachen der Berliner Hof- und Dom-Agende herausgestellt; vgl. Geschichte II, S. 30–33.

[69] Dieselben Grundsätze kommen bereits in der ersten Bittschrift der Breslauer lutherischen Gemeinde an den König vom 27. 8. 1830 klar zum Ausdruck; vgl. Geschichte II, S. 86; vgl. auch S. 28 in diesem Band.

3. Johann Gottfried Scheibels Wirkung in der lutherischen Kirche

Bis zum Jahr 1830 hatte die neue Agende die entscheidenden Dienste für die endgültige Einführung der Union in Preußen geleistet[70]. Durch Gewährung vielfältiger Ausnahmegenehmigungen wurde der anfänglich große Widerstand gegen diese Gottesdienstordnung weitestgehend zum Erliegen gebracht[71]. Nun wurde bestimmt, daß beim Abendmahl durch den Ritus des Brotbrechens, wie er in der reformierten Kirche üblich war, symbolisch der Beitritt zur Union zum Ausdruck gebracht werden solle, da es keine Unterschiede in der Abendmahlshandlung (!) zwischen der lutherischen und der reformierten Konfession – das Wort „Kirche" mied man wohl geflissentlich – mehr geben sollte[72]. In Schlesien wurde daraufhin die Einführung der neuen Agende verbindlich vorgeschrieben[73].

Scheibel bat in dieser Lage den König um die Erlaubnis, den Gottesdienst weiter nach der bisher von ihm gebrauchten Wittenberger Agende halten zu dürfen – vergeblich[74]. Auch eine ausführliche Darlegung seiner Gründe nützte ihm nichts[75]. Da aber die Gewissensfreiheit nach den

---

[70] Entgegen der späteren, offenkundig kirchenpolitisch bedingten Leugnung des Zusammenhangs von Agende und Union lassen offizielle Dokumente noch bis ins Jahr 1830 diesen Konnex in aller wünschenswerten Deutlichkeit erkennen; vgl. z.B. die Äußerung Altensteins vom 27. 11. 1829: „Durch die neue Agende ist das wichtigste schon geschehen." (Foerster II, S. 238). Die Kabinettsordre vom 4. 4. 1830 hebt hervor, daß „das heilsame Werk der Union [...], welches in der wichtigsten Beziehung (!) hinreichend (!) vorbereitet ist", nun vollendet werden könne (Geschichte II, S. 35). Die Denkschrift Altensteins vom 16. 4. 1830 spricht von dem „innigen Zusammenhange, in welchem die Union mit der allgemeinen Einführung der Agende stand" (Foerster II, S. 478).

[71] In Schlesien hatten zunächst 728 von 744 Geistlichen die neue Agende nicht angenommen; noch 1829 verhielten sich immerhin 493 von 745 Geistlichen ablehnend, erst 1830, nach der Gewährung der Provinzialanhänge und verstärktem behördlichen Druck, waren es nur noch sechs; vgl. Foerster II, S. 164ff.; I. Ludolphy: Heinrich Steffens, sein Verhältnis zu den Lutheranern und sein Anteil an Entstehung und Schicksal der altlutherischen Gemeinde in Breslau (= Theologische Arbeiten 17), Berlin 1962 (künftig: Ludolphy), S. 83.

[72] Kabinettsordres vom 30. 4. 1830 bei H.T. Wangemann: Die kirchliche Cabinets-Politik des Königs Friedrich Wilhelm III., insonderheit in Beziehung auf Kirchenverfassung, Agende, Union, Separatismus nach den Geheimen Cabinetsakten und den Altensteinschen handschriftlichen Nachlaß-Akten des Königlichen Geheimen Staatsarchivs. Grundlage für das abschließende Heft der Una Sancta, Berlin 1884, S. 310f.

[73] Der Wortlaut des Erlasses des Königlichen Konsistoriums für Schlesien vom 15. 3. 1830 auszugsweise in Geschichte II, S. 272–275; der Beschluß des Magistrats der Stadt Breslau bei Ziemer, Vor 100 Jahren, S. 59.

[74] Scheibels erste Bittschrift an den König vom 3. 6. 1830, Geschichte II, S. 36f.; dazu das Reskript des Oberpräsidenten von Merkel, ebd., S. 37f.

[75] Antwort Scheibels an von Merkel, ebd., S. 39–45; Gesprächsprotokoll vom 15. 6. 1830, ebd., S. 45–51; zu den Verhandlungen zwischen Scheibel und dem Generalsuperintendenten Bobertag vgl. ebd., S. 52ff.

Aussagen der Behörden und den Zusagen des Königs gewahrt werden sollte, bat Scheibel um die Genehmigung, zumindest für sich und seine Gemeinde einen gesonderten Abendmahlgottesdienst halten zu dürfen[76]. Auch diese, in der Tat bescheidene Bitte wurde abgelehnt. Wäre es aber damals durch die kirchlichen Behörden gestattet worden, daß Scheibel mit seinen Getreuen im Rahmen der unierten Landeskirche etwa den Status einer Kapellengemeinde mit besonderer Gottesdienstordnung erhielt, es wäre wahrscheinlich nicht zur Bildung einer bekenntnisgebundenen selbständigen evangelisch-lutherischen Kirche außerhalb der preußischen Staatskirche gekommen[77].

Scheibel hatte keinerlei Vorbereitungen für eine organisierte Auseinandersetzung mit den Behörden getroffen, auch in seiner Gemeinde keine Voraussetzungen für einen organisierten Widerstand gegen die Einführung der Union geschaffen[78]. Obwohl seine kirchlichen und bekenntnismäßigen Überzeugungen seit Jahren feststanden, obwohl er seit fast eineinhalb Jahrzehnten gegen die Union und ihr Vehikel, die Agende, gesprochen, gepredigt und geschrieben hatte, waren er und seine Gemeinde für den Ernstfall nicht gerüstet. Erst durch den Gang der Ereignisse bildeten sie notgedrungen die Formen ihres Widerstandes aus[79].

Da Scheibel sich nicht umstimmen und zur Annahme der Agende nicht bewegen ließ, wurde er von der Wahrnehmung seiner Amtspflichten einstweilen beurlaubt[80]. Offenbar hoffte man, auf diese Weise die Opposition gegen die Union im Keim zu ersticken. Und tatsächlich verlief die Einführung der Union anläßlich der 300-Jahr-Feier des Augsburgischen

---

[76] In Scheibels erster Bittschrift an den König findet sich noch keine Reflexion über gesamtkirchliche Bezüge; es geht Scheibel zunächst in der Tat nur um seine Gemeinde, der er lutherische Lehre und Gottesdienst bewahren will.

[77] Insofern ist Schönes Urteil zutreffend, daß erst mit Huschkes Eintritt in den schlesischen Kirchenkampf die lutherische Bewegung vor dem Zerfallen gerettet wurde; vgl. J. Schöne: Kirche und Kirchenregiment im Wirken und Denken Georg Philipp Eduard Huschkes (= Arbeiten zur Geschichte und Theologie des Luthertums 23), Berlin und Hamburg 1969 (künftig: Schöne) S. 87.

[78] Vgl. Geschichte I, S. 230ff.; demnach sammelten sich seit dem 24. 6. allmählich Gemeindeglieder aus dem Kreis seiner Konfitenten bei Scheibel; dieser legte daraufhin Listen an; vgl. auch Ziemer, Vor 100 Jahren, S. 93ff.

[79] Scheibel hatte mit Huschke, anfangs auch mit Steffens, Männer zur Seite, die in der Lage waren, die Grundsätze der Lutheraner zu formulieren, und die sich zudem in Stellungen befanden, die es ihnen ermöglichten, mit einiger Aussicht auf Erfolg bei den Behörden bis hin zu höchsten Stellen vorzusprechen. Steffens war ja als Held der Freiheitskriege hochgeehrt, und Huschke als Jurist, Professor und mehrfacher Rektor der Breslauer Universität hoch geachtet. Eine erste Maßnahme Scheibels war die Wahl von „Repräsentanten" der Gemeinde nach dem Allgemeinen Landrecht Teil IV Titel IX § 159; das vorzügliche Mittel der Auseinandersetzung wurden alsbald Bittschriften; der Wortlaut der vier wichtigsten Petitionen bei Scheibel, Geschichte II, S. 82ff. (verfaßt von Steffens), 95ff. (verfaßt von Huschke), 115ff. (dto.), 126ff. (wieder von Steffens verfaßt).

[80] Vgl. dazu die Dokumente bei Scheibel, Geschichte II, S. 51f., 63ff.

Bekenntnisses am 25. 6. 1830 in Breslau ohne Zwischenfälle. Ausgerechnet das Jubelfest der Grundurkunde der lutherischen Kirche hatte man zu diesem Zweck bestimmt! Kennzeichnend ist wiederum Scheibels Bericht; nachdem er erwähnt hat, wie die Staats(-Kirchen-)Beamten in dienstgradmäßiger Reihenfolge zum Abendmahlsempfang angetreten waren, fährt er fort: „Policeien hatten abermals die Wacht. Man ging, je nach Gefallen, haufenweise herein in die Kirche und wieder heraus. Truppweise unterhielt man sich auf dem Kirchhof. So die erste Evangelische Andachts-Feier. Die Lutheraner blieben für sich. Ihre Zahl war für den Augenblick viel kleiner, als sonst; doch wie viele Verführte, Betäubte konnten und können wieder wach werden. Die Kirche war gerettet."[81]

Scheibel hat Recht behalten. Aus der kleinen Schar treuer lutherischer Bekenner, die sich nicht für das staatlich zur Durchführung gebrachte Unternehmen der preußischen Union gewinnen ließen, sondern bei der Kirche der Reformation standhaft verbleiben wollten, wuchs eine Bewegung hervor, die schließlich zur Gründung der ersten selbständigen, d.h. staatsfreien evangelisch-lutherischen Kirche auf deutschem Boden führte[82].

Wir können die Entwicklung, die vom bekenntnistreuen Protest einiger weniger ausging und schließlich in der „Kirchwerdung"[83] der bekenntnisgebundenen Oppositonsbewegung zum Ziel kam, hier nicht im einzelnen nachzeichnen. Scheibel wurde bald gänzlich amtsenthoben und mußte zwei Jahre nach Beginn des Unionskampfes seine Vaterstadt und seine Heimat verlassen[84]. Andere traten in Schlesien an seine Stelle und sorgten, selbst unter den schweren Bedingungen einer zehnjährigen Verfolgungszeit, für die kirchliche Reorganisation der preußischen Lutheraner außerhalb der unierten Landeskirche. Wenn schon nicht wie Scheibel Vertreibung, so mußten diese lutherischen Christen doch immer wieder Zwangsgelder, Pfändungen, Verhaftungen, Gefängnisstrafen, ja sogar militärische Gewaltakte von dem Staat hinnehmen, der sich seinerzeit für den tolerantesten in ganz Europa ausgab[85]; – und das aus einem einzigen

[81] Geschichte I, S. 230.

[82] Vgl. Klän, Anfänge, S. 148ff., bes. S. 161ff.

[83] Schöne, S. 87; vgl. Außerdem J. Nagel: Die Kämpfe der evangelisch-lutherischen Kirche in Preußen seit Einführung der Union, Band I: Die evangelisch-lutherische Kirche in Preußen und der Staat, Stuttgart 1869, bes. S. 149ff.; G. Nagel: Der Kampf um die lutherische Kirche in Preußen. Eine Jubiläumsschrift zum 25. Juni 1930, Breslau 1930, bes. S. 22ff.

[84] Scheibels zwei letzte Predigten in Breslau in Geschichte II, S. 280ff., 288ff.; der ministerielle Bescheid über seine Suspension a.a.O., S. 255ff.; vgl. auch den daran sich anschließenden Briefwechsel Scheibels mit den übrigen Behörden.

[85] Immerhin konnte Preußen für sich in Anspruch nehmen, seinerzeit die vertriebenen Hugenotten und Salzburger aufgenommen zu haben. Nun verließen preußische Lutheraner aus Glaubensgründen die Heimat; vgl. W. Iwan: Um des Glaubens willen nach Australien. Eine Episode deutscher Auswanderung, Breslau 1931; L. Clemens: Die Aus-

Grund: weil sie für sich und ihre Nachkommen die lutherische Kirche mit reinem Bekenntnis, unvermischtem Gottesdienst und – da sich der Staat für die Union entschieden hatte – mit selbständiger Verwaltung ihrer inneren Angelegenheiten erhalten wollten.

Scheibel mußte ins Exil. Von Sachsen aus, wohin ihn sein Weg zuerst führte, wirkte er unermüdlich für die Sache der Lutheraner in Preußen. Er trat jetzt öffentlich und mit allen Mitteln der Publizistik für die lutherische Kirche ein. Er sammelte Nachrichten über die Entwicklung in Preußen[86], veröffentlichte Dokumente über den Unionskampf und seine Vorgeschichte[87], lieferte geschichtliche und theologische Untersuchungen über das Recht der lutherischen Kirche auf eigenes Bestehen[88]. Damit hat er nicht nur seinen schlesischen Glaubensbrüdern unschätzbare Dienste erwiesen. Vielmehr geht Scheibels Wirkung weit über die zahlenmäßigen Erfolge der „altlutherischen" Kirchenbildung hinaus. Es waren ja nur etwa sechzigtausend in ganz Preußen, die bei der Evangelisch-lutherischen Kirche in Preußen blieben bzw. nach und nach wieder zu ihr stießen[89].

Aber Scheibel wirkte auch in seinem sächsischen Exil für das Wiedererstarken des lutherischen Bekenntnisbewußtseins. Das Kernland der Reformation in Deutschland war lange schon dem Vernunftglauben anheimgefallen. Auf Scheibels Predigttätigkeit und seine publizistische

wanderung der pommerschen Altlutheraner in die USA. Ablauf und Motivation 1839–1843, Hamburg 1976.

[86] Z. B. J. G. Scheibel: Geschichte der lutherischen Gemeinde in Breslau vom November 1830 bis zum Februar 1832, Nürnberg 1832; Nachrichten vom neuesten Zustande der lutherischen Kirche in Schlesien, Nürnberg 1833; Letzte Schicksale der lutherischen Parochien in Schlesien, Nürnberg 1834.

[87] Hier ist vor allen Dingen der zweite Band seiner Actenmäßigen Geschichte mit dem Abdruck von über 140 Dokumenten zu nennen; ohne dieses Werk ist eine Geschichte des Unionskampfes der schlesischen Lutheraner nicht zu schreiben oder zu beurteilen.

[88] Hierher gehören Scheibels Biblische Belehrungen über lutherischen und reformierten Lehrbegriff, Dresden 1833; Luthers Agende und die neue Preußische, Leipzig 1836; Ein Wort brüderlicher Belehrung über die lutherische Kirche, Nürnberg 1837; sein Archiv für historische Entwickelung und neueste Geschichte der Lutherischen Kirche, Nürnberg 1841.

[89] Nach Wangemann, 7 Bücher II, S. 370ff. gab es um das Jahr 1840 zwischen acht- und zehntausend Glieder der Lutherischen Kirche in Preußen; nach den Synodalbeschlüssen der evangelisch-lutherischen Kirche in Preußen stieg die Zahl der Gemeindemitglieder bis auf etwa 50000 im Jahre 1860; durch die Abspaltung der Immanuelsynode verlor die Lutherische Kirche in Preußen wieder etwa fünftausend Glieder (vgl. W. Klän: Die evangelisch-lutherische Immanuelsynode. Eine Kirchenbildung im Gefolge der ekklesiologischen Auseinandersetzungen im deutschen Luthertum des 19. Jahrhunderts, Frankfurt/M.–Bern–New York– Nancy 1985 [künftig: Klän, Immanuelsynode], S. 74ff.); nach der Wiedervereinigung beider Synoden im Jahre 1904 lag die Zahl bei ungefähr 58000, einschließlich der außerpreußischen Gemeinden in Waldeck, Hannover, Baden, der Schweiz und Elsaß-Lothringen (Beschlüsse der im Oktober 1906 gehaltenen Generalssynode der Evangelisch-Lutherischen Kirche in Preußen, Beilage, S. 28).

Wirksamkeit ist es zu guten Teilen zurückzuführen, daß in Sachsen wieder bekenntnistreues Luthertum erwachte[90]. Auf seinen und seiner Schüler Einfluß geht es auch zurück, daß der Dresdner Missionsverein mehr und mehr die Mission als Sache der lutherischen Kirche ansah, so daß schließlich die Leipziger Mission eine ganz und gar kirchliche Missionsanstalt wurde[91].

Durch den zweiten Direktor eben dieser Leipziger Mission, Karl Graul[92], wurde wiederum Friedrich Brunn[93], der Vater der selbständigen lutherischen Gemeinden im Herzogtum Nassau, zu bewußtem Luthertum geführt.

In Sachsen selbst führte Ende der siebziger Jahre des vorigen Jahrhunderts der Kampf bewußter Lutheraner gegen erneute Aufweichungstendenzen in der lutherischen Landeskirche zur Bildung der Evangelisch-lutherischen Freikirche in Sachsen[94]. Hier wird man zumindest von indirekten Einflüssen Scheibels reden dürfen.

Als Scheibel schließlich im Jahre 1839 auch aus Sachsen vertrieben wird – die preußische Regierung hatte ihren ganzen Einfluß geltend gemacht[95] – findet er Zuflucht in Bayern; hier wird er als „Vorkämpfer der zu neuem Leben erwachten lutherischen Kirche gesehen und geachtet“[96].

---

90 Vgl. in diesem Band den Beitrag von G. Herrmann: Johann Gottfried Scheibel und seine Auswirkungen auf den lutherischen Konfessionalismus in Sachsen, S. 55–76.

91 Vgl. E. Ziemer: Die Missionstätigkeit der Evangelisch-lutherischen Kirche in Preußen von 1830–1890, Elberfeld 1904, bes. S. 62ff.; dazu J. Aargard: Mission, Konfession, Kirche, Band 1. Lund 1967, S. 328–347. 362–376.

92 Karl Graul (6. 2. 1814–10. 11. 1864), von 1844–1860 Direktor der Dresdner/Leipziger Mission; vgl. F. W. Hopf: Lutherische Kirche treibt lutherische Mission, in: F. W. Hopf (Hrsg.): Lutherische Kirche treibt lutherische Mission. FS zum 75jährigen Jubiläum der Bleckmarer Mission, Bleckmar 1967, S. 13–47.

93 Friedrich Brunn (15. 2. 1819–27. 3. 1895), eine Untersuchung über Leben und Werk dieses Vorkämpfers der lutherischen Kirche in Nassau steht noch aus. Brunn stammte aus einem rationalistischen Pfarrhaus, kam während des Studiums in Leipzig zu lebendigem Christentum und eben durch Graul auch zu bewußtem Luthertum. Im Jahre 1846 führte er die Gemeinde Steeden/Lahn aus der Nassauischen Union; anfangs wurde er von W. Löhe in Neuendettelsau unterstützt; nach dessen Bruch mit der Missouri-Synode gründete Brunn in Steeden ein Proseminar, in dem Kandidaten für die Missouri-Synode ausgebildet wurden; vgl. G. Herrmann: Lutherische Freikirche in Sachsen. Geschichte und Gegenwart einer lutherischen Bekenntniskirche, Berlin 1985, bes. S. 256ff.

94 Vgl. Ebd., S. 40ff.

95 R. v. Brück: Die Beurteilung der preußischen Union im lutherischen Sachsen in den Jahren 1817–1840 (= Theologische Arbeiten 41), Berlin 1981 (künftig: Brück) bes. S. 95ff., 116ff.

96 Kiunke, S. 405; ein deutliches Indiz dafür ist die Beerdigungsansprache des Nürnberger Stadtpfarrers M. Vorbrugg: Rede am Grabe des weiland Herrn Dr. Joh. Gottfr. Scheibel, vorm. ordentl. Professor an der Universität zu Breslau und Diaconus an der dortigen Haupt- und Pfarr-Kirche zu St. Elisabeth. Gehalten auf dem Johannes-Kirchhofe zu Nürnberg am 24. März 1843, Nürnberg 1843. Freilich wird man bei der Beurteilung dieser Rede auch antipreußische Affekte in Rechnung stellen müssen.

Im Kurfürstentum Hessen stellt August Vilmar Scheibel das Zeugnis aus, daß niemand in den kirchlichen Fragen der Zeit damals so klar gesehen habe wie der schlesische Bekenner[97]. August Vilmars jüngerer Bruder Wilhelm bekennt sogar, daß es Scheibel gewesen sei, der ihm „das kirchliche Auge" aufgeschlossen habe: „[...] ich habe, seitdem ich auf Veranlassung der schlesischen Streitigkeiten mit ihm Bekanntschaft gemacht habe, erst eigentlich erfahren, was Kirche ist; es dünkt mich, er, aber auch er fast allein, stünde auf einem echt kirchlichen Boden."[98] So ist Scheibel auch für den Anführer der späteren hessischen Freikirchenbildung von entscheidender Bedeutung geworden[99].

Aber auch bis weit in das landeskirchliche Luthertum des vorigen Jahrhunderts reicht Scheibels Wirkung[100], so daß mit Fug und Recht von einer „Schlüsselstellung Scheibels für die gesamte lutherische kirchlich-konfessionelle Bewußtwerdung" gesprochen werden kann[101].

4. Johann Gottfried Scheibels Bedeutung für die selbständigen evangelisch-lutherischen Kirchen

Als Johann Gottfried Scheibel am 21.3. 1843 in Nürnberg gestorben war, wurde er geehrt als einer, der „über ein Jahrzehnt für das gute Bekenntnis unserer [sc. lutherischen] Kirche gekämpft und sich darin weder durch Lust, noch Furcht der Welt hatte aufhalten lassen"[102]. Ja, man wird sagen dürfen, daß Scheibel derjenige war, der in der Kirchen- und Theologiegeschichte des 19. Jhs. „die Weichen in die konfessionell-lutherische Richtung gestellt"[103] hat. Er hat, indem er von der Wahrheit des Wortes Gottes in der hl. Schrift sich überführen ließ, diese Wahrheit in den Bekenntnissen der lutherischen Reformation kirchlich verbindlich zur Geltung gebracht gesehen. Im Gegenüber zu einem Zeitgeist, an dem er den Absolutheitsanspruch einer

---

[97] W. Hopf: August Vilmar. Ein Lebens- und Zeitbild. 2 Bde., Marburg 1913, hier Bd. I, S. 237.

[98] Zu diesem Brief Wilhelm Vilmars an August Vilmar vom 3.8. 1841 vgl. K. Engelbrecht: Um Kirchentum und Kirche. Metropolitan Wilhelm Vilmar (1804–1884) als Verfechter einer eigentümlichen Kirchengeschichtsdeutung und betont hessischen Theologie (künftig: Engelbrecht), Frankfurt/M.-Bern-New York-Nancy 1984, S. 53.

[99] Vgl. ebd., S. 54–57.

[100] So hat sein Kampf namentlich Wilhelm Löhe, August Vilmar, Wilhelm Vilmar, Gottfried Thomasius beeindruckt und in ihrer konfessionellen Entwicklung beeinflußt.

[101] Stolle, S. 81

[102] M. Vorbrugg, Rede S. 6f.

[103] Stolle, S. 97.

sich autonom dünkenden Vernunft verwarf[104], kämpfte er auf der Grundlage von Schrift und Bekenntnis für die Erhaltung der lutherischen Kirche als Kirche[105]. So entstand auf der Basis seiner Grundgedanken die erste selbständige evangelisch-lutherische Kirche auf deutschem Boden, die Evangelisch-lutherische Kirche in Preußen – wie sie sich selbst nannte und verstand, die „Altlutheraner", wie sie von denen, die ihren Weg nicht verstehen oder mitgehen wollten, genannt wurde. Das Wiedererwachen des lutherischen Bekenntnisbewußtseins in der ersten Hälfte des vorigen Jahrhunderts ist ohne Scheibels Wirksamkeit und ohne den Kampf der schlesischen Lutheraner so gut wie undenkbar[106]. Und es war dies erneuerte kirchliche Selbstverständnis der Lutheraner mit der wichtigste Antrieb bei der Entstehung anderer selbständiger lutherischer Kirchen in Baden, Hessen, Sachsen, Hannover. In einem Satz: Ohne Scheibel und seine grundlegende Einsicht in den unauflöslichen Zusammenhang von Bekenntnis, Gottesdienst und Kirche wäre es wohl nicht zu einer lutherischen Freikirchenbildung in Deutschland gekommen. Es gäbe somit auch keine Selbständige Evangelisch-Lutherische Kirche, die aus dem Zusammenschluß der meisten lutherischen Freikirchen in der Bundesrepublik Deutschland im Jahre 1972 hervorging und sich als Sachverwalterin nicht zuletzt des Scheibelschen Anliegens versteht[107]. Daß der Weg, den die selbständigen lutherischen Kirchen sich im Gefolge Scheibels zu gehen gezwungen sahen, sie je länger, je mehr in die Vereinsamung, in die

[104] Vgl. Scheibels schon 1816 gedruckten Urteile über die Auswirkungen der geistigen, insbesondere theologischen Strömungen seiner Zeit und ihrer Wurzeln: „Dieser höhnende, lästernde, schlaue, boshafte Stolz, der schon so weit gediehen, daß seit 1770 die Koryphäen der Neologie mit möglichster Gewandtheit Konsistorien, Universitäten, Höfe und Fürsten in Beschlag zu nehmen suchten, darf nicht anders als so [d.h. polemisch] behandelt werden." (Untersuchungen über Bibel und Kirchengeschichte, S. XXVII); Scheibel wiederholt dieses Urteil 1823: „So geschah es, daß um die Mitte des vorigen Jahrhunderts mehre Theologen, die für ihre äußere Sittlichkeit und ihren Verstand keiner höheren Weisheit und Kraft des durch einen heiligen Geist bewirkten Glaubens zu bedürfen meinten, an die Stelle der, wie sie sagten, düstern Vergötterung Christi und der Bibel die Vergötterung der Vernunft setzten." (Abendmal 1823, S. 358ff.). Diese Position hält Scheibel auch später durch: „Die neue Theologie lehrt [...] eigentlich einen Weltgeist und ewige Natur. Man spricht wohl noch, um so nach und nach das Volk zu erziehen, im Vortrage der sogenannten Glaubenslehren, von Dreieinigkeit, Geist Gottes, Sohn Gottes, Heiland, Erlösung, Gnadenwirkungen, Reich Gottes, Auferstehung und Gericht, meint aber etwas ganz Anderes darunter, als die Bibel. Von den allgemeinen Ideen in der menschlichen Natur über das Göttliche wären die biblischen Lehren nur specielle jüdische-mythische und symbolische Volksansichten." (Biblische Belehrungen über lutherischen und reformirten Lehrbegriff, S. 50)

[105] „Luther gründete von Neuem die Kirche. Es gilt jetzt ihre Erhaltung; den unsere Kirche ist das innerste, das wahrhafte Centrum dieses [sc. Gottes] Reichs." (Biblische Belehrungen über lutherischen und reformirten Lehrbegriff, S. 71)

[106] Zu Scheibels Nachwirkungen in Sachsen vgl. Herrmann, zu Scheibels Spätwirkung in Hessen vgl. Engelbrecht.

[107] Vgl. Klän, Immanuelsynode, S. 187f.

Diaspora, in die Isolation führte[108], hat Scheibel am eigenen Leibe leidvoll erfahren.

Bei allem Kampf um die Erhaltung der lutherischen Kirche hat sich Scheibel dennoch ein wahrhaft ökumenisches Bewußtsein bewahrt: „Ich sah in mehrern Ästen des großen Lebensbaumes die christliche Kirche ausgebreitet; auch [...] in den einzelnen Mitgliedern falscher Kirchen"[109]. In diesem Sinne gilt denn für Johann Gottfried Scheibel unter den konfessionellen Lutheranern nicht zuletzt dasselbe, was Hermann Sasse über die bekenntnisgebundenen lutherischen Kirchen und ihre Aufgabe sagt: „[...] bekenntnistreues Luthertum blickt nicht immer nur in die Vergangenheit, sondern es blickt in die Zukunft, nicht auf sich selbst, sondern auf die ganze Christenheit. Es ist immer katholisch und immer ökumenisch [...]. Die Kirche, an die wir glauben und die wir in unseren Bekenntnisschriften bekennen, ist nicht eine Sekte mit dem Konkordienbuch als Vereinsstatut, sondern sie ist die Una Sancta, in der wir leben. Bekenntnistreue und echte Ökumenizität gehören zusammen."[110]

108 Zwar stand die Lutherische Kirche in Preußen zunächst noch in Kirchengemeinschaft mit den lutherischen Landeskirchen. Erst nach Gründung der EKD wurde endgültig die Kirchengemeinschaft mit allen lutherischen Landeskirchen aufgehoben. Für diejenigen selbständigen lutherischen Kirchen, die im Gegensatz zu einer bestehenden de jure lutherischen Landeskirche entstanden, stellte sich die Frage natürlich ganz anders; dies gilt für die Freikirchenbildungen in Hannover und die Evangelisch-lutherische Freikirche (in Sachsen u.[nd] a.[nderen] St.[aaten]). Allerdings ist nicht zu leugnen, daß die innere Zerrissenheit der selbständigen evangelisch-lutherischen Kirchen einen nicht unerheblichen Beitrag zum Prozeß der wachsenden Isolierung geleistet hat; vgl. KLÄN, Immanuelsynode, S. 184ff.

109 Geschichte I, S. 52; übrigens steht Scheibel der eigenen kirchlichen Tradition durchaus nicht unkritisch gegenüber; vgl. Geschichte I, S. 43f., 45f., 54; KIUNKE, S. 238f.

110 H. SASSE: In Statu Confessionis 1. Gesammelte Aufsätze von Hermann Sasse, hrsg. F. W. Hopf, Berlin und Schleswig-Holstein 1975, S. 10.

Volker Stolle

J. G. Scheibels Schriftauslegung und Schriftverständnis

Johann Gottfried Scheibel (1783–1843) gelingt der entscheidende Durchbruch zur lutherischen Abendmahlsauffassung, indem er in exegetischer Bemühung den Abschnitt Joh. 6,51b–56 aus der Brotrede Jesu als Abendmahlstext erschließt[1]. Das lutherische Bekenntnis legt in der Konkordienformel[2] diese Schriftstelle gerade nicht sakramental aus, sondern interpretiert sie im Sinne einer *manducatio spiritualis* des Fleisches Christi. Demnach wäre hier von der glaubenden Annahme des Versöhnungswerkes Christi die Rede, wie sie sowohl unter der Predigt und Betrachtung

---

[1] Für die folgende Darstellung wird aus Scheibels Schrifttum vor allem herangezogen J. G. Scheibel: Das Abendmal (!) des Herrn. Historische Einleitung, Bibel-Lehre und Geschichte derselben; Ausführliche Erläuterungen früherer Schrift, Breslau 1823 (künftig: Scheibel, Abendmal). Für die Auslegung von Joh. 6 wird auch auf J. G. Scheibel: Die evangelische Lehre: der gesegnete Kelch und das gesegnete Brodt im heil. Abendmahl sind die Gemeinschaft des Leibes und Blutes Jesu Christi (1. Cor. 10,16). Predigt, gehalten in der Morgenstunde am 21ten November 1817, und auf Verlangen in Druck gegeben, Breslau o.J. (künftig: Scheibel, Predigt 1817), Bezug genommen, wie auch auf das sich mit der Kritik an dieser und einer weiteren Predigt von 1821 auseinandersetzende Büchlein J. G. Scheibel: Das Abendmahl des Herrn. Bibellehre und historische Utnersuchung; mit Bezug auf zwey Recensionen, und einigen Fragen die gemeinte kirchliche Union betreffend, Breslau 1821 (künftig: Scheibel, Abendmahl). Scheibels hermeneutische Grundsätze werden auch an Passagen aus J. G. Scheibel: Gedächtniss-Rede auf Georg Christian Knapp, beim Anfang der Winter Vorlesungen (den 31. October 1825) gehalten, Breslau o.J. (künftig: Scheibel, Gedächtnisrede). J. G. Scheibel: Grundzüge der historischen Entwickelung der christlichen Kirche; vorzüglich in Beziehung auf ihre Lehre, Erster Abschnitt, in: Archiv für historische Entwickelung und neueste Geschichte der Lutherischen Kirche, 1. und 2. Heft, hrsg. von J. G. Scheibel, Nürnberg 1841, S. 49–229. 301–312 (künftig: Scheibel, Archiv) und J. G. Scheibel: Vorläufige Bemerkungen über historisch-grammatische Exegese, in: Archiv, S. 269–278, verdeutlicht. Eine umfassende Bibliographie über Scheibels Schriften findet sich bei M. Kiunke: Johann Gottfried Scheibel und sein Ringen um die Kirche der lutherischen Reformation, Diss. theol. Erlangen 1941 (ND: Kirche im Osten. Monographienreihe 19, Göttingen 1985, künftig: Kiunke) Scheibel empfand den Text Joh. 6 lange Zeit – in Übereinstimmung mit der reformierten Argumentation – als „die eherne Mauer" gegen die lutherische Abendmahlslehre, „wie ich bey ihr noch vor zwey Jahren so schwankend ward, daß ich schon an die Möglichkeit dachte, nach meinem Gewissen, dieß Heiligthum verlassen und als Lehrer zu einer andern Kirche übergehen zu müssen" (Scheibel, Predigt 1817, S. 8).

[2] Solida Declaratio VII, 61 f. (BSLK S. 993).

des Evangeliums als auch bei der *manducatio oralis* im Abendmahl erfolgen kann[3]. Demgegenüber entdeckt Scheibel in diesem Abschnitt der Brotrede spezifisch lutherische Abendmahlsaussagen. Wir haben es hier mit einem markanten Beispiel für den von Schlink geforderten „biblisch-exegetischen Nachvollzug der Schriftauslegung der Bekenntnisschriften" zu tun[4]. Scheibels Exegese dieses Einzeltextes soll deshalb exemplarisch näher betrachtet werden – wir folgen dabei seinen Ausführungen in der Abendmahlsschrift von 1823 –, um davon ausgehend seine exegetischen Arbeitsweisen und sein Schriftverständnis darzustellen und zu erörtern.

1. Scheibels Exegese von Johannes 6,51–71

Nachdem Jesus in der Brotrede zunächst ganz allgemein von seiner Person gesprochen habe – „Ich bin das lebendige Brot, vom Himmel gekommen. Wer von diesem Brot essen wird, der wird leben in Ewigkeit" (V. 51a) –, komme er in Vers 51b auf den besonderen Genuß seines Fleisches zu sprechen – „Und das Brot, das ich geben werde, das ist mein Fleisch, welches ich geben werde für das Leben der Welt". Der metaphorischen Rede von ihm als dem Brot des Lebens folge nun in den Versen 51b bis 56 die eigentlich und wörtlich zu verstehende Rede vom buchstäblichen Essen und Trinken des Fleisches und Blutes Christi. Die Verse 57 und 58 fassen – so sieht es Scheibel – beides zusammen und lenken damit wieder zum allgemeinen Genuß Christi zurück. So werde der Zusammenhang zwischen allgemeinem und besonderem Genuß deutlich unterstrichen. Es folgen Gespräche mit dem größeren Jüngerkreis (V. 60–65) und mit dem Zwölferkreis (V. 66–71), die das Verständnis der Brotrede Jesu insgesamt befestigen.

Über das Verständnis dieses Redenabschnitts entscheidet die Frage, wie „mein Fleisch" hier gemeint ist. Scheibel sucht mit einer Fülle von Argumenten seine Deutung auf die Gabe des Abendmahls zu erweisen. Zunächst ist die Differenz zwischen „mein Fleisch" (*ἡ σάρξ μου*) hier und „mein Leib" (*τὸ σῶμά μου*) in den Einsetzungsberichten (Mk. 14,22; Mt. 26,26; Lk. 22,19 und ähnlich 1. Kor. 11,24) zu erklären. Scheibel legt dar, daß das Äquivalent zu *σῶμα* in der Sprache Jesu, dem aramäisch-talmudischen bzw. dem chaldäisch-rabbinischen Dialekt des späteren Hebräisch, nur גוף sein könne (Abendmahl S. 156–166). Dagegen sei *σάρξ* (Ps. 16,9 –Act. 2,26– entsprechend) Übersetzung von בָּשָׂר. Die unterschiedliche

[3] Bezüglich der Konkordienformel bemerkt Scheibel: „Hier ist nun Joh. VI. allerdings bloß vom Genuß der Lehre verstanden. Wahrscheinlich hatten die Verfasser der Konk.F. der falschen Exegese nicht zu begegnen gewußt" (SCHEIBEL, Abendmahl S. 351, Anm. 701).

[4] E. SCHLINK: Theologie der lutherischen Bekenntnisschriften, Berlin 1954, S. 244.

Wortwahl reiche also bis in Jesu eigene Ausdrucksweise zurück (S. 167–180)[5]. Jedoch sei eine sachliche Entsprechung zwischen גּוּף, das nur den menschlichen Körper und diesen gewöhnlich in gutem Sinne bezeichne, und בָּשָׂר, das ein sehr viel weiteres Begriffsfeld habe, durch die besondere Qualifizierung „mein" Fleisch/Leib gegeben. Damit werde Jesu Fleisch als etwas Außerordentliches vom gewöhnlichen, durch „das" apostrophierten Fleisch abgesetzt, das negativ als sündhaftes Körperliches bestimmt sei. Er unterscheidet also zwischen der wertfreien, artikellosen *σάρξ* als menschlich-körperlicher Natur und den näher determinierten Begriffen, sei es, daß das Wort Fleisch wird (Joh. 1,14) und der Heilige Geist auf ihm ruht (Joh. 1,32), mithin Jesu einzigartiger Körper gemeint ist, oder sei es, daß von „dem" Fleisch schlechthin gesprochen wird und der Gegensatz zum göttlichen Geist betont wird. Scheibel will also *σῶμά μου* und *σάρξ* als gleichbedeutend erweisen, zugleich im Text Joh. 6 *σάρξ μου* deutlich von „dem" Fleisch abheben, das „nichts nütze ist" (V. 63). Dies ist die entscheidende exegetische Weichenstellung, die dann durch weitere Argumente gestützt wird.

Durch die gehäuft verwendeten Pronominalformen „ich" und „mein" werde „mein Fleisch" ganz eindringlich in besondere Beziehung zu Jesus gesetzt (S. 193–196).

Als „Fleisch des Menschensohnes" (V. 53) schreibe sich Jesus eine ganz besondere Menschennatur zu, die vom Himmel gekommen ist und der Welt das Leben gibt (V. 51). Dieses besondere, heilschaffende Fleisch gebe er im Abendmahl (S. 197–203).

Als „Leben" und „ewiges Leben" schaffend könne *σάρξ* selbst auch nur umfassend ganzheitlich, das Leibliche mit einschließend, verstanden werden; denn *ζωή* ist hier „ganz allgemein vom geistlichen nicht nur, sondern auch vom leiblichen, mit der Auferstehung durch den Menschen-Sohn verbundenen Leben zu verstehen" (S. 203–208. 208).

Das doppelte *ἀληθής* oder *ἀληθῶς* in Vers 55 wird als „wirklich, tatsächlich, faktisch" erhoben; es charakterisiere mithin Fleisch und Blut als reale Speise und realen Trank (S. 209–215).

Das „Amen, amen" (V. 53) gebrauche Jesus durchgehend bei Lehren, welche die Vernunft nicht einsehen könne. Bei bildlicher Redeweise ergebe sich aber gar kein Anstoß für die natürliche Vernunft. Scheibel stellt dabei durch Ausführungen zur Tendenzkritik sicher, daß trotz des Unterschiedes zu den Synoptikern das doppelte Amen nicht nur

---

[5] J. JEREMIAS: Die Abendmahlsworte Jesu, Göttingen [4]1967 (künftig: JEREMIAS), S. 191–193, nimmt als gemeinsames Äquivalent für *σῶμα* und *σάρξ* das hebräische בָּשָׂר an. Aber schon das DELITZSCH'SCHE hebräische Neue Testament gab Scheibels Annahme recht. Und auch die neue hebräische Übersetzung des Neuen Testaments von 1976 folgt der unterscheidenden Wiedergabe Scheibels.

johanneische Eigentümlichkeit sei, also auf das Konto des Evangelisten gehe, sondern authentische Redeweise Jesu sei (S. 216–229).

Als weiteres Argument nennt Scheibel, daß im Aufbau der Bildreden Jesu auf einen metaphorischen ersten Teil stets ein zweiter nicht bildlicher Teil folge; so sei auch in der Brotrede diese Struktur anzunehmen und nach dem Abschnitt Verse 33 bis 51a ein wörtlich zu verstehender Redeabschluß in den Versen 51bff. zu erwarten. Im übrigen sei auch eine Metapher „Fleisch und Blut" für „Lehre" oder „Geistiges" nirgendwo nachweisbar (S. 230–238).

Die Schwierigkeit Vers 63a „Der Geist ist's, der da lebendig macht; das Fleisch ist nichts nütze" löst sich für Scheibel folgendermaßen auf: Der Hinweis auf den lebendigmachenden Geist unterstreiche noch einmal die Besonderheit des Fleisches Jesu, des fleischgewordenen Logos, während ein vom Heiligen Geist getrenntes, ja ihm entgegengesetztes Fleisch allerdings dem Tode ausgeliefert sei und nichts bewirken könne. Der folgende Satz Vers 63b: „Die Worte, die ich zu euch geredet habe, die sind Geist und sind Leben", nähme die Worte vom leiblichen Essen des Fleisches Jesu wieder auf, indem nicht vom allgemeinen Sinn geredet werde, sondern präzise auf die *ῥήματα*, die wörtliche Formulierung, verwiesen werde. So spreche „Leben" neben „Geist" das gesamte geistig-leibliche Dasein des Christen noch einmal deutlich an, bestätige so nachhaltig das wörtliche Verständnis von „mein Fleisch" als Gabe des Abendmahls.

2. Scheibels exegetische Methoden

Die soeben kurz skizzierten Ergebnisse der ausführlichen Scheibel'schen Exegese von Joh. 6,51–71 lassen bestimmte methodische Schritte erkennen, die Scheibel selbst als sachentsprechende Arbeitsweisen versteht, mit denen ein Historiker seine Urkunden zu untersuchen hat.

1. Durch Rückübersetzung geht Scheibel hinter den griechischen Text zu Jesu eigenen Worten zurück. „Wo Reden Jesu und seiner palästinischen Zeitgenossen in den Evangelisten vorkommen, da verlangen die angeführten geschichtlichen Zeugnisse, an jenes spätere Hebräisch (Chaldäisch-Talmudische) zu denken, als eigentliche damals übliche jüdische Landes- und Volkssprache."[6] Scheibels Gegenspieler, der Ratio-

[6] Scheibel, Abendmal, S. 89f.,; Ders.: Archiv, S. 276. Neben dem „späteren hebräischen" und dem „allgemein griechischen und hellenistischen Sprachgebrauch" seien im Neuen Testament auch „Syriasmen und Arabismen" zu beachten (Scheibel, Archiv, S. 273). Seinen sprachlichen Bemühungen entspricht sein Streben, die Realien mit Hilfe der jüdischen Literatur und im Gespräch mit jüdischen Gelehrten genau zu klären; vgl. Scheibel, Abendmahl, S. 23.

nalist David Schulz (1779–1854)[7], sieht dieses Vorgehen im Widerspruch zur Inspirationslehre und als willkürlichen Subjektivismus. Er selbst klammert sich an den griechischen Text mit der geschichtsfremden, kühnen Fiktion, zur Zeit Jesu sei in Palästina selbst in den untersten Volksschichten Griechisch das gewöhnliche und überall ausreichende Verständigungsmittel gewesen[8]. Scheibel dagegen meint, daß er die von den Evangelisten mitgeteilten Reden Jesu gerade deshalb in die Sprache Jesu zurückübersetzen müsse, weil er sie als authentisch ansehe[9]. Den bei der Rückübersetzung erreichbaren Zuverlässigkeitsgrad beurteilt er sehr optimistisch, da die Genauigkeit der Bedeutungen jeweils klare Entsprechungen an die Hand gebe[10]. Gerade diese Annahme einer vollständigen Konvertierbarkeit der beiden Sprachen ist freilich Ausdruck eines ungeschichtlichen Denkens und steht in Spannung zu der beabsichtigten historischen Betrachtungsweise.

2. „Der neueste Fortschritt der Exegese" liegt nach Scheibel in dem genaueren Erfassen der „Originalität dieser Schriftsteller"[11], der „Idiotismen des einzelnen Schriftstellers"[12], seiner „Tendenz"[13], seiner „Absicht" und dem „Charakter" seiner Darstellung[14]. Im Hinblick auf die Evangelisten erläutert er das an dem Beispiel des „Amen, amen" (Joh. 6,53). Matthäus schildere Jesus besonders als „den Messias in fortschreitender ethischer Gesetzgebung"[15]. Deshalb komme bei ihm das Amen vor „überall, wo Jesus von der besondern, seinen Zeitgenossen, ganz dunklen Idee des Himmelreiches, ihnen vorzüglich Auffallendes äußert, oder ebenso von den ersten Bürgern seines Reiches, seinen ersten Bekennern spricht"[16]. Bei Lukas aber, der Jesus als „den Arzt der Seelen, den Heiland" darstelle[17], „bedarf" Jesus, wenn er Petrus vor der Verleugnung „liebend warnet", „keines Ἀμήν erst, uns diese seine Liebe damit zu

---

7 Zu David Schulz vgl. RE³ 17, S. 804–806. Schulz griff Scheibel in einer ersten, anonymen Schrift an: RECENSENT: Unfug an heiliger Stätte oder Entlarvung Herrn Johann Gottfried Scheibel's, Freystadt 1822, (künftig: SCHULZ, Unfug). Eine ausführliche Darstellung seiner eigenen Position legte er als Antwort auf Scheibels Abendmahlsbuch von 1823 vor: D. SCHULZ: Die christliche Lehre vom heiligen Abendmahl nach dem Grundtexte des Neuen Testaments. Ein Versuch, Leipzig 1824, (künftig: SCHULZ, Lehre). – Eine zweite Auflage erschien 1831.

8 SCHULZ, Lehre, S. 81–86.

9 SCHEIBEL, Abendmal, S. 163.

10 Ebd., S. 91 f.

11 SCHEIBEL, Archiv, S. 274.

12 SCHEIBEL, Gedächtnisrede, S. 11.

13 SCHEIBEL, Abendmal, S. 153. 222.

14 Ebd., S. 217 f.; DERS., Abendmahl, S. 31 f.

15 SCHEIBEL, Abendmal, S. 218.

16 Ebd., S. 220.

17 Ebd., S. 218.

beweisen"[18]. „Markus, der Jesum besonders als göttlichen Propheten schildert", erwähne das Amen, „wo ganz eigenthümliche Lehren oder unglaublich scheinende Weissagungen vorkommen"[19]. Johannes schließlich biete das doppelte Amen: „Den ausgezeichneten Menschen-Sohn (*υἱὸς τοῦ ἀνθρώπου*), und zugleich auch den Sohn Gottes will der Evangelist in Jesu darstellen; liebt er doch überhaupt in seiner Rede-Manier seine Lehrsätze immer doppelt, negativ und affirmativ, auszudrücken; es ist also stets doppelte Persönlichkeit in Jesu und Zweifaches in der Darstellung, eigenthümlich."[20] Die Vielfalt der Darstellungsweisen bei ihrer inneren Übereinstimmung erläutert Scheibel auch an der Überlieferung der Abendmahlsperikopen von Jesus bis zu Paulus und Johannes[21].

David Schulz will gleichfalls jeden neutestamentlichen Schriftsteller „nach seinem besonderen Standort und nach seiner Eigenthümlichkeit in allen Beziehungen auffassen und beurtheilen"[22]. Bei ihm führt das jedoch zu wertender Kritik, so etwa zur Spätansetzung des Matthäusevangeliums aufgrund einer traditionellen und nivellierenden Darstellungsweise, welche die unmittelbare und konkrete Anschauung vermissen lasse[23]. Scheibel hingegen ist der Überzeugung, daß die Tendenzkritik „nichts von der Würde und dem historischen Werthe der Evangelisten" nimmt; „denn jeder Historiker erzählt vollständiger oder kürzer, je nachdem es sein Zweck verlangt"[24]. So lasse sich aus den unterschiedlichen Jesusbildern durchaus eine genaue Vorstellung von Jesus selbst zusammensetzen. „War denn nicht Jesus eben so Messias, als Prophet, Heiland und Sohn Gottes?"[25] Die Evangelisten tragen nach Scheibel also durchaus nichts Eigenes in die Reden Jesu ein, auch wenn sie ihren Absichten entsprechend nicht alle alles berichten. So ist ihm das „Amen, amen" des Johannes die genaueste Wiedergabe Jesu eigener Formulierung. Dies zeigt, daß auch hier die historische Methode einem im Grunde ungeschichtlichen Anliegen dienen soll. Die Tendenzkritik soll eine Harmonisierung zwischen den Evangelien möglich machen. Scheibel meint, als Historiker eben diese genaue Übereinstimmung zwischen den verschiedenen neutestamentlichen Schriften und dem Jesusgeschehen erweisen zu

[18] Ebd., S. 220.
[19] Ebd.
[20] Ebd., S. 221. „Also auf die *ἐνσάρκωσις*, auf das eigne Göttlich-Menschliche der Person und Zeugung Jesu, auf dieß von Johannes besonders herausgehobene Dogma, bezieht sich auch diese Rede" (ebd., S. 209; vgl. Scheibel, Abendmahl, S. 37).
[21] Scheibel, Abendmal, S. 239–262.
[22] Schulz, Lehre, S. 183f.
[23] Ebd., S. 182f. 302–322.
[24] Scheibel, Abendmal, S. 222.
[25] Ebd., S. 221.

können. Die Verschiedenheit des Ausdrucks belege geradezu die Einheit in der Lehre[26].

3. Bei der Auslegung von Joh. 6 nicht angesprochen, aber für die Schriftauslegung Scheibels ebenfalls charakteristisch ist der religionsgeschichtliche Vergleich, wobei Religionsgeschichte eng mit Religionsphänomenologie, Religionspsychologie und Religionsphilosophie verquickt wird[27]. Aufgrund seiner These, „daß die Opfer und Opfermalzeiten allen Religiösen aller Zeiten das Wichtigste des Kultus waren"[28], ordnet er den Kreuzestod Christi den Opfern und das Abendmahl den Opfermahlzeiten zu[29]. Ausführlich führt er den Vergleich mit der altägyptischen Religion[30] und dem israelitischen Passahmahl durch[31]. Gerechtfertigt scheint ihm diese „wahrhaft geschichtliche Methode" durch Paulus, der 1. Kor. 10,17ff. das Abendmahl zu den israelitischen und zu den heidnischen Opfermahlen in Beziehung setzt[32]. Und „die einfachste empirische Ansicht" bestätigt, daß alle religiösen Dienste mit den gottesdienstlichen Formen des Christentums zu vergleichen sind[33].

Scheibels Kontrahent Schulz hat sich gegen diese Methode heftig zur Wehr gesetzt, weil er in den äußeren Sitten und Gebräuchen nur eine unwesentliche Schale sehen konnte. „Das reine Christenthum, wie es von dem göttlichen Stifter ausgegangen, erscheint in jedem Betracht als die Religion des Geistes und der Wahrheit, also des Wesentlichen, im Gegensatz des blos Scheinbaren, Vergänglichen und Nichtigen."[34] Die innere Frömmigkeit sei nicht davon abhängig, ob und wie sie sich „in diesen oder jenen Bekenntnisformeln, in solchen oder andern Religionsgebräuchen, in gewohnheitsmässigen frommen Handlungen zu Tage lege, und äusserlich preiswürdige oder gepriesene Tugenden zur Erscheinung bringe"[35].

Während Scheibel als Lutheraner auf die Empirie verweist, zieht sich Schulz als Rationalist auf das rein Geistige zurück. Das Insistieren auf historischer Kritik öffnet sich also bei beiden nicht wirklich für eine geschichtliche Betrachtungsweise, sondern dient bei Scheibel der Beto-

26 Ebd., S. 261.
27 Ebd., S. 1–5.
28 Ebd., S. 5.
29 Ebd., S. 7–9.
30 Ebd., S. 11ff.
31 Ebd., S. 51ff.
32 Ebd., S. 249.
33 Ebd., S. 5.
34 Schulz, Lehre, S. 3.
35 Ebd., S. 8. Schulz sieht auch in Scheibels Kampf gegen die Union eine Verwechslung des „rein dem innerlichen Leben des Christen zugehörigen" Wesentlichen „mit Formeln und äußerlichen Gebräuchen, die nur Mittel seiner Darstellung sind"; um solchen „unwesentlichen Nebenwerks" wie der „Glaubensformel" und des „äußerlichen Ceremonienkrams" willen sehe Scheibel „die reformirten Christen als Ungläubige" an und wolle sie „von der evangelischen Gemeinschaft ausgeschlossen wissen" (Schulz, Unfug, S. 10f.).

nung der leiblichen Dimension des Glaubens, bei Schulz der Relativierung des kontingent Geschichtlichen zugunsten des wesentlich Geistigen. In der Schriftauslegung stoßen also dieselben Gegensätze aufeinander wie in der Abendmahlsauffassung. Die Methodenfrage führt damit weiter zu einer grundlegenden hermeneutischen Problemstellung.

3. Scheibels hermeneutische Grundsätze

1. Bei Scheibel korrespondieren die historisch-kritischen Methoden der Schriftauslegung wie auch bei Schulz einem Schriftverständnis, das die Bibel als offenbartes Wort Gottes glaubt. Scheibels Verständnis wird sich uns profilieren, wenn wir es vor dem Hintergrund der Schulz'schen Auffassung betrachten.

Für Schulz ist ein richtiges Verstehen der heiligen Schrift nur möglich, wenn man sie als „Quellen der göttlichen Belehrung ausser uns (Offenbarung)" von der „Quelle des Göttlichen in uns (Vernunft)" her erfaßt[36]. Das denkende Vermögen und die Offenbarung begegnen sich als zwei uns geschenkte göttliche Gaben. Die „äußere geschichtliche Offenbarung Gottes" „verwirklicht, verbürgt und bewährt" die bereits im Menschen liegenden ewigen Ideen des Wahren, Guten und Schönen[37]. „Keine Vernunftansicht kann sich geltend machen, welche dem klaren Worte Gottes widerspräche; keine Auslegung des göttlichen Wortes, überhaupt keine Geschichtsoffenbarung, welche der gesunden Vernunft entgegenträte."[38] Indem so Vernunft und Offenbarung einander entsprechen sollen, ergibt sich ihm notwendig ein symbolisches, geistiges, uneigentliches als das angeblich tiefere und eigentlichere Verständnis.

Vor diesem Hintergrund steht die Schriftanschauung Scheibels. Weder dem natürlichen Geist noch der natürlichen leiblichen Sinnlichkeit gesteht er die Fähigkeit zu, den Gottesgeist zu erfassen. Natur und Offenbarung werden einander als ganzheitliche Begriffe gegenübergestellt. Dementsprechend wird die Offenbarung des Geistes als ein Geist und Leib umfassendes Geschehen angesehen, keineswegs als ein nur geistiger Vorgang[39]. „Da ward Gottes Sohn der Weltheiland im Fleische offenbart, um, selbst Mensch, desto näher, größer und lebendiger jedem Irrenden die

---

[36] Schulz, Lehre, S. 10.

[37] Ebd., S. 23.

[38] Ebd., S. 24f.

[39] In dieses kategoriale Schema ordnet Scheibel auch die Konfessionsunterschiede ein: Die reformierte Kirche stehe in der Gefahr, der natürlichen Vernunft Raum zu geben, die römisch-katholische Kirche erliege der natürlichen Sinnlichkeit, während die lutherische Kirche sich in ihrer Lehre vom außerweltlichen Gottesgeist leiten lasse. Vgl. Scheibel, Predigt 1817, S. 22.

Wahrheit, jedem Ohnmächtigen die Gnade zu geben; denn seine Erlösung, das innerste Wesen des Christenthums, lehrte das Geheimniß, daß die Naturbande, welche die Wissenschaft zeigt, Gott auflöste, indem er den Sohn durch Leiden des Todes zur Herrlichkeit führte [...]. Gott also als der höchste Geist, erhaben über die Welt, doch selbst dem Staube das Leben und dem Leibe seine Herrlichkeit gebend, das war die Lehre, die Jesus aller Welt verkündigte."[40] Gottes Geist offenbart sich also in der Geschichte, indem die naturhafte Gebundenheit der ganzen irdischen Wirklichkeit aufgebrochen und zur himmlischen Verklärung befreit wird. Ansatzpunkt der Hermeneutik sind also für ihn nicht die ewigen geistigen Ideen im menschlichen Denken, sondern die geschichtliche Wirklichkeit der Erscheinung Jesu. Nicht ist „die Geschichte nach der Idee", sondern „die Idee nach der Geschichte" zu bilden[41].

Wollte Schulz jeden Widerspruch der biblischen Aussage zum „gesunden Menschenverstand" ausschließen[42], so behauptet Scheibel eine notwendige Übereinstimmung der biblischen Aussage mit der geschichtlichen Empirie[43]. In sachgemäßer Handhabung kann seiner Überzeugung nach die historische Forschung nur zum Aufweis dieser Übereinstimmung führen[44]. „Wir wollen [...] dieß philologisch geschichtliche Forschen [...] für den einigen Weg zum innern christlichen Erkennen halten, damit, nach dem Apostel, der Sprachen und Auslegungs Gabe, so wie die Gabe Geister zu unterscheiden, für von Gott gegebene hielt, eine wahrhaft göttliche Weisheit erlangt werde."[45] Mit dieser „wissenschaftlichen Schutzwehr", „daß es eine Wahrheit der philologisch geschichtlichen Interpretation giebt", will er beiden Abwegen entgehen, „philosophische Ansichten und Systeme zu Erklärern der Bibel zu machen, und nach ihren unpsychologischen und ungeschichtlichen Behauptungen, die heiligste aller Geschichts-Urkunden zu drehen und zu wenden, [...] oder: sich phantastischen Meinungen unwissender Jahrhunderte zu unterwerfen"[46]. „Durch redliche und scharfe Prüfung der Zeugniße" werden ihm auch die außerhalb der sonstigen Erfahrung liegenden Tatsachen, die in der Bibel berichtet werden, wie

[40] Scheibel, Abendmahl, S. 93. Jesus „erkannte, daß unser Fleisch gegen seine so unendlich unglücklich machenden Lüste und Begierden, daß unser armer Geist, unser erstorbenes Herz die ganze Gottheit seines Lebens bedarf, um frey zu werden von den Banden des natürlichen Menschen, und von Gott und Wahrheit scheidender sinnlicher Vernunft" (Predigt 1821, zit.: Scheibel, Abendmahl, S. 38. 50).

[41] Scheibel, Abendmahl, S. 153.

[42] Schulz, Unfug, S. 92.

[43] Scheibel, Abendmahl, S. XVIf.

[44] Vgl. Scheibel, Archiv, S. 273.

[45] Scheibel, Gedächtnisrede, S. 26.

[46] Ebd.

die Auferstehung Jesu und die Lehre der Apostel „unerschütterlich gewiß“[47].

Bei dieser „grammatisch-historischen“ Erforschung handelt es sich nach Scheibel zugleich um eine pneumatische Exegese, geschehe sie doch auf ausdrückliche Weisung Jesu und der Apostel hin und könne sie doch nur dann recht gelingen, wenn Gottes Geist dazu befähige[48], indem er die göttlichen Gaben der Sprach- und Geschichtsforschung nach 1. Kor. 12,8.12 schenke[49]. Wahrhaft historisch ist diese pneumatische Exegese für Scheibel insofern, als sie dem eigenen Selbstverständnis gerade dieser konkreten, geschichtlich einmaligen Urkunden entspreche. Demgegenüber wäre eine sich auf die Allgemeingültigkeit der natürlichen menschlichen Vernunft stützende Auslegung rationalistischer Art im Urteil Scheibels eine dogmatische und keine historische Auslegungsweise. Indem sie unrealistisch die Schwäche und Krankheit der natürlichen Vernunft verkenne, werde sie sogar zur einer wirklichkeitsfremden Fiktion; denn menschliches Denken müsse immer erst durch Gottes Geist geheilt werden, ehe es wahrhaft geschichtlich und philologisch forschen könne[50].

Damit wird eine redliche philologische Schriftauslegung[51] freilich unablösbar von einer inneren Umwandlung des Interpreten durch den Geist Gottes. Er muß sich dieses Wort im eigenen Denken und Leben aneignen und kann nicht in der Rolle eines objektiven Betrachters verharren. Gott teilt ja schließlich keine unerheblichen und unnötigen Belanglosigkeiten mit[52]. Der gesamtbiblische Sinn kann nur in ganzheitlicher und damit wirklich lebensmäßiger Weise erfaßt werden. Liebe zu Jesus ist die eigent-

---

47 Scheibel, Predigt 1817, S. 4.

48 Scheibel, Archiv, S. 202f. unter Verweis auf Mt. 5,18; Joh. 6,63; 12,48; Apg. 2; 1. Kor. 2,13f.; 14,28.

49 Scheibel, Abendmal, S. 8; ders., Abendmahl, S. XII. „Scharf müßen wir die Worte der Apostel, meine geliebten Freunde, betrachten; denn der heilige Geist, der sie geredet, hat den gelehrtesten Scharfsinn; da er (1. Cor. 2.) sogar die Tiefen der Gottheit erforscht; und wir können es, da der Leib der Christen sein Tempel seyn soll“ (Scheibel, Predigt 1817, S. 17).

50 Scheibel beruft sich auf das Zeugnis des Neuen Testaments, „daß der Mensch von Natur sündig, sein natürlicher Verstand und seine natürliche Vernunft die Offenbarung nicht begreife, vielmehr ihm dieselbe unsinnig erscheine; und er also, wie für sein sittliches, so für sein intellectuales Leben einer Erneuerung und Umgestaltung bedürfe“ (Scheibel, Archiv, S. 270). „Obgleich demnach weiter das N.T. sich der geschichtlichen und philologischen Untersuchung menschlichen Verstandes und menschlicher Vernunft gegeben zeigt, so spricht es doch von dem eigentlichen Verständniß seiner Lehren selbst als von Etwas, was nur durch den Geist Gottes, der diese Lehren gab, und nur durch Entfremdung von diesen natürlichen Ideen erkannt werden könne“ (ebd., S. 271).

51 „Wir haben ja doch, durch seine Gnade, nicht gewagt zu deuten, zu klügeln. Wir haben bloß redlich die Schrift gelesen; und den Geist der Wahrheit um diese Redlichkeit, kennend die Schwachheit unseres Herzens, (Röm. 3,4) angefleht“ (Scheibel, Predigt 1817, S. 21).

52 Ebd., S. 21f.

liche „Quelle der innersten Schrift-Erkenntniß". Auch hierfür beruft sich Scheibel wieder auf Jesu eigenes Zeugnis (Joh. 14,23; 16,13) und auf das des Paulus (1. Kor. 14)[53]. Scheibel läßt sich also seine biblische Hermeneutik von der Heiligen Schrift selber geben[54]. Der heilige Geist erweist sich in der Auslegung der Heiligen Schrift immer weiter geschichtlich wirksam. Scheibel vertraut der Verheißung Jesu (Joh. 8,31 f.): „Wenn ihr bleiben werdet in meiner Rede, so seid ihr in Wahrheit meine Jünger und werdet die Wahrheit erkennen, und die Wahrheit wird euch frei machen."[55] Diese Sicht bestärkt natürlich die Neigung Scheibels, die charakterliche Integrität derer, die gegenteilige exegetische Auffassungen vertreten, in Frage zu stellen[56], während er für die eigene wissenschaftliche Position die höhere Autorität des heiligen Geistes in Anspruch nimmt.

Für Scheibel bedingen sich also der Glaube an die Inspiration – „dieser heiligen, göttlichen Schrift glaube ich wörtlich"[57] – und historisch-kritische Schriftauslegung, wie andererseits auch der Glaube an die geschehenen Heilstatsachen und die sie bestätigenden Ergebnisse der historischen Schriftforschung. Nicht die historische Kritik, sondern philosophische Prinzipien macht er für die angebliche Feststellung von Widersprüchen im biblischen Zeugnis verantwortlich. Er selbst hält fest am „christlichen Glauben an Inspiration (dem überhaupt der Verf. dieses Aufsatzes noch keine wahrhaft geschichtliche und psychologische Untersuchung zuwider gefunden hat)"[58].

David Schulz hatte gemeint, mit seiner Entgegnung auf Scheibel zugunsten des Unionsprogramms Friedrich Wilhelms III. wirken zu können. Er druckt dessen Aufruf vom 27. Sept. 1817 als Beilage zu seinem Abendmahlsbuch von 1824 ab. Seine Kontroverse mit Scheibel erweist nun aber, daß der Rückzug auf „den Einfluß eines bessern Geistes, welcher das Ausserwesentliche beseitigt und die Hauptsache im Christenthum, worin beide Konfessionen eins sind, festhält"[59], tatsächlich nicht weiterhilft. Vielmehr brach der Streit darüber in aller Schärfe auf, was denn nun dieses Wesentliche ist. Ist es „eine Verehrung Gottes im Geist und Wahrheit", also im Wesentlichen im Gegensatz zum „blos Scheinbaren, Vergänglichen und Nichtigen", wie Schulz meinte[60]? Oder macht die Erlösung des verlorenen Menschen durch Gott, „indem er den Sohn durch Leiden des Todes zur Herrlichkeit führte", eigentlich „das innerste

[53] Scheibel, Archiv, S. 202–204.
[54] Ebd., S. 202.
[55] Zit. in: Scheibel Predigt 1817, S. 3.
[56] Er spricht etwa von „vorsätzlichen Lügen" der Rationalisten (Scheibel, Archiv, S. 273 Anm. 17).
[57] Scheibel, Abendmal, S. XII.
[58] Scheibel, Abendmahl, S. 32.
[59] Zit. nach Schulz, Lehre, S. 325.
[60] Ebd., S. 3.

Wesen des Christenthums" aus, wie Scheibel es sieht[61]? Diese grundverschiedenen Glaubenspositionen bestimmen bereits die hermeneutischen Grundsätze und verhindern so von vornherein eine Verständigung über das Verständnis der Schriftaussagen.

2. Wie ist nun Scheibels Entwurf zu beurteilen? Die Betonung der geschichtlichen Dimension des Wortes Gottes begründet Scheibel einmal in seinem persönlichen Weg, den er in seinem Studium aufgrund von Pflicht und Neigung gegangen ist, weiter mit der reformatorischen Entscheidung, auf die Bibel als einzig verbindliche Urquelle zurückzugehen, schließlich mit der geistigen Ausrichtung der eigenen Zeit[62]. Einer persönlichen Motivation (Erweckung) steht eine kirchliche (Lutherisches Bekenntnis) und eine zeitgenössische (Moderne) zur Seite. Das Selbstverständnis der Bibel verbindet sich also für ihn mit der geschichtlichen Kontinuität, dem persönlichen, innerlichen Nachvollzug und mit der allgemeinen Zeitströmung. Seine grammatisch-historische Interpretation der Heiligen Schrift ordnet er in diesen Gesamtzusammenhang ein. Er weist den Vorwurf zurück, daß er mit dieser Auslegungsweise dem Rationalismus und der Subjektivität folge, sieht darin vielmehr die weitere Entfaltung des alten Grundsatzes lutherischer Hermeneutik, daß Schrift durch Schrift auszulegen und von der sufficientia und perspicuitas der Schrift auszugehen sei. In einem ausführlichen Exkurs geht Scheibel, ausgehend von Luther und Melanchthon, auf eine Vielzahl von Hermeneutiken aus der Orthodoxie ein, um zu zeigen, daß man den wörtlichen Schriftsinn im Grunde schon immer mit dem ganzen methodischen Instrumentarium der historischen Interpretation (einschließlich Literarkritik und Tendenzkritik) zu erfassen versucht habe[63]. Demgegenüber sei die römisch-katholische Hermeneutik in unhistorischer Weise vorgegangen, indem sie die Auslegung der Heiligen Schrift nach der vorgegebenen

---

[61] Scheibel, Abendmal, S. 93.

[62] „Indem nur eigne Liebe und Pflichtgefühl zum exegetischen Studium der Schrift trieb, und dann erst zur eigentlichen Kirchengeschichte und ihren Quellen, zeigte sich uns doch bald in diesem Gange auch sowohl der eigentlich geschichtliche Weg des theologischen Studii, als auch des wahrhaft lutherischen, der ja von 1517 an bis 1546, und sofort stets von der Bibel ausging, als der Urquelle der ganzen Kirchengeschichte und aller Theologie. Dann aber zweitens hat ja gerade unsere Zeit in wissenschaftlicher Beziehung vorherrschend eine historische Richtung" (Scheibel, Archiv, S. 10). „Wer möchte verkennen, daß, wie vor drei Jahrhunderten alle Gelehrsamkeit von Sprachforschung ausgieng und diese lange der Geist der Schulen, Universitäten und jeder gelehrten Bildung blieb, jetzt nicht nur eine Masse eigentlich historischer Forschung vorhanden ist, sondern selbst in der Naturforschung die Geschichte der Erde gleichsam der Centralpunkt dieser Wissenschaft geworden, und auch sogar in der Poesie der Sammlung der Denkmäler der ehemaligen Koryphäen der Kunst das Bedeutendste ist" (ebd.), so daß „Niemand in unsrer Zeit irgend wie wissenschaftlich forschen kann, ohne, dem Geist der Zeit gemäß, seiner Arbeit auch auf irgend eine Weise eine geschichtliche Gestalt zu geben" (ebd., S. 12).

[63] Scheibel, Archiv, S. 204–212.

Norm der kirchlichen Lehre vorgenommen habe unter Berufung auf eine angebliche Uneinheitlichkeit der Schrift, die ein Verstehen aus ihr selbst heraus unmöglich mache[64]. Die reformierte Theologie habe zwar grundsätzlich auch das reformatorische Schriftprinzip vertreten, es aber nicht konsequent durchgehalten und damit der modernen rationalistischen Richtung Vorschub geleistet[65]. Der geistesgeschichtliche Fortschritt von der Aufklärung zur idealistischen Rückgewinnung der geschichtlichen Dimension hilft in der Sicht Scheibels dazu, die authentische Glaubensposition wieder wissenschaftlich zu vertreten. Das theologische Prinzip, die Schrift nach Analogie der Schrift zu erklären, sei auch die historisch angemessene Weise, weil sie den eigenen Charakter der Urkunden zum Maßstab der Auslegung mache. Weder das kirchliche Bekenntnis noch die Vernunft dürften als ja von außen kommende Kriterien für die Schriftauslegung maßgeblich werden. Grundsätzlich hätten Sprache und Geschichte „ihren eigenen, selbständigen Boden" neben den allgemeinen Vernunftideen[66]. Diese maßgeblich in der Geschichtsforschung zu machen, führe zu einer Verfälschung der Geschichte[67]. Demgegenüber öffne sich auf dem Weg der geschichlichen Interpretation der Zugang zur geschichtlich-göttlichen Wirklichkeit der Heilswirksamkeit Gottes. Mit der sachgemäßen historischen Wertung der Schrift verbindet sich „das tiefste Anerkennen des göttlichen Wortes"[68]. So sei die Bibel nicht nur Formal-, sondern ebenso Materialprinzip des christlichen Glaubens[69]. Und die grammatisch-historische Exegese ist in gleicher Weise „nicht ein Vehikel nur, sondern selbstständige Gabe des heil. Geistes"[70]. Gott wirkt ja inmitten der Geschichte.

So sehr Scheibel in seiner theologischen Grundeinsicht recht zu geben ist, daß die geschichtliche Offenbarung Gottes in der Geschichte Israels, im Heilswerk Jesu Christi und im kirchlichen Wirken des heiligen Geistes Ausgangspunkt der biblischen Hermeneutik sein muß, so wenig kann seine wissenschaftspositivistische Sicht überzeugen. In seinem Bemühen um die Überwindung der Aufklärung, in dem seine Stärke liegt, liegt zugleich auch seine Schwäche, indem er sich dabei idealistischer Postulate bedient, wenn er eine durch Offenbarung verklärte Geschichte annimmt, in durchaus ungeschichtlicher Weise eine Typenschau vornimmt, von einer glatt aufgehenden Systemfähigkeit aller biblichen Fakten und

---

[64] Ebd., S. 212–214.

[65] Ebd., S. 214–219.

[66] Ebd., S. 197.

[67] „Grobe Schnitzer gegen Philologie begeht der Rationalismus, sündigt also gegen den Glauben nicht wegen Philologie, sondern gegen Philologie, verdreht die Bibel zunächst gegen d. Sprachgebrauch u. gegen die Geschichte" (ebd.).

[68] Ebd., S. 304.

[69] Ebd., S. 309.

[70] Ebd., S. 197.

Texte ausgeht und die Vergangenheit im geschichtlichen Verstehen unmittelbar rezipieren will. Sein hochgestecktes Ziel kann mit diesem Programm tatsächlich nicht erreicht werden. Mit historischer Kritik lassen sich Widersprüche und Fragen gerade nicht vermeiden. Erst recht wird so die göttliche Geschichte niemals aufweisbar[71]. Scheibels geschichtlicher Realismus bleibt mit einer idealistischen Geschichtstheologie vermischt. Sein „moderner" Versuch kann die Lösung nicht bringen. Die kirchlichen Ereignisse hinderten Scheibel daran, seine hermeneutischen Grundsätze umfassender zu verifizieren und ihn vielleicht auch mit dem inneren Zwiespalt seiner Konzeption zu konfrontieren.

Beleg für die grundsätzliche Unsicherheit aller geschichtlichen Erkenntnisse ist in gewissen Sinne auch die weitere Auslegungsgeschichte des Schlußabschnitts der Brotrede, bei dem Scheibel insbesondere seine Prinzipien angewandt hat. Scheibels Sachauslegung von Joh. 6,51bff. auf das Abendmahl wurde von kirchlich-positiven Theologen der nachfolgenden Zeit sowohl vertreten[72] als auch abgelehnt[73]. Eine Einigung in dieser

[71] Scheibels leidenschaftliche Forderung, „daß der eigentlich geschichtliche Gang der Sprachentwickelung, als deren Endpunct das NT zu betrachten, noch genauer zu berücksichtigen wäre" (Scheibel, Archiv, S. 274f) und deshalb bei jedem Wort in genetischer Ordnung seine Sprachgeschichte zu verfolgen sei, so daß der Interpret „erst das alttest. Hebräisch, dann das spätere Hebräisch, dann erst das Griechische im Zeitalter der Apostel, nach dessen jüdischem Gebrauch, und nun erst die besonderen Idiotismen des einzelnen neutest. Schriftstellers untersuchen muß" (ebd., S. 276), gründet sich auf die Überzeugung von der Offenbarung Gottes in der Geschichte als einer historisch zu verifizierenden Tatsache. Denn die grammatisch-historische Untersuchung führt an der Bibel „nie auf weltliche Ideen, sondern immer auf jenen außerweltlichen Glauben der Hebräer zurück, und selbst das Eigenthümlichste des neutest. Ausdrucks, wie Abendmahl des Herrn und verklärter oder geistiger Leib, hat im Hebräischen seinen ersten Ursprung, jenes in den mosaischen Speiseopfern, dieser in den alttest. Schilderungen von einer himmlischen, körperlichen, Herrlichkeit, die oft höhere Geister, bey ihrem irdischen Erscheinen, umgeben habe" (ebd., S. 277). In der Sprachentwicklung von der alttestamentlichen Verwurzelung bis zur neutestamentlichen Vollendung hat sich Gottes Geist das Instrument seiner adäquaten Mitteilung von dem Offenbarungsgeschehen geschaffen. In den geschichtlichen Urkunden wird Scheibel des geschichtlich-realen Göttlichen ansichtig.

[72] Z.B. Ph. J. Oster: Ist die Lehre vom sogenannten geistlichen Essen und Trinken des Leibes und Blutes Christi wirklich das Ergebnis unbefangener Exegese von Johannes 6? Verneinend beantwortet, in: Zeitschrift für die gesammte lutherische Theologie und Kirche 8, 1847, 4. Quartalheft S. 18–50, K. F. A. Kahnis: Die Lehre vom Abendmahle, Leipzig 1851, S. 119–123, Th. Zahn: Das Evangelium des Johannes (= Kommentar zum Neuen Testament 4), Leipzig-Erlangen $^{5/6}$1921, S. 357–362. Neben der strikten Deutung auf das Abendmahl steht die auf Bengel zurückgehende Auslegungstradition, die in dem Text die beiden Dimensionen eines weiteren Bedeutungskreises der geistlichen Nießung und eines engeren Kreises der Abendmahlsverkündigung zugleich angesprochen findet: W. F. Besser: Das Evangelium St. Johannis in Bibelstunden, Halle ^{3}1857, S. 400f. Eine gesonderte Stellung nimmt F. Delitzsch: Die Rede des Herrn von dem geistlichen Genuss seines Fleisches und Blutes, aufs Neue erwogen, in: Zeitschrift für die gesammte lutherische Theologie und Kirche 6, 1845, 2. Quartalheft S. 1–29, in der Diskussion um die sakramentale Deutung dieses Schlußabschnittes der Brotrede ein: „Das sind keine blos bildlichen

exegetischen Frage gelang unter den kirchlich Gleichgesinnten nicht. Ähnlich bezeichnend ist, daß auch kritisch-liberale Ausleger die sakramentale Deutung dieses Abschnitts vertraten, damit zugleich aber diesen Text dem besonderen johanneischen Lehrbegriff zuschrieben[74], im Zeichen der religionsgeschichtlichen Betrachtung ihn dann gar als späteren, unechten Zusatz identifizierten, der sich in seiner massiven Sakramentsauffassung auch von der spezifisch johanneischen Theologie abhebe[75]. Von der Verkündigung Jesu war damit diese sakramentale Aussage völlig gelöst. Unter den neueren Exegeten schließen sich die meisten durchaus der Meinung Scheibels an, daß in diesen Versen vom Abendmahl die Rede ist. Ja, viele vertreten auch wieder mit Scheibel die ursprüngliche Einheitlichkeit und Geschlossenheit der Brotrede[76]. Doch darf die Bestä-

---

Redensarten, sondern entsprechende Bezeichnungen göttlicher Wirklichkeiten und Erfahrungsthatsachen" (ebd., S. 12). Dies Verständnis bedeutet für ihn allerdings keine sakramentale Deutung: „Der Glaube nimmt Christum nicht blos in die Vorstellung auf, er tritt mit ihm in die thatsächliche Verbindung" (ebd., S. 13); demnach spreche Joh. 6, 25 ff von der geistlichen Nießung des Fleisches und Blutes Christi mittels des Glaubens (ensprechend FC VII). Dieser geistliche Genuß sei freilich ein wirklicher und eigentlicher: „Es muss also auch ausserhalb des Sacramentes einen wahrhaftigen Genuss des Fleisches und Blutes Christi geben, welcher mittelst des Glaubens geschieht" (ebd. S. 24), also ohne Bindung an die manducatio oralis. Damit sei diese Rede freilich zugleich auch als „Schlüssel zum Verständniss des Sacraments und [als] Vorbereitung auf seine Einsetzung" anzusehen (ebd., S. 29).

[73] In ausdrücklicher Auseinandersetzung mit Scheibel z.B. A. Tholuck: Kommentar zum Evangelium Johannis, Hamburg ^{6}1844, S. 175–177, indem er selbst für eine Deutung auf den Versöhnungstod eintritt; in Auseinandersetzung mit Kahnis, der Scheibel folgt (vgl. Anm. 72), E.W. Hengstenberg: Das Evangelium des heiligen Johannis I, Berlin 1861, S. 393 f, indem er nun das „Fleisch" als die menschliche Erscheinung Jesu interpretiert.

[74] Z.B. D.F. Strauss: Das Leben Jesu, kritisch bearbeitet I, Tübingen ^{2}1837, S. 718f, und F.Ch. Baur: Vorlesungen über neutestamentliche Theologie, hrsg. von F.F. Baur, Leipzig 1864 (ND mit Einführung von W.G. Kümmel: Darmstadt 1973), S. 375f.

[75] Z.B. R. Bultmann: Das Evangelium des Johannes (= Kritisch-exegetischer Kommentar über das Neue Testament 2. Abt.), Göttingen ^{15}1957, S. 174–177, J. Becker: Das Evangelium des Johannes, Kap. 1–10 (= Ökumenischer Taschenbuchkommentar 4/1), Gütersloh-Würzburg 1979, S. 219–221, und E. Haenchen: Das Johannesevangelium, Tübingen 1980, S. 329–336. G. Bornkamm: Vorjohanneische Tradition oder nachjohanneische Bearbeitung in der eucharistischen Rede Johannes 6?, in: Geschichte und Glaube II (= Beiträge zur evangelischen Theologie 53), München 1971, S. 51–64, findet den Einschnitt bereits nach V. 47 und versteht den Abschnitt V. 48–58 als Angleichung des Johannesevangeliums an die traditionelle Lehre der Kirche (entsprechend der Sakramentsauffassung des Ignatius).

[76] Z.B. Jeremias, S. 101 f, E. Schweizer: Art. *σάρξ κτλ.* E., in: Theologisches Wörterbuch zum Neuen Testament VII, S. 123–145, dort S. 140f mit Verweis auf S. Schulz, W. Nauck und W. Wilkens, J. Schneider: Das Evangelium des Johannes (= Theologischer Handkommentar Sonderband), Berlin ^{2}1978, S. 155f, und R. Schnackenburg: Das Johannesevangelium Kap. 5–10 (= Herders theologischer Kommentar zum Neuen Testament IV, 2), Freiburg ^{2}1977, S. 100–102.

tigung, die Scheibel damit erfahren hat, nicht über die bleibenden, tiefen Unterschiede hinwegtäuschen. Scheibel war ja der Meinung, hier Jesu eigene Worte – und nicht die des Evangelisten oder eines Redaktors! – zu hören. Daraus ergab sich für ihn ein höherer Stellenwert und ein anderer theologischer Verbindlichkeitsgrad, ja, aufgrund seines andern Verstehensrahmens auch ein unterschiedlicher Aussagegehalt.

Wir werden uns so der Unabgeschlossenheit aller geschichtlichen Forschung, und damit auch der historischen Erklärung der Bibel, bewußt. Das befreit uns jedoch nicht von der Aufgabe, die geschichtliche Dimension der Offenbarung voll anzunehmen und bei der Schriftauslegung ernsthaft zu berücksichtigen. Die Bedeutung der Schriftauslegung und des Schriftverständnisses Scheibels liegt darin, daß er nicht nur den Rationalismus überwunden, sondern sich zugleich dem neu aufkommenden geschichtlichen Denken bewußt geöffnet hat[77]. Leider ist Scheibels Bemühen in der Folgezeit im konfessionellen Lager kaum aufgenommen und weitergeführt worden. Als eine Rezipierung und Weiterführung der Abendmahlsschrift Scheibels ist nur die bedeutsame Monographie von Karl Friedrich August Kahnis, „Die Lehre vom Abendmahl" (Leipzig 1851), anzusehen, wie das nicht nur der ganz entsprechende Aufbau beider Untersuchungen, sondern erst recht ihr unüberhörbarer inhaltlicher Zusammenklang deutlich spüren lassen[78]. Aufs ganze gesehen weist uns Scheibel mit seinem exegetischen Versuch immer noch auf eine ungelöste und dringliche Aufgabe hin, nicht nur weil alle menschlich-geschichtlichen Bemühungen vorläufig bleiben müssen, sondern weil man sich im konfessionellen Luthertum weithin dieser Aufgabe wohl auch ausdrücklich verschlossen hat, indem man einen grundsätzlichen Gegensatz zwischen Schriftinspiration und geschichtlicher Betrachtungsweise behauptet hat. Die nötige Kritik an Scheibels Hermeneutik hebt aber die Notwendigkeit seines Grundansatzes keinesfalls auf.

---

[77] Vgl. Kiunke, S. 206. – Dasselbe gilt übrigens auch hinsichtlich der Kontextualisierung; Scheibel beobachtet bei den verschiedenen Völkern unterschiedliche, von ihren jeweiligen typischen Eigenarten und ihrer Geschichte geprägte Ausformungen des Evangeliums, die trotz ihrer Verschiedenartigkeit reine Darstellungen des Christentums sein könnten, wenn sie nicht ihren jeweils typischen Gefährdungen erlegen wären (Scheibels Theorie der sieben Gemeinden, die ihr Urbild schon im Neuen Testament haben).

[78] Diese Arbeit bezeichnet H. Schultz, RE[3] 9, S. 695, „als die bedeutendste Monographie aus diesen Kreisen des konfessionellen Luthertums mit seinem akademischen Mittelpunkt in Erlangen".

Manfred Roensch

J. G. Scheibels Anschauung von der Kirche und ihrer Verfassung

In seiner „Actenmäßigen Geschichte der neuesten Unternehmung einer Union zwischen der reformirten und der lutherischen Kirche vorzüglich durch gemeinschaftliche Agende in Deutschland und besonders in dem preußischen Staate“, 1. Teil, „die Geschichts-Erzählung selbst enthaltend“, beschreibt Scheibel den Ablauf der Säkularfeier der Augsburgischen Konfession am 25. Juni 1830 in Breslau wie folgt: „Nach Tscheggey's Predigt gingen, nach der Ordnung der preußischen Instanzen-Notiz, zuerst der Oberpräsident von Merkel, die Regierungsbeamten, dann die Bürgermeister, der Magistrat, und Stadtverordnete zum Unionsabendmahl, von den Geistlichen Tscheggey und Hagen. Hagen und Rother teilten das Brot aus, nachdem sie selbst das Abendmahl vom reformierten Pastor Wunster empfangen hatten; der reformierte Pastor Wunster reichte den Kelch. Policeien hatten abermals die Wacht. Man ging, je nach Gefallen, haufenweise herein in die Kirche und wieder heraus. Truppweise unterhielt man sich auf dem Kirchhof. So die erste Evangelische Andachtsfeier. Die Lutheraner blieben für sich. Ihre Zahl war für den Augenblick viel kleiner als sonst; doch wie viele Verführte, Betäubte konnten und können wieder wach werden. Die Kirche war gerettet.“[1]

„Die Kirche war gerettet“, gerade diese letzte Aussage Scheibels wirft doch wohl die Frage auf, welches Kirchenverständnis dieser Zeuge der ersten Stunde hatte, wenn er angesichts des offiziellen Vollzugs der Union in Breslau allein auf Grund des Fernbleibens einer Handvoll lutherischer Christen vom Unionsabendmahl die Folgerung ziehen konnte, daß damit die Kirche gerettet sei. Hatte Scheibel ein konventikelhaftes Kirchenverständnis, wie ihm das des öfteren von seinen Gegnern vorgeworfen worden ist? Keineswegs. In seiner Darstellung der damaligen Ereignisse wird unmittelbar im Anschluß an das eben Zitierte deutlich, daß er Kirche mit der Gemeinde am Ort zusammen sieht. Scheibel schreibt: „Die Treue des Lehrers weckte. Mit Tränen, mit den tiefgefühltesten Klagen, wie man sie

[1] J. G. Scheibel: Actenmäßige Geschichte der neuesten Unternehmung einer Union zwischen der reformierten und lutherischen Kirche ect., Erster Theil, Leipzig 1834, S. 230.

verraten, verlassen, die Kirche vernichtet habe, kamen gehäuft Gemeine-Glieder, seit dem 24. Juni, auf meine Stube, und zeigten mir an: Auch sie wollten treu bleiben, den Glauben ihrer Väter nicht verlassen. Ich fragte sie: Ob ich ihre Namen aufschreiben könne? Mit Freuden stimmten sie bei. Ich entwarf daher genaue Verzeichnisse der einzelnen Gemeine-Glieder, die sich bei mir meldeten. Solche hatte die erste christliche Kirche. Solche hatte schon Moses von den Israeliten in seinen Büchern aufgezeichnet (Ex. 6, Num. 1–4). Ich leugne es nimmer, nach 2. Tim. 3,8 schwebte sein Beispiel mir vor, und mußte es nicht mir vorschweben?"[2]

Der Text von 2. Tim. 3,8 lautet: „Gleicherweise wie Jannes und Jambres dem Mose widerstand, also widerstehen auch diese der Wahrheit; es sind Menschen von zerrütteten Sinnen, untüchtig zum Glauben". Paulus nimmt an dieser Stelle Bezug auf Ex. 7,11 und 22, wo die ägyptischen Zauberer auf Geheiß des Pharao versuchen, die Wunder, die Mose und Aaron vor dem Pharao vollbrachten, nachzuahmen. Hieraus wird meines Erachtens deutlich, daß Scheibel keine sehr hohe Meinung von den Förderern und Vertretern der Union hatte. Bedeutet dies aber, daß er die lutherische Gemeinde in Breslau mit der einen heiligen christlichen Kirche an diesem Ort identifizierte und ansonsten dort nur Unkirche feststellen konnte? Eine eindeutige Antwort auf diese Frage ist nicht ganz leicht zu geben, da Scheibel ja die Geschichte der lutherischen Gemeinde in Breslau und der lutherischen Kirche in Schlesien im Kampf gegen die Union beschreibt und uns hier keine systematische Abhandlung über sein Kirchenverständnis liefert. Es wird aber in seiner „Actenmäßigen Geschichte der neuesten Unternehmung einer Union" ganz deutlich, daß er die lutherische Gemeinde an einem Ort als die lutherische Kirche daselbst ansieht.

Scheibel äußert sich zu einem Reskript des preußischen Kultusministers, Baron von Altenstein, vom 13. Juni 1831, das eine Antwort auf eine Eingabe der Breslauer lutherischen Gemeinde vom 2. Mai des gleichen Jahres ist, in dem der Minister folgendes schreibt: „Auf Ihre Eingabe vom 2. Mai benachrichtige ich Sie hierdurch, daß in betreff des von Ihnen und einigen lutherischen Einwohnern in Breslau an mich gerichteten Antrages, daß Ihnen gestattet werden möge, nächst der Abtrennung von den Breslauischen evangelischen Kirchen-Gemeinen, sich zu einer selbständigen Kirche, mit einer besonderen, von den Mitgliedern der Gemeine zu bestimmenden Verfassung constituieren zu dürfen, usw."[3] Scheibel stellt dazu fest: „Wir hatten aber nicht für uns, sondern als Organe der ganzen lutherischen Gemeine in Breslau (indem Mitglieder einer bestimmten gesonderten Kirche ihres eigenthümlichen Gottesdienstes und Lehrbe-

[2] Ebd., S. 230f.
[3] Ebd., S. 267.

griffs wegen eine Gemeine dieser Kirche, nach stetem Sprachgebrauche, ausmachen), diesen Antrag gemacht. Wir hatten nicht irgendeine selbständige, sondern die Selbständigkeit der lutherischen Kirche, nach der Heiligen Schrift und den darauf gegründeten lutherischen symbolischen Büchern gewünscht; nicht eine besondere von den Mitgliedern der Gemeine zu bestimmende Verfassung, sondern, dem Prinzip unserer lutherischen Kirche gemäß, an die Stelle des für uns unkirchlich gewordenen städtischen Consistorii die biblische Verfassung der Timotheus-Briefe. Wir hatten endlich, den politischartigen Ausdruck: Constituieren, geflissentlich vermieden, und vielmehr gesagt: Eine, nach der Heiligen Schrift einzurichtende."[4]

Für Scheibel ist die lutherische Kirche auf Schrift und Bekenntnis gegründet, – was heutzutage im Raum lutherischer Bekenntniskirchen eine sozusagen selbstverständliche theologische Erkenntnis ist –, für seine Zeit jedoch so etwas wie die Wiederentdeckung des lutherischen Kirchenverständnisses der Reformation und der lutherischen Orthodoxie darstellt. Wie aber sollte die Verfassung einer selbständigen lutherischen Kirche, in der die Selbständigkeit der lutherischen Kirche gewahrt war, aussehen, nachdem durch die Einführung der Union das bisherige Kirchenregiment im Sinne des lutherischen Bekenntnisses „unkirchlich" geworden war? Scheibel schlägt, wie wir eben sahen, eine biblische Verfassung im Sinne der Timotheusbriefe vor. Er hat in seiner Actenmäßigen Geschichte der Union an dieser Stelle eine Anmerkung, die aus dem kurzen Satz besteht: „Man vergleiche den Brief genau."[5] Täuscht nicht alles, so meint Scheibel hier den 2. Timotheusbrief, aus dem er ja auch bei der Aufstellung der Gemeindelisten nach der offiziellen Einführung der Union in Breslau zitierte, und der ihm der wichtigere der beiden Briefe des Paulus an Timotheus zu sein scheint, natürlich nur im Blick auf die ihn beschäftigende Frage.

Welches Gewicht aber gibt nun Scheibel dieser nach der Heiligen Schrift einzurichtenden Verfassung? Ist sie, seiner Meinung nach, die einzige für die lutherische Kirche in Frage kommende, so wie das des öfteren von namhaften Unionstheologen behauptet worden ist[6]? Nimmt man Scheibels Äußerung, die wir eben hörten, unvoreingenommen, so gewinnt man eher den Eindruck, daß er von einem Verfassungsmodell für die selbständige lutherische Kirche spricht, das ihm gewiß der lutherischen Kirche am gemäßesten zu sein scheint, das er aber keineswegs unter allen Umständen gegen jedweden Widerstand durchzusetzen ge-

[4] Ebd.

[5] Ebd., Anm. 36.

[6] Vgl. hierzu M. KIUNKE: Johann Gottfried Scheibel und sein Ringen um die Kirche der lutherischen Reformation, Diss. theol. Erlangen 1941 (ND: Kirche im Osten. Monographienreihe 19, Göttingen 1985), S. 255ff.

willt ist, als eine für ihn bindende Bekenntnissache. Bedenkt man dabei, daß Scheibel ein solches Verfassungsmodell dem Minister bereits am 16. Mai 1831 zugesandt hatte, damit dieser es wohlwollend prüfen möge[7], so verstärkt sich dieser Eindruck.

Bevor wir uns nun diesem Scheibelschen Modell einer biblischen Verfassung der lutherischen Kirche zuwenden, seien mir einige grundsätzliche Ausführungen erlaubt. Der Titel meines Beitrages ist zweifelsohne zu vollmundig und erweckt Erwartungen, die ich weder befriedigen kann, noch letztlich will. In der ausgezeichneten Scheibelbiographie meines verehrten Konfirmators und theologischen Lehrers Martin Kiunke ist in dem Kapitel „Scheibels Anschauungen von Kirche und Kirchenverfassung“[8] zu dem von mir gewählten Thema eigentlich alles nur Wünschenswerte gesagt und ausgeführt. Was ich mir in meinem Beitrag vorgenommen habe, ist der Versuch, auf Grund einiger weniger, aber an entscheidenden Punkten seines Kampfes für die Selbständigkeit der lutherischen Kirche in Schlesien gegen die Union von ihm gemachten Ausführungen, seine Anschauung von Kirche und Kirchenverfassung sozusagen grundrißartig sichtbar werden zu lassen.

Scheibels Kirchenverfassungsmodell, das er mit einem Anschreiben zusammen unter dem 16. Mai 1831 dem Minister von Altenstein zusandte, ist kein biblizistisch konstruiertes, sondern gibt, nach der biblischen Grundlegung, einen kirchengeschichtlichen Überblick bis hin zu der lutherischen Kirche in den preußischen Landen, aus dem man einmal erkennen kann, daß er sehr wohl wußte, daß die Kirche in der Geschichte unter den verschiedensten Verfassungsbedingungen existiert hat, aus dem zum andern aber auch deutlich wird, welche Verfassung Scheibel von der Heiligen Schrift her als für die der lutherischen Kirche gemäßeste hielt. Aber hören wir ihn selbst:

„§ 1. Durch die geoffenbarte Religion bildete sich nach und auf Anordnung Gottes selbst, eine Theokratie, d.h. eine zu dem Zweck, diesen wahren Gott zu bekennen und zu verehren, verbundene Gemeinschaft, deren Oberhaupt unmittelbar Gott durch seinen Geist war.

§ 2. Diese war in den Zeiten des jüdischen Volks sich auch auf alle äußern Lebens-Verhältnisse erstreckend.

§ 3. Christus stiftete ebenfalls eine solche Theokratie, die aber nur die religiösen Verhältnisse umfaßte; daher aber immer auch heilsamen Einfluß auf alles Irdische behielt.

§ 4. Indem diese Theokratie oder Kirche in die äußere That überging, entstand auch eine Ordnung der Verfassung und Cultus; Mat-

[7] J.G. Scheibel: Geschichte etc., Zweiter Theil, enthaltend hundert und zwei und dreißig Acten-Stücke (künftig: Geschichte II), Leipzig 1834, S. 182ff.

[8] Vgl. Kiunke, S. 241ff.

thäus 18,15ff. Matthäus 26,26ff. Markus 14,22ff. Lukas 22,19ff. Matthäus 28,19. Markus, 16,16. die ersten Spuren davon.

§ 5. Als der Erlöser einging zur Rechten des Vaters, sollte dies sein Reich (Johannes 18,36. Matthäus 28,18f.) nun, nach dem Befehl seines Geistes, eingerichtet werden.

§ 6. In diesem seinem Reich sollten also die irdischen Verhältnisse jeglicher Art nicht statt finden. (Kolosser 3,11; vgl. Vers 5. 6. Galater 3,28.); vielmehr nur der Herr durch seinen Geist walten; und zwar durch Gemeinschaft der Gemeinen und ihrer Lehrer; Apostelgeschichte 15, 22.28; so daß die Gemeine, welches wiederum alle Priester-Tyrannei abwehrte, auch Macht hatte, die Lehre der Lehrer zu prüfen, Actorum XVII,11 vgl. Matthäus 7,16.

§ 7. Hiernach waren Ältesten der Gemeine, durch welche die Gemeinen die Lehrer wählten, welche auch von den Gemeinen allein erhalten wurden, die Verwaltungs-Personen der Theokratie, (Actorum VI, 2.6. 1. Timotheus 3,10. 5,9. 1. Korinther 9, 7.9.13.14.2. Timotheus 2,6). Mit diesen verbunden Diaconen und Episcopen, Actorum VI,2ff. 1. Timotheus 3. Für das allgemeine Band aller einzelnen Gemeinen aber gab das herrlichste Beispiel die Synode in Jerusalem, Actorum XV.

§ 8. Und so waren auch die Bestandteile des christlichen Cultus festgesetzt; Titus 3,5. Vgl. Matthäus 28,19. 1. Korinther 10,16. 1. Korinther 11,23ff. 1. Timotheus 2,1–3. Epheser 5,19. Kolosser 3,16. Nach diesen Stellen ist immer der Glaube und dessen Bekenntnis die Hauptsache bei allen gottesdienstlichen Handlungen; und neben den Ermahnungen, die christliche geistliche Freiheit nicht zu mißbrauchen (1. Korinther 8,9.13. 10,23.28.) sind doch die so ernsten Warnungen und Ermahnungen gegen Gebote äußerlicher Satzungen nicht zu versäumen (Galater 5,1.2.4,9. Kolosser 4,16). Selbst für äußere Ordnung hatte dies Reich seine Vorschriften empfangen: 1. Korinther 9,7ff. 2. Timotheus 2,20; und die Beispiele 2. Thessalonicher 3,16–15. 2. Timotheus 2,20; und sonst.

§ 9. Diese Anordnungen machte Paulus dem Timotheus unendlich teuer und wichtig, und gebot ihm vor Gott, dies unverändert zu bewahren bis auf den Tag Christi, 1. Timotheus 6,13–16. Vgl. den ganzen 2. Timotheusbrief, der für die Erhaltung dieses Reiches nach seinem ganzen Inhalte geschrieben ist; vgl. die wichtige Stelle 2. Korinther 6,14ff.“[9]

Aus dem eben Zitierten wird deutlich, daß Scheibels Ausdrucksweise keineswegs immer einfach und auf den ersten Blick hin verständlich ist. So ist etwa sein Gebrauch des Begriffes Theokratie zumindest außergewöhnlich. Beim näheren Hinsehen jedoch erkennt man, daß er einmal keine theokratische Ordnung im alttestamentlichen Sinne für die christliche Kirche behauptet, und zum andern nur ganz bestimmte Grundstrukturen

[9] Scheibel, Geschichte II, S. 183f.

von Verfassung und Gottesdienst als „nach dem Befehl seines (d.h. Gottes) Geistes eingerichtet" bezeichnet.

Welches sind nun erst einmal die hier von Scheibel aufgezeigten Grundstrukturen der christlichen Kirche und ihrer Verfassung? Eine absolut konstitutive Grundstruktur der Kirche ist diese, daß der Herr durch seinen Geist in ihr waltet, und zwar durch die Gemeinschaft der Gemeinden und ihrer Lehrer. Als Belegstellen dafür werden Apg. 15,22 und 28 angegeben. Apg. 15,22 lautet: „Und es beschlossen die Apostel und Ältesten samt der ganzen Gemeinde, aus ihrer Mitte Männer zu erwählen und nach Antiochien zu senden etc...." Und Vers 28 lesen wir: „Denn beschlossen haben der heilige Geist und wir, euch keine Last weiter aufzulegen als nur diese nötigen Stücke." Die Gemeinschaft der Gemeinden mit ihren Lehrern ist also auch nach der in der Schrift begründeten Überzeugung Scheibels für die Kirche konstitutiv. Gemeinde und Lehrer handeln vollmächtig miteinander und legen, im Heiligen Geiste handelnd, das für die Kirche unbedingt Notwendige fest. Die Gemeinde besitzt darüber hinaus die Macht, die Lehre der Lehrer zu prüfen. Für letzteres wird Apg. 17,11 angeführt: „Die nahmen das Wort auf ganz willig und forschten täglich in der Schrift, ob sich's also verhielte" und dann der Verweis auf Matth. 7,16: „An ihren Früchten sollt ihr sie erkennen. Kann man auch Trauben lesen von den Dornen, oder Feigen von den Disteln?"

Es ist wichtig, sich vor Augen zu halten, daß Scheibel hier in erster Linie darum bemüht ist, darzustellen, wie Gemeinde und Kirche in der neutestamentlichen Zeit entstanden, handelten, sich die für ihre Existenz notwendige Verfassung gaben, ihre Leiter und Lehrer wählten und deren Lehre beurteilten. Scheibel ist weit davon entfernt zu sagen: Genauso muß es im Jahr 1831 in Breslau und Schlesien geschehen. Das beweisen eindeutig die Paragraphen 11 bis 24 seiner kirchenhistorischen Abhandlung[10], die ja gerade die Entwicklungen nachzuzeichnen vesuchen, die die Kirche, ihre Verfassung und ihr Gottesdienst im Laufe der Jahrhunderte der Kirchengeschichte genommen haben.

Aber zurück zu Scheibels Ausführungen in den Paragraphen 1–9 seiner kirchenhistorischen Abhandlung über lutherische Verfassung. Die Wahl der Lehrer durch die Gemeinde geschieht im apostolischen Zeitalter über die Ältesten. Die so gewählten Lehrer werden von der Gemeinde auch erhalten. Die Ältesten bezeichnet Scheibel als „die Verwaltungspersonen der Theokratie". An dieser Stelle wird wiederum deutlich, daß Scheibel unter Theokratie eigentlich nichts weiter versteht, als daß das so von Gott geordnet ist. Die neutestamentlichen Belegstellen zeigen, von Apostelgeschichte 6, Wahl der Armenpfleger, angefangen, daß er nur solche Stellen

[10] Ebd., S. 184–192.

heranzieht, die wirklich konkret zu der von ihm behaupteten Verfassungsstruktur der Urkirche Aussagen machen. An Unterschieden bei den neutestamentlichen Ämtern ist Scheibel offenbar nicht interessiert. Diakone und Bischöfe werden von ihm als mit den Ältesten der Gemeinde verbunden dargestellt. Die Einzelgemeinden sind durch das Band der Synode miteinander verbunden, wie ihm das als leuchtendes Beispiel das Apostelkonzil in Apg. 15 beweist.

Für den urchristlichen Gottesdienst ist nach Scheibel der Glaube und dessen Bekenntnis die Hauptsache. Dazu trifft die Paranäse, „die christliche geistliche Freiheit nicht zu mißbrauchen", aber sich in dieser auch nicht einschränken zu lassen. Zu letzterem wird an erster Stelle Gal. 5,1f. angeführt: „Zur Freiheit hat uns Christus befreit: So stehet nun fest und lasset euch nicht wiederum in das knechtische Joch fangen. Siehe, ich, Paulus, sage euch: Wenn ihr euch beschneiden lasset, so ist euch Christus nichts nütze."

Aus Paragraph 9 wird deutlich, welche entscheidende Rolle die beiden Briefe des Paulus an seinen Schüler Timotheus bei Scheibel spielen, insbesondere der zweite, in welchem er eine umfassende Kichenordnung sieht. Das Festhalten an den so von Gott durch seine Apostel der Kirche gegebenen Anordnungen „bis auf den Tag Christi" sieht Scheibel nach 1. Tim. 6,13ff, als verpflichtend an: „Ich gebiete dir vor Gott, der alle Dinge lebendig macht, und vor Christus Jesus, der unter Pontius Pilatus bezeugt hat das gute Bekenntnis, daß du haltest das Gebot ohne Flecken, bis auf die Erscheinung unsres Herrn Jesus Christus."

Aber nicht allein die Position ist nach Scheibels Meinung für die Kirche wichtig, sondern zugleich die Negation. Das geht aus seinem Hinweis auf die, wie er sagt, wichtige Stelle 2. Kor. 6,14ff, hervor: „Ziehet nicht am fremden Joch mit den Ungläubigen. Denn was hat die Gerechtigkeit zu schaffen mit der Ungerechtigkeit? Was hat das Licht für Gemeinschaft mit der Finsternis? ... Wir aber sind der Tempel des lebendigen Gottes."

Wir fassen zusammen: Für Scheibel hat Gott der Herr der Kirche im apostolischen Zeitalter durch den Heiligen Geist über die von ihm bestimmten Personen und Ämter Ordnungen gegeben, die bis zum Tag der Wiederkunft Jesu Christi gelten. Es sind für die Kirche und ihr Fortbestehen konstitutive Grundanordnungen, an die sich zu halten sie verpflichtet ist. Im Zentrum steht der Glaube an Jesus Christus und dessen Bekenntnis. Die Kirche stellt sich Scheibel dar als die Gemeinschaft der Gemeinden und ihrer Lehrer, wobei die Gemeinden miteinander verbunden sind durch das Band der Synode. Die Gemeinde wählt die Lehrer, sorgt für ihren Lebensunterhalt und hat die Vollmacht, deren Lehre und Verkündigung zu beurteilen. Älteste, Diakonen und Episkopen werden ausdrücklich genannt, aber ihr Verhältnis zueinander bleibt unbestimmt.

Der Gang durch die Kirchengeschichte, den Scheibel von Paragraph 11 seiner Kirchenhistorischen Abhandlung an unternimmt, zeigt erst einmal die Fehlentwicklung auf, die die Kirche unter dem Einfluß der römischen Imperatoren genommen hat (§ 12), bis hin zu der Hierarchie unter dem Papsttum mit seinem auf die pseudoisidorischen Dekretalen gegründeten ius canonicum (§ 13). In den Paragraphen 14 und 15 werden die von Petrus Waldus im Jahre 1150 nach den Grundtypen der urchristlichen Verfassung begründete Gemeinde sowie die von Johann Hus in Böhmen unter den gleichen Verfassungsbedingungen ins Leben gerufene Gemeinde als Wiederherstellung der alten theokratischen Verfassung der Kirche gewertet. Dennoch sieht Scheibel doch auch Unterschiede zwischen den beiden. Bei den Waldensern meint er mehr den petrinischen Typ der Kirche verwirklicht zu sehen, bei den Hussiten mehr den johanneischen. Eine solche Unterscheidung kann er deswegen vornehmen, weil er dies, wie Paragraph 10 beweist, bereits im Neuen Testament angelegt sieht[11]. Mit Luther tritt dann 1517 der paulinische Typ der Kirche auf (§ 16).

Warum referiere ich dies alles, was für uns heute zumindest ungewohnt ist, so ausführlich? Nun, damit deutlich wird, daß wir von Scheibel keine systematisch ausgeführte Lehre von der Kirche und deren Verfassung erwarten dürfen. Das lag weder in seiner Absicht, noch war er, von seiner geschichtlichen Sicht der Dinge her, dazu meines Erachtens imstande. Was wir aber von ihm erwarten können und was sich auch bei ihm unschwer finden läßt, ist der Nachweis, daß sich die Kirche, ihre Verfassung und ihr Gottesdienst auf Schrift und Bekenntnis gründen. Hat Scheibel in den ersten Paragraphen seiner kirchenhistorischen Abhandlungen den Beweis erbracht, daß rechte Gemeinde und Kirche auf die Schrift gegründet ist, so in den Paragraphen 16–18, daß lutherische Kirche immer auf das Bekenntnis begründet ist, von ihm Weisung empfängt, von ihm her, weil es selbst auf die Schrift gegründet, vollmächtig handelt[12].

Die Bibelübersetzung Luthers, seine liturgischen Schriften und Agenden sieht Scheibel mit dem lutherischen Bekenntnis in eins[13], wobei der Artikel X der Konkordienformel, dessen historischen Kontext er sorgfältig darlegt und dessen Beziehung zu der Situation Scheibels und seiner Gemeinde deutlich wird, eine Schlüsselstellung bei ihm einnimmt[14].

Ich breche hier ab, nicht weil es nichts mehr Wichtiges und Interessan-

---

[11] „Dieses Reich des Herrn erkannten Paulus und Johannes in seinen verschiedenen geistigen Richtungen, bei Ein und demselben Glauben, vorzüglich in sieben Gemeinen; nach Jes. 11, 2 womit 1. Kor. 12,7ff. und die Briefe Pauli an die sieben verschiedenen Gemeinen, so wie die von Johannes, Offenb. Joh. II. III. die den erstern ganz analog, genau zu vergleichen."

[12] Scheibel, Geschichte II, S. 185–190.

[13] Ebd., S. 187f.

[14] Ebd., S. 189f.

tes aus Scheibels kirchenhistorischen Abhandlungen von 1831 zu berichten gäbe, sondern einfach weil es den gegebenen Umfang und Rahmen dieses Beitrags sprengen würde.

Gottfried Herrmann

J. G. Scheibel und seine Auswirkungen auf den lutherischen Konfessionalismus in Sachsen

1. Einleitung

Über J. G. Scheibel und seine Bedeutung für die lutherische Kirche ist schon viel geschrieben worden. Vor allem seine Verdienste um die Anfänge der altlutherischen Bewegung in Schlesien haben eine ausführliche Würdigung erfahren[1]. Weniger Beachtung fanden demgegenüber die Jahre seines Exils, die ja immerhin einen Zeitraum von elf Jahren innerhalb seines 60jährigen Lebens umfassen. Aus diesen elf Exilsjahren möchte ich nur die ersten sieben herausgreifen, die Scheibel in Sachsen verbrachte. Ich tue dies aus zwei Gründen: Zum einen, weil ich selbst Sachse bin und mir die Nürnberger Quellen unter den gegenwärtigen staatlichen Verhältnissen schwer zugänglich sind; zum anderen, weil Scheibel, als er 1839 nach Nürnberg weiterzog, ein gesundheitlich bereits schwer angeschlagener Mann war. Die Arbeitsintensität seiner ersten Exilsjahre hat er in Bayern nicht mehr annähernd erreicht. So kommt seinen Jahren in Sachsen nicht nur zahlenmäßig, sondern auch inhaltlich deutlich das Hauptgewicht während der Exilszeit zu. – An seiner Wirksamkeit in Sachsen läßt sich aufweisen, daß sich Scheibel nicht nur um die lutherische Kirche in Preußen bleibende Verdienste erworben hat, sondern auch der gesamten lutherischen Kirche Deutschlands entscheidende Impulse vermittelte. Die Wirkung seines Auftretens soll im folgenden beispielhaft an der Entwicklung des lutherischen Konfessionalismus in Sachsen demonstriert werden.

Vorausgeschickt werden muß an dieser Stelle noch eine begriffliche Klärung. Das Wort „Konfessionalismus" hat in den letzten 150 Jahren einen Bedeutungswandel durchlaufen. Heute wird es gewöhnlich abwertend gebraucht im Sinne eines „übertriebenen Wertlegens auf Wahrung

[1] Vgl. zuletzt W. Klän: Die Anfänge der altlutherischen Bewegung in Breslau, in: Kirche im Osten, Bd. 21/22, 1978/79, S. 141–169.

der kirchlichen Eigenart"[2]. Im folgenden soll unter „Konfessionalismus" aber verstanden werden, was ursprünglich Bedeutung dieses Begriffes war, als er in der ersten Hälfte des 19. Jh.s in Gebrauch kam: Er steht hier für eine „auf den Bekenntnisschriften fußende Theologie"[3]. Man könnte auch sagen: für eine bekenntnisgebundene oder bekenntnistreue Theologie vor allem der lutherischen Kirche.

Scheibels Aufenthalt in Sachsen läßt sich deutlich in drei Abschnitte unterteilen: 1. Dresden (1832–1833), 2. Hermsdorf (1833–36), 3. Glauchau (1836–39).

2. Dresden 1832–1833

J. G. Scheibel hatte 1830 gegen die Einführung der Union zwischen der lutherischen und reformierten Kirche in Preußen öffentlich Protest eingelegt. Dies trug ihm die Suspension vom Pfarrdienst und akademischen Wirken sowie in der Folge das Verbot jeglicher Veröffentlichungen in Preußen ein. Nach fast zweijährigem Kampf in zahlreichen Eingaben, Bittgesuchen und Audienzen reifte Anfang 1832 in ihm der Entschluß, Preußen zu verlassen. Am 14. 3. 1832 suchte er bei Minister von Altenstein um Erledigung seiner Angelegenheit und Entlassung aus der Professur nach. Er sah es als seine unabweisbare Pflicht an, „über solche Kirchengeschichte Tag zu machen"[4]. Dies war unter den gegebenen Umständen nur außerhalb Preußens denkbar. Scheibel wählte nicht ohne Bedacht „das Vaterland der Reformation zum Asyl"[5]. In Sachsen hoffte er, „noch Form des Luthertums und des öffentlichen Bekenntnisses zu finden"[6].

Am 14. und 15. April 1832 nahm er Abschied von der Heimat und seiner Breslauer Gemeinde. In Dresden traf er schließlich am 23. April ein. Er bezog eine Wohnung in der Kleinen Schießgasse Nr. 70[7] und widmete sich sofort der literarischen Arbeit. Noch im April 1832 gab er seine „Geschichte der lutherischen Gemeinde in Breslau seit den Ereignissen von 1830" und Huschkes „Theologisches Gutachten eines Juristen in Sachen der königlichen preußischen Hof- und Domagende" heraus. Im Herbst 1832 folgte seine Schrift „Von der biblischen Kirchenverfassung"[8].

---

[2] E. Schott, in: RGG^3 III, Sp. 1747.

[3] Ebd.

[4] J. G. Scheibel: Actenmäßige Geschichte der neuesten Unternehmung einer Union zwischen der reformirten und lutherischen Kirche etc., Bd. I, Leipzig 1834, S. 286.

[5] Ebd.

[6] Ebd.

[7] Beiträge zur Sächsischen Kirchengeschichte 30, 1916, S. 77.

[8] M. Kiunke: J. G. Scheibel und sein Ringen um die Kirche der lutherischen Reforma-

In der sächsischen Hauptstadt fand Scheibel zunächst bereitwillige Aufnahme. Er suchte Kontakt zu den erweckten Kreisen der Stadt. Mit ausdrücklicher Genehmigung der kirchlichen und staatlichen Behörden hielt er täglich eine Stunde Unterricht am Fletscherschen Schullehrerseminar[9] und monatlich eine Missionsstunde. Gleich nach seiner Ankunft war er ins Komitee des Dresdner Missionsvereins gewählt worden. Nach eigenen Angaben wurde er auch zu „Kanzelvorträgen" immer wieder aufgefordert[10]. Seine erste Predigt hielt er bereits am Sonntag nach seinem Eintreffen in Dresden in der Kreuzkirche[11]. Nach dem Urteil verschiedener Zeugen wurde sie von den Zuhörern beifällig aufgenommen[12].

Erst nach etwa einem halben Jahr änderte sich Scheibels Lage grundlegend. Den Anlaß dazu bot eine Predigt, die er am Reformationsfest 1832 in der Kirche von Dresden-Friedrichstadt über Offb. 2, 1–7 hielt. Unter dem Thema „Ernste Worte des Herrn an unsere lutherische Kirche" setzte er sich darin mit dem Niedergang der lutherischen Kirche während der Zeit des Rationalismus auseinander[13]. Diese Predigt löste einen regelrechten Skandal aus. Unabhängig voneinander legten die Friedrichstädter Gemeinde unter Leitung von Seminardirektor Otto und ein Teil der Dresdner Geistlichkeit beim „in Evangelicis" zuständigen Kultusministerium schriftliche Beschwerde dagegen ein. Was hatte solchen Anstoß erregt? Zeitgenössische Äußerungen sprechen von einer „ekelhaften Polemik"[14] gegen die Union in Preußen und einem „hohen Grad der Verblendung, Lieblosigkeit und stolzer Anmaßung"[15] in seinen Äußerungen gegenüber der reformierten Kirche. Dieser Vorwurf ist an Scheibel für alle Zeiten hängengeblieben. Bis in die Gegenwart hinein bedauert man deshalb immer wieder – neben allen Verdiensten – Scheibels polemische Entgleisungen. Hier muß jedoch vor einem allzu oberflächlichen Urteil gewarnt werden. Vor allem darf man bei der Beurteilung der Scheibelschen Predigt den kirchlich-konfessionellen Hintergrund im damaligen Sachsen nicht außer Acht lassen. In Sachsen hat, wie Hermann Sasse

tion, Erlangen 1941 (ND: Göttingen 1985 = Kirche im Osten. Monographienreihe 19) [künftig: Kiunke], S. 380f.

[9] Ebd., S. 386.

[10] Allgemeine Kirchen-Zeitung, Darmstadt 1833, Nr. 51, Sp. 409.

[11] Am 29. 4. über Ps. 18,29 zum Thema „Die Verklärung Jesu und seiner Reichsgenossen in und durch seine Auferstehung".

[12] Sächsische Landesbibliothek Dresden: Manuscripte Dresden, h 54, Briefwechsel mit Andreas Gottlob Rudelbach, Bd. 5, Nr. 83, Bl. 83 und Bd. 7, Nr. 101, Bl. 24.

[13] Ernste Worte des Herrn an unsere lutherische Kirche, Predigt über Offenbarung Johannis II, Vers 1 bis 7, gehalten am Reformations-Feste, dem 31. October 1832, in der Kirche zu Friedrichstadt-Dresden, und auf Wunsch der Lutherischen Gemeinde in Breslau in Druck gegeben von Dr. J. G. Scheibel, 2. Aufl. mit einem Vorwort, Dresden: Walthersche Hofbuchhandlung o. J.

[14] Allgemeine Kirchen-Zeitung, Darmstadt 1833, Nr. 2, Sp. 24.

[15] Kritische Prediger-Bibliothek, Bd. 13/6, Neustadt an der Orla 1832, S. 1078ff.

einmal treffend urteilte, „das Licht der Aufklärung länger gestrahlt als anderswo“[16]. Dies sei an zwei Beispielen verdeutlicht. Noch 1813 berief man den als Rationalisten bekannten Erlanger Professor Christoph Friedrich von Ammon (1766–1850) als Oberhofprediger an die Spitze der sächsischen Landeskirche. Er hatte dieses Amt bis zu seinem Tode im Jahr 1850 inne. Wie weit sich gerade von Ammon von den Zentrallehren der lutherischen Kirche entfernt hatte, macht eine Episode aus der Zeit um 1830 deutlich. Als einer der lutherischen Erweckungsprediger des Muldentals[17] unbußfertige Gemeindeglieder wegen Unwürdigkeit vom Abendmahl zurückgewiesen hatte, beschwerten sich diese in Dresden. Ammon ermahnte daraufhin den Pastor, sich „von den überspannten morgenländischen Ansichten von der gänzlichen Verderbtheit der menschlichen Natur abzuwenden“[18]. – Über die Präsenz Christi im Abendmahl hatte Ammon in einer seiner Schriften geäußert:

„Es ist uns nemlich bei diesem Mahle nicht sowohl um den Leib und das Blut Christi als um seinen Geist zu thun. Dieser höhere, unsichtbare Christus soll durch den Genuß des Abendmahls ebenso mit uns vereinigt werden... wie Brodt und Wein ein Theil unseres Körpers wird.“[19]

Nicht anders sah es an der Theologischen Fakultät der Leipziger Landesuniversität aus. Fast ausnahmslos wirkten dort um 1830 Rationalisten (z.B. Tzschirner, Tittmann), wenn sie auch nicht von so radikaler Prägung waren wie ihre Hallenser Kollegen (z.B. Gesenius, Wegscheider). Erst 1827 gelang es erstmals, mit Professor August Hahn (1792–1863) einen Mann der Erweckungsbewegung an der Leipziger Fakultät unterzubringen; einen Mann freilich, der der preußischen Union so positiv gegenüberstand, daß er 1833 nach Breslau ging und 1844 Generalsuperintendent von Schlesien wurde. Er wohnte Weihnachten 1834 als Vertreter des Breslauer Konsistoriums der „Dragonade von Hönigern“ bei[20].

Für die vom aufklärerischen Toleranzgedanken durchdrungenen Dresdner Zuhörer Scheibels mußte es freilich unerhört wirken, wenn er in der Einleitung seiner Reformationsfestpredigt von 1832 ausführte:

„Sie (die luth. Kirche) hatte vor nun bald dreihundert Jahren, als sie durch die Concordienformel fest ihre Bekenntnisse schloß, zwölftausend Lehrer und Gemeinden in Deutschland. Wieviel gehören ihr jetzt noch an? Wie viel tausend Lehrer gehörten ihr längst nicht mehr an, und haben sich seit ihrer letzten dritten

[16] H. Sasse: Union und Bekenntnis, in: Bekennende Kirche 1/2, München 1936, S. 39.

[17] Wilhelm Keyl in Niederfrohna, der später mit Martin Stephan nach Missouri auswanderte.

[18] M. Hennig: Die Auswanderung Martin Stephans, in: Zeitschrift für Kirchengeschichte 58, 1939 (künftig: Hennig), S. 153.

[19] C. F. von Ammon: Entwurf einer wissenschaftlich-praktischen Theologie, 1797, S. 259f.

[20] K. H. Rengstorf: Die Delitzsch'sche Sache = Arbeiten zur Geschichte und Theologie des Luthertums 19, Berlin 1967, S. 58f.

Jubelfeier feierlich von ihr losgesagt! Wieviel Tausende, in ihr getauft, gehören ihr nicht mehr an! – Ja! Warum soll diese Thatsache verhehlt werden? Nachdem seit bald einem Jahrhunderte von den meisten Lehrstühlen Deutschlands alle Lehren unserer Kirche ihren künftigen Lehrern für Thorheit erklärt worden sind, ist unter ihnen, eine sehr kleine Zahl ausgenommen, der feste, stillgehaltene, in seinen Wirkungen offenbare Bund: Die Kirche, an deren Altären sie ihre Bekenntnisse geschworen, mit Aufbieten aller Kunst und der täuschendsten Verführung der Gemeinen an ihrem Stiftungs-Jubelfeste zu zerstören. – Wer will läugnen (!) die schauderhafte Thatsache! Das Opfer dieses Bundes spricht jetzt zu Euch, meine Brüder und Schwestern."[21]

Selbst in den Kreisen der Erweckten, in denen er verkehrte, stieß Scheibel mit solchen Äußerungen auf Unverständnis. Dort brachte man zwar Scheibels persönlichem Schicksal warme Anteilnahme entgegen, bedauerte aber, daß durch derartige Predigten „leicht Zerwürfnisse in den Gemeinden entstehen könnten"[22].

Als Folge der Proteste gegen Scheibels Reformationsfestpredigt erließ das Dresdner Oberkonsistorium (dem auch Oberhofprediger von Ammon angehörte) ein Reskript, in dem sämtlichen Predigern der Dresdner Diözese untersagt wurde, Scheibel künftig auf ihren Kanzeln predigen zu lassen. Eine Begründung für diese Maßnahme fehlte in der Anordnung. Scheibel nahm dieses Vorgehen der Behörden nicht hin. Unter dem 17. 12. 1832 wandte er sich an das Konsistorium und bat, ihm die Gründe für das Kanzelverbot zu nennen. Er machte darauf aufmerksam, daß er mit seiner Predigt nicht gegen das in Sachsen anerkannte lutherische Bekenntnis verstoßen habe. Für den Fall der Aufrechterhaltung des Verbots kündigte er eine Veröffentlichung seines Protestes an. Diese Drohung bewirkte eher das Gegenteil des Beabsichtigten. Durch sie machte sich Scheibel die sächsischen Behörden zum Feind.

Zur gleichen Zeit unternahm Scheibel noch einen anderen Versuch zu seiner Rechtfertigung. Er sandte seine umstrittene Predigt an die Theologische Fakultät in Leipzig und ersuchte sie um ein Gutachten. Die Fakultät lehnte zwar diese Bitte offiziell ab, weil sie nicht befugt sei, Gutachten über Konsistorialentscheide abzugeben, ließ aber von den einzelnen Professoren Stellungnahmen erarbeiten. Diese fielen sämtlich negativ aus. Auch der als positiv-erweckt geltende Prof. August Hahn äußerte schwere Bedenken gegen Scheibels Lehrweise[23].

Vom Ministerium erhielt Scheibel ebenfalls negativen Bescheid. Es

[21] Zitiert nach der in Anm. 13 angegebenen 2. Auflage, S. 3f.

[22] Justus Naumann, Sekretär des Missionsvereins, in: Briefe an Rudelbach (vgl. Anm. 12), Bd. 7, Nr. 101, Bl. 37. – Vgl. dazu auch W. von Kügelgen: Erinnerungen, Bd. 2 (künftig: Kügelgen), Leipzig 1957, S. 268 und 275.

[23] Vgl. dazu H. Stephan: Die theologische Fakultät in Leipzig um 1832, in: Leipzig um 1832, hrsg. von Lerche, Leipzig 1932, S. 93ff.

weigerte sich, die Gründe für das Predigtverbot namhaft zu machen. Als Fremdem stehe ihm überhaupt nicht das Recht zu, sächsische Kanzeln zu betreten[24]. Auf Scheibels Anregung hin wandten sich daraufhin einige Freunde an das Kultusministerium mit einer Petition um Wiedererteilung der Predigterlaubnis für Scheibel, ohne jedoch einer Antwort gewürdigt zu werden[25]. Regina von Brück hat zu Recht darauf aufmerksam gemacht, daß die sächsischen Behörden damit die gleiche Verschleppungstaktik wie in Preußen gegen Scheibel zur Anwendung brachten[26].

Im Frühsommer 1833 erfuhr Scheibel dann durch private Nachrichten aus Regierungskreisen, daß man vorhabe, ihm als „Sectenstifter" die Aufenthaltsgenehmigung für Dresden nicht zu verlängern[27]. Unter dem 23. Mai 1833 wandte er sich deshalb erstmals an Andreas Gottlob Rudelbach, den Superintendenten von Hinterglauchau, mit der Anfrage, ob es möglich sei, im Falle einer Ausweisung aus Dresden im Gebiet der Schönburgischen Recessherrschaften Asyl zu finden[28].

Im Juli und August 1833 weilte er für mehrere Wochen mit seiner erkrankten Frau zu einer Kur in Bad Schandau. Von dort zurückgekehrt, eröffnete ihm die Dresdner Polizei am 23. 8. 1833, daß seine Aufenthaltsgenehmigung nicht verlängert werden könne. Wieder fehlte die Angabe der Gründe. Scheibel schrieb damals an Rudelbach, er werde die Maßnahme nicht unwidersprochen hinnehmen und sich nicht „als Schuft aus Dresden weisen lassen"[29]. Vor allem beabsichtigte er, die neue Verfolgung „vollständig im Druck bekannt" zu machen. Noch im September 1833 ersuchte er das Landesdirektorium in Dresden um Angabe der Gründe für seine Entfernung aus der sächsischen Hauptstadt. Man kann das Ergebnis dieses „Behördenkrieges" vorwegnehmen: Nach mehrmaliger schriftlicher Anfrage und ständiger Verweisung an andere Dienststellen erhielt er am 25. 1. 1834 den hinhaltenden Bescheid, die Verhandlungen über seinen Fall seien noch nicht abgeschlossen. Nach Abschluß des Verfahrens werde ihm „Bescheidung" erteilt[30].

Inzwischen hatte der Dresdner Superintendent Karl Christian Seltenreich (1765–1836) durch eine Eingabe beim Oberkonsistorium veranlaßt,

---

[24] H. Th. WANGEMANN: Sieben Bücher Preußischer Kirchengeschichte, Bd. 1, Berlin 1859, S. 256.

[25] KÜGELGEN, S. 275.

[26] R. von BRÜCK: Die Beurteilung der preußischen Union im lutherischen Sachsen in den Jahren 1817–1840 = Theologische Arbeiten 41 (künftig: BRÜCK), BERLIN 1981, S. 100.

[27] Beiträge zur Sächsischen Kirchengeschichte, Bd. 30, 1916, S. 76. Die Monatsangabe im Datum des Briefes ist nach dem Briefinhalt und Zusammenhang zu urteilen offensichtlich fehlerhaft.

[28] Ebd., S. 74ff.

[29] Ebd., S. 76.

[30] Hauptstaatsarchiv Dresden: Ministerium des Innern, Nr. 297: Acta, den vormaligen königlich preußischen Diaconus Dr. Scheibel aus Breslau betreffend, 1836.

daß Scheibel auch die Leitung der Missionsstunden in Dresden untersagt wurde. Eine gegen diese Maßnahme gerichtete Petition des Missionsvorstandes blieb ohne Erfolg. In der Antwort des Kultusministeriums an den Missionsverein wurde erstmals eine offizielle Begründung für das Vorgehen gegen Scheibel genannt. Dort heißt es, er habe durch seine „polemische zu Zerwürfnissen und Spaltungen unter den Gliedern der Evangelischen Kirche anreizende Richtung" Veranlassung zu derartigen Maßnahmen gegeben[31].

Zusammenfassend muß man bezüglich der Entfernung Scheibels aus Dresden festhalten, daß für diese *erste* Ausweisung innerhalb Sachsens rein innersächsische Motive ausschlaggebend gewesen sind. Eine später immer wieder vermutete preußische Initiative lag 1833 noch nicht vor. Martin Kiunke urteilt deshalb völlig zutreffend:

„Der Rationalismus und Supranaturalismus, wie sie sich unter Ammons Szepter im Besitz ihrer geheiligten Rechte fühlten, ertrugen es nicht, daß auch nur von einem Niedergang der lutherischen Kirche geredet und ernstlich zur Umkehr zum Luthertum im Sinne der Reformationszeit aufgefordert wurde."[32]

Die Vorgänge um Scheibels Ausweisung aus Dresden werfen somit ein bezeichnendes Licht auf das Konfessionsbewußtsein im damaligen Sachsen.

3. Hermsdorf 1833–1836

Scheibel konnte den Ausgang seiner Beschwerdeführung bei den Behörden nicht in Dresden abwarten. Nach dem Entzug der Aufenthaltsgenehmigung suchte er auch aus familiären Gründen[33] noch vor Einbruch des Winters eine neue Unterkunft zu finden. Der sächsische Adlige Ernst Gottlob von Heynitz (1801–1861)[34] bot ihm Asyl auf seinem Schloß Hermsdorf bei Radeberg an (nur 15 km vom Dresdner Stadtzentrum entfernt), so daß Scheibel zunächst nicht auf Rudelbachs Einladung nach Glauchau zurückkommen mußte. Von Heynitz hatte das 1630 erbaute kleine Schloß (heute Altersheim) 1823 von der in der sächsischen Erweckungsbewegung führenden Familie der Grafen von Dohna übernommen.

[31] Archiv der Ev.-Luth. Mission zu Leipzig: Alte Akten Dresden, Nr. 65 in Mappe XXXV: „Acten der ev.-luth. Missions-Gesellschaft zu Dresden, die bei den stattgefundenen Conferenzen aufgenommenen Protocolle enthaltend, 1827–1836, Protokoll vom 8. 4. 1834.

[32] Kiunke, S. 368f.

[33] Mit zwei kleinen Kindern, darunter einem 6 Monate alten Säugling. Vgl. Beiträge zur Sächsischen Kirchengeschichte, Bd. 30, 1916, S. 77.

[34] Zu von Heynitz vgl. K. Hennig: Die sächsische Erweckungsbewegung im Anfang des 19. Jahrhunderts, Leipzig 1929 (künftig: Hennig), S. 183.

Unter seiner Herrschaft wurde dieses Haus immer mehr zum Mittelpunkt der Erweckten in Sachsen. Heynitz selbst gehörte dem Dresdner Missionsverein an und kannte daher Scheibel. Gleichzeitig mit Scheibel verbrachte dort der Maler Wilhelm von Kügelgen mehrere Jahre[35]. Scheibel siedelte am 8. 10. 1833 nach Hermsdorf über und bewohnte mit seiner Familie ein Haus gegenüber dem eigentlichen Schloßgebäude. Ernst von Heynitz gehörte zu den zehn Adligen, die der sächsische König nach der Verfassungsreform von 1830 auf Lebenszeit zum Mitglied der Ersten Kammer des Sächsischen Landtages ernannt hatte[36]. Scheibel fühlte sich geehrt durch die Aufnahme bei einem Landtagsmitglied. Die Nähe zu Dresden bot außerdem die Möglichkeit zur weiteren Benutzung der Bibliotheken[37].

In Hermsdorf widmete sich Scheibel vor allem zwei Arbeitsbereichen. Zum einen setzte er die Serie seiner Veröffentlichungen fort. Neben verschiedenen Kleinschriften erschienen vor allem 1834 in Leipzig die beiden umfangreichen Bände seiner „Actenmäßigen Geschichte der neuesten Unternehmung einer Union zwischen der reformirten und lutherischen Kirche..." und 1836 ebenfalls in Leipzig seine ausführliche historische Widerlegung der vom preußischen König verfaßten Agendenschrift unter dem Titel „Luthers Agende und die neue Preußische...".

Mit dem anderen Teil seiner Arbeitskraft stellte er sich dem Dresdner Missionsverein zur Verfügung. In Dresden bestand seit 1819 ein Missionsverein, dessen Mitglieder sich vor allem aus Kreisen der Christentumsgesellschaft und der Herrnhuter rekrutierten. Dieser Verein hatte sich als Hilfsverein der Basler Mission konstituiert, an deren bekenntnismäßig indifferentem Charakter zunächst kein Dresdner Anstoß nahm. Lediglich der später nach Amerika ausgewanderte Pastor der böhmischen Exulantengemeinde, Martin Stephan (1777–1846), hatte sich schon während der zwanziger Jahre vergeblich bemüht, eine konfessionelle Klärung zu erreichen. Weil die Dresdner die Teilnahme am reformierten Abendmahl in Basel zu tolerieren bereit waren, hatte Stephan schließlich seine Mitarbeit im Missionsverein ganz eingestellt.

Scheibel, der schon in Breslau zu den Mitbegründern des Missionsvereins gehörte, schloß sich auch in Dresden unmittelbar nach seiner Ankunft dem Missionsverein an. Man berief ihn kurze Zeit später in das als Leitungsgremium fungierende Komitee. Sein Eintritt fiel in eine Zeit des inneren Umbruchs im Verein. Nachlassendes Missionsinteresse hatte im Jahre 1830 Erörterungen über eine eigene sächsische Missionsgesellschaft in Gang gebracht. Scheibel schaltete sich in die Diskussion um die Neuordnung des Vereins ein. Einer, der in Preußen die Gefahren der

---

[35] 1829–1834. Vgl. Kügelgen, S. 229f.

[36] Ebd., S. 273.

[37] Beiträge zur Sächsischen Kirchengeschichte, Bd. 30, 1916, S. 77.

Union für die lutherische Kirche kennengelernt hatte, konnte den bekenntnismäßigen Indifferentismus der Dresdner nicht unwidersprochen hinnehmen. Vor allem die Teilnahme lutherischer Missionszöglinge am reformierten Abendmahl mußte ihm ein Stein des Anstoßes sein. Er stellte deshalb den Antrag, jenen Missionsgesellschaften, die nicht „die Gesammtheit der Bekenntniß-Schriften der lutherischen Kirche" zur Grundlage ihrer Ausbildung hätten, die Unterstützung zu entziehen[38]. Die Mehrheit der Vereinsmitglieder lehnte diese Initiative aber ab, weil ihrer Meinung nach die „reine lautere Predigt des Wortes Gottes" in der Mission das Entscheidende sei[39]. – Scheibel ließ nicht locker. Auf seine Initiative hin beschloß der Vorstand im April 1833, den Basler Missionsdirektor Christian Gottlob Blumhardt (1775–1838) in einem privaten Schreiben zu bitten, sächsischen Zöglingen die Wahl ihres Abendmahlstisches freizustellen. Blumhardt wies dieses Ansinnen energisch zurück[40]. – Nicht zufällig erhielt gerade Scheibel kurze Zeit später den Auftrag, dieselbe Bitte den Baslern noch einmal zu unterbreiten. Blumhardt lehnte erneut ganz entschieden ab. Zur Begründung wies er darauf hin, daß durch derartige Schritte die Existenz des Basler Missionsseminars grundsätzlich gefährdet würde. Außerdem habe bisher kein sächsischer Zögling Anstoß an der Abendmahlsteilnahme genommen[41]. In Dresden beschloß der Missionsvorstand daraufhin, die Sache vorläufig ruhen zu lassen. – Scheibel konnte zwar einige Anhänger für sein Anliegen im Missionsverein gewinnen, gerade die führenden Männer standen seinen Initiativen jedoch ausgesprochen skeptisch gegenüber. Der spätere Verlagsbuchhändler Justus Christian Naumann (1798–1862) schrieb damals als Sekretär des Missionsvereins an Rudelbach:

„Desto größere Noth macht mir aber der nach seinem Charakter wirklich herzensgute Scheibel, der mit aller Gewalt unseren Missions-Verein reformiren will, und dessen unpractischen Ideen nirgends Anklang finden wollen, da giebts viel zu kaempfen, zu tragen und auf beiden Seiten zurechtzulegen."[42]

Scheibel widmete sich nun zunächst stärker der praktischen Missionsarbeit. Im Herbst 1833 hatten die Pastoren David Samuel Roller (1779–1850) in Lausa, – zu dessen Parochie Hermsdorf gehörte –, und Magnus Adolf Blüher (1802–1884) in Grünberg bei Radeberg eine Missionsvorschule für Sachsen eröffnet. Ganz selbstverständlich bezogen die beiden den gerade in Hermsdorf eintreffenden Scheibel in ihre Arbeit ein.

---

38 13. Jahresbericht des Missionsvereins zu Dresden, 1832, S. 7.

39 Ebd.

40 Archiv der Ev.-Luth. Mission zu Leipzig (vgl. Anm. 31): Protokolle vom 12. 4. und 24. 6. 1833.

41 Ebd., Protokoll vom 14. 8. 1833.

42 Briefe an Rudelbach (vgl. Anm. 22), Bd. 7, Nr. 101, Bl. 58.

Dieser erteilte neben Roller und Blüher zwei Proseminaristen Unterricht in Grünberg. Während Blüher sich schon vorher im Missionsverein den Bemühungen Scheibels um konfessionelle Klärung angeschlossen hatte, gab es zwischen Roller und Scheibel anfänglich Differenzen[43]. Roller hatte sich durch seine Betonung alter lutherischer Formen und seinen Kampf gegen den Rationalismus den Ruf erworben, *der* Anwalt des Luthertums in Sachsen zu sein[44]. Trotzdem sah er in der Unterstützung der Basler Mission zunächst überhaupt kein Problem. Erst unter dem Einfluß Scheibels wurde er auf die konfessionelle Problematik aufmerksam und gelangte (wie Blüher in seiner Roller-Biographie sagt) „zu größerer Klarheit und Entschiedenheit“[45].

Als nach zweijährigem Unterricht der weitere Weg der Grünberger Proseminaristen zur Debatte stand, zeitigte die konfessionsbetonte Ausbildung der drei Lehrer ihre ersten Früchte. Die beiden Zöglinge waren nun um ihres Gewissens willen nicht bereit, ihr Studium in Basel fortzusetzen und dort am reformierten Abendmahl teilzunehmen. Scheibel versuchte zwar, die Dresdner nun zur Gründung einer selbständigen lutherischen Missionsgesellschaft zu bewegen, konnte sich aber im Missionsverein nicht durchsetzen, so daß der Breslauer Missionsverein kurzfristig die weitere Ausbildung der beiden Zöglinge übernehmen mußte. Auch wenn nach solchen Erfahrungen die Arbeit der Grünberger Vorschule nicht fortgesetzt wurde und Scheibels Reformversuch fehlschlug, trugen diese Vorgänge doch zu einer Stärkung der konfessionsbewußten Gruppe im Dresdner Missionsverein bei.

Daß es zwei Jahre später dann doch in Dresden zur Gründung einer lutherischen Missionsgesellschaft kam, war nicht zum wenigsten Scheibels Vorarbeit zu verdanken, auch wenn er zu diesem Zeitpunkt wegen seines Wegzuges nach Glauchau daran nicht mehr direkt beteiligt sein konnte. An Scheibels Stelle trat in Dresden der ehemalige Judenmissionar Johann Georg Wermelskirch (1803–1872), der infolge der Unionskämpfe aus Posen ausgewiesen worden war. Auf Wunsch Scheibels kam Wermelskirch im Januar 1836 nach Dresden. Auch er beteiligte sich sofort an der Arbeit des Missionsvereins. Anläßlich der Jahresversammlung wählte man ihn am 31. 7. 1836 in den Vorstand[46]. Während Wermelskirch ganz im Sinne Scheibels in der Frage der Abendmahlsgemeinschaft auf Klärung drängte, distanzierte er sich andererseits deutlich von Scheibels polemischen Äußerungen. Seine Absicht war es, in Sachsen eine lu-

[43] E. Alex: Fünfzig Jahre Missionstätigkeit im Königreiche Sachsen, Dresden 1869, S. 45.

[44] Vgl. dazu W. A. Blüher: David Samuel Roller. Leben und Wirken, Dresden 1852 (künftig: Blüher), und A. H. Rühle: David Samuel Roller, Leipzig 1878.

[45] Blüher, S. 143.

[46] Brück, S. 122.

therische Missionsgesellschaft zum Zentrum und Sammelbecken aller lutherischen Kräfte zu machen. Was in Bayern eine Zeitschrift, in Preußen der praktische Unionskampf leistete, das sollte in Sachsen die lutherische Mission bewerkstelligen[47]. Wermelskirchs letztes Ziel war die Vereinigung aller Lutheraner Deutschlands[48]. Um dafür auch gegen Scheibel Voreingenommene zu gewinnen, war Wermelskirch sogar bereit, selbst diesen verdienstvollen Mann zu „opfern"[49].

Was Scheibel über Jahre hin vergeblich erstrebt hatte, bescherten Wermelskirch günstigere Umstände innerhalb kürzester Zeit. Nicht einmal drei Wochen nach seiner Berufung in den Vorstand des Missionsvereins beschloß man am 17. 8. 1836 die Gründung einer lutherischen Missionsgesellschaft. Die spätere (seit 1848) „Leipziger Mission" nahm ihren Anfang. Nach Anfrage von vier Berliner Missionszöglingen, die nur in einer lutherischen Mission arbeiten wollten, hatte auch Rudelbach seine Zustimmung zur Gesellschaftsgründung gegeben. Das gab in Dresden den Ausschlag[50]. Wermelskirch setzte sich an die Spitze der neuen Missionsgesellschaft. Von 1836–1842 hat er als erster „Missionsdirektor" (freilich ohne kirchenamtliche Anerkennung) den Weg der künftigen Leipziger Mission maßgeblich geprägt. Entsprechend seinen Vorstellungen ist diese Missionsgesellschaft, deren Gründung ohne Scheibels Vorarbeit kaum zustande gekommen wäre, dann tatsächlich für Jahrzehnte ein Zentrum und eine „Hochburg" des konfessionellen Luthertums in Sachsen gewesen.

Neben seinen Bemühungen um den Dresdner Missionsverein hat Scheibel den Kampf seiner altlutherischen Brüder in Preußen nie aus dem Blick verloren. Auch von Hermsdorf aus hielt er den Kontakt zu ihnen. In allen wichtigen Fragen suchten die Breslauer, nunmehr unter der Führung Prof. Eduard Huschkes (1801–1886), seinen Rat. Häufig empfing er Besucher aus der alten Heimat in Hermsdorf. Obwohl Huschke mehr und mehr die Führungsrolle in Breslau übernehmen mußte, bleibt Scheibels moralischer Einfluß zunächst noch erhalten. Im November 1834 reiste er

[47] Briefe an Rudelbach (vgl. Anm. 22), Bd. 11, Nr. 178, Bl. 111.

[48] Daß dabei hintergründig chiliastisches Gedankengut eine Rolle gespielt haben könnte, steht zu vermuten. Vgl. W. Klän: Die Ev.-Luth. Imannuelsynode. Eine Kirchenbildung im Gefolge der ekklesiologischen Auseinandersetzungen im deutschen Luthertum des 19. Jahrhunderts, Frankfurt/M.-Bern-New York-Nancy 1985, S. 47f. – Diese Grundkonzeption Wermelskirchs hat später Karl Graul weiterverfolgt und teilweise auch in die Praxis umsetzen können. Sie ist auch die hauptsächliche Ursache für Grauls Verärgerung über die Gründung der Hermannsburger Mission 1849 durch Louis Harms, während Graul zu einer Studienreise in Indien weilte. Graul mußte in diesem Schritt eine Attacke gegen den Leipziger Anspruch sehen, *die* lutherische Missionsgesellschaft Deutschlands zu sein.

[49] Brück, S. 123.

[50] Lohmann: Dresden und Leipzig, die beiden Pole des sächsischen Missionslebens, in: Beiträge zur Sächsischen Kirchengeschichte, Bd. 25, 1912, S. 100.

von Hermsdorf aus zur Ordination Prof. Ferdinand Guerickes (1802–1878) nach Leipzig, der sich in Halle zur Lutherischen Kirche in Preußen bekannt und daraufhin sein Amt verloren hatte[51].

In die Hermsdorfer Zeit fällt auch eine schwere Erkrankung Scheibels im Winter 1835. Nach Pastor Rollers Beschreibung soll es sich um eine Art Unterleibstyphus mit starkem Nervenfieber gehandelt haben[52]. Die Krankheit brachte ihn an den Rand des Todes. Erst nach Wochen trat eine allmähliche Besserung ein, ohne daß er die alte Frische und Arbeitskraft je wieder voll erlangte. Die unfreiwillige Trennung von der Heimat, die unfreundliche Aufnahme in Sachsen und völlige Überarbeitung dürften zu diesem körperlichen Zusammenbruch beigetragen haben. Zusätzliche Sorgen bereitete ihm die seit 1833 stark fortschreitende Ertaubung seiner Frau[53].

Auch in Hermsdorf ist Scheibel kein dauerhaftes Unterkommen vergönnt gewesen. Am 10. 2. 1836 ging beim sächsischen Außen- und Finanzminister H. A. von Zeschau (1789–1870) eine Note des preußischen Gesandten in Dresden ein, in der Scheibels Entfernung aus Grenznähe gefordert wurde[54]. Zur Begründung hieß es in dem Schreiben, daß die Untersuchungen im Fall „Hönigern" deutlich Scheibels ungebrochenen Einfluß auf die schlesischen Lutheraner sichtbar gemacht hätten. Das Innenministerium beauftragte daraufhin bereits zehn Tage später die Kreisdirektion Dresden, Scheibel mitzuteilen, er habe seinen Aufenthalt in Hermsdorf sofort aufzugeben und sich einen weiter von der preußischen Grenze entfernten Wohnort zu suchen[55]. Die Bereitwilligkeit, mit der die sächsische Regierung der preußischen Forderung nachkam, ist weniger verwunderlich, wenn man bedenkt, in welch schwieriger Lage sich Sachsen damals außenpolitisch befand. Vor allem die wirtschaftliche Abhängigkeit von Preußen (Deutscher Zollverein seit 1833) ließ kaum großen Handlungsspielraum für eine eigenständige Politik.

Scheibel nahm die erneute Ausweisung ohne Widerstand hin. Auf seine Rückfrage nach den Gründen wurde mit dem Hinweis auf die preußische Initiative geantwortet. Noch im Juli 1836 verließ er Hermsdorf. Sein Ziel war Glauchau[56].

---

51 Kiunke, S. 391. Schon am 8. 10. 1833 hatte Scheibel in Halle mit Huschke bei Guerickes Kind Pate gestanden. Vgl. Beiträge zur Sächsischen Kirchengeschichte, Bd. 30, 1916, S. 77ff.

52 Kiunke, S. 394.

53 Kügelgen, S. 286, und Kiunke, S. 394.

54 Text der Note abgedruckt bei Brück, S. 242f.

55 Ebd., S. 112.

56 Ebd., S. 114.

4. Glauchau 1836–1839

Die Übersiedlung nach Glauchau stellte für Scheibel eine spürbare Verschlechterung der Lage dar. Neben den erschwerten Kontaktmöglichkeiten nach Schlesien behinderte ihn vor allem das Fehlen der Dresdner Bibliotheken. Seinen neuen Wohnort (ca. 15 km nördlich von Zwickau) hat Scheibel im Blick auf Rudelbachs schon früher ergangene Einladung gewählt. Der Däne Rudelbach nahm Scheibel freundlich auf. Er war 1829 nach Sachsen gekommen und hatte den Kampf gegen den Rationalismus und für die lutherische Kirche zu seinem Programm gemacht, ohne je ein Hehl daraus zu machen[57]. 1831 gründete er zu diesem Zweck die sog. „Muldenthaler Pastoralkonferenz". Zu ihr gehörte vor allem ein Kreis von Pfarrern, die der Erweckungsbewegung nahestanden und die auf den Collaturpfarren des Fürsten Ludwig von Schönburg bzw. Detlev von Einsiedels im Muldental tätig waren. Zeitweise gehörten auch die beiden mit Martin Stephan ausgewanderten Pastoren Wilhelm Keyl und E. M. Bürger zu diesem Konferenzkreis. – Scheibel schloß sich in Glauchau dieser Pastoralkonferenz an, nahm an ihren Tagungen unter Leitung Rudelbachs teil und diente ihr mit einer Reihe von Referaten[58].

Daneben setzte Scheibel seine Veröffentlichungsarbeit fort, aber mit spürbar geringerer Intensität als bisher. In Leipzig wurde 1837 eine Sammlung seiner in Grünberg und Glauchau gehaltenen Predigten gedruckt. In Nürnberg erschien im gleichen Jahr die Broschüre „Über meine Polemik, insbesondere über die gegen die reformirte Kirche und über meine Absicht und mein Wirken bei dem jetzigen Kirchenkampfe", die bei aller demütigen Selbstkritik eine Rechtfertigung der nötigen Auseinandersetzung mit falschen Kirchen enthielt.

Auch in Glauchau löste – ähnlich wie in Dresden – schon nach kurzer Zeit eine von Scheibels Predigten einen Skandal aus. Wieder war es seine Polemik gegen die preußische Union, die Anstoß erregte. In einem amtlichen Bericht heißt es dazu, Scheibel habe seine Zuhörer „zu einem kräftigen und beharrlichen Widerstand gegen alle Neuerungen in der lutherischen Kirche aufgefordert"[59]. Das Glauchauer Konsistorium beschloß daraufhin, ihm das weitere Auftreten auf den Kanzeln der Stadt zu untersagen, da er „mehr Aufregung als Erbauung" beim Publikum hervorriefe[60]. Da selbst Rudelbach am Zustandekommen dieses Beschlusses beteiligt war, steht zu vermuten, daß es schon bald nach Scheibels Ankunft in Glauchau zu einer Abkühlung des Verhältnisses zwischen beiden

---

[57] Vgl. etwa seine Antrittspredigt vom 2. 5. 1829 in Dresden. Siehe dazu: M. SCHMIDT: Wort Gottes und Fremdlingschaft (künftig: SCHMIDT), Berlin-Zehlendorf 1953, S. 31 f.

[58] Bei KIUNKE, S. 394f., sind einzelne Themen aufgelistet.

[59] Zitiert nach BRÜCK, S. 116.

[60] Ebd.

gekommen sein muß. Eindeutig nachweisbar ist diese Differenz allerdings erst für das Jahr 1838. Bei aller charakterlichen Verschiedenheit der beiden, auf die schon Kiunke aufmerksam gemacht hat, liegen der Auseinandersetzung letztlich sachliche Gegensätze zugrunde. Einerseits ging es um das Kirchenverständnis. Scheibel hatte Rudelbachs Betonung des anstaltlichen Charakters der Kirche kritisiert und ihm „katholisierende" Tendenzen vorgeworfen. Für Scheibel blieb die Kirche trotz aller Hochschätzung der Gnadenmittel und des Amtes doch in erster Linie eine *Heilsgemeinschaft*[61].

Andererseits lag bei beiden eine unterschiedliche Einschätzung der preußischen Union vor. Nach eigenen Angaben hatte Rudelbach erst relativ spät (1833/34) die Notwendigkeit des Zeugnisses gegen die Union erkannt[62]. Dieser Aufgabe wandte er sich dann in seinem Hauptwerk „Reformation, Luthertum, Union" (1839) zu. Dabei sah er das wirksamste Mittel im Kampf gegen die Union in einer positiven, vertiefenden Darstellung der lutherischen Glaubenswahrheiten. Er unterschätzte die Bedeutung des Kampfes gegen die Unionsagende in Preußen. Seiner Meinung nach lag in Preußen eine mehr äußerliche Union auf liturgischem Gebiet vor. Von daher hielt er auch lutherisches Bekenntnis *innerhalb* der Union durchaus für einen gangbaren Weg. An Prof. Guericke schrieb er im Mai 1839 im Blick auf die geplante gemeinsame Zeitschrift:

> „Denn auch ich bin ganz der Ansicht, daß der Streit über Kirchenverfassung, Union, Agende nicht in den Vorder-, sondern Hintergrund treten müsse."[63]

Erst Jahre später gelangte auch Rudelbach zu einer kritischeren Einschätzung der preußischen Union[64].

Demgegenüber betonte Scheibel die Notwendigkeit der kämpferischen (ja polemischen) Auseinandersetzung mit der Union. Wie in Preußen vor dem „Unionsvehikel" der neuen Agende so mußte seiner Meinung nach in den noch lutherischen Landeskirchen vor einem „schleichenden Unionismus" gewarnt werden. Zieht man zudem in Betracht, das Scheibel in jahrelangem Kampf am eigenen Leibe die Folgen der Unionseinführung zu spüren bekommen hatte, wird verständlich, warum er an dieser Stelle schärfer reagierte als der ruhige Gelehrtentyp Rudelbach, der das alles aus dem Abstand heraus gelassen betrachtete. – Zu einer anhaltenden Verstimmung kam es, nachdem Scheibel in seinem am 21.5. 1839 in seiner Abwesenheit[65] verlesenen Abschiedsvortrag für die Muldenthaler

---

[61] Kiunke, S. 396 und 398.
[62] Beiträge zur Sächsischen Kirchengeschichte, Bd. 29, 1915, S. 101.
[63] Zeitschrift für die Gesammte Lutherische Theologie und Kirche 1863, S. 130.
[64] Kiunke, S. 398f.
[65] Scheibel war schon vorher von Glauchau abgereist.

Pastoralkonferenz[66] die Warnung vor einem „Katholisieren" noch einmal offen aussprach. Rudelbach faßte diese Mahnung als persönlichen Angriff auf und unterstellte Scheibel, er habe die Spaltung seiner Konferenz beabsichtigt. Scheibel hat diesen Vorwurf in seinem Brief vom 31. 5. 1839 zurückgewiesen und beteuert, es sei ihm um eine ehrliche Warnung vor einer erkannten Gefahr gegangen[67]. Erst unmittelbar vor Scheibels Tod in Nürnberg kam es 1843 durch nochmaligen Briefwechsel zu einer Aussöhnung zwischen beiden, die dem sterbenden Scheibel tiefe Freude bereitete.

Scheibel sollte auch in Glauchau keine Ruhe finden. Bereits am 8. 12. 1836 wandte sich die preußische Regierung erneut an den sächsischen Außenminister. Gegen den neuen Wohnort Scheibels erhob man keine Bedenken, forderte aber eine genaue Überwachung seines gesamten persönlichen und brieflichen Verkehrs. Offenbar veranschlagten die preußischen Behörden Scheibels Einfluß auf die wachsende altlutherische Bewegung immer noch außerordentlich hoch. Der sächsische Innenminister ordnete daraufhin eine Überwachung Scheibels durch die zuständige Kreisdirektion Zwickau an. Durch den erneuten Vorstoß aus Preußen wurde Scheibel den sächsischen Behörden immer unbequemer. Schon damals zog man in Dresden eine endgültige Ausweisung Scheibels aus Sachsen in Erwägung. Scheibel lebte zwar in Glauchau fast völlig zurückgezogen, stellte jedoch seine umfangreiche Korrespondenz nicht ein. Die geforderte Überwachung trug dazu bei, daß ihm die Glauchauer Behörden von Anfang an mit Mißtrauen begegneten. Sie hatten großes Interesse an einer baldigen Enfernung Scheibels, weil sie befürchteten, er könne durch längeren Aufenthalt Heimatansprüche erwerben[68].

Im April 1837 suchte deshalb die Kreisdirektion Zwickau in Dresden um baldige Erledigung der Scheibelschen Angelegenheit nach. Bereits unter dem 15. 4. 1837 erging dann der Ausweisungsbefehl des Innenministeriums an die Zwickauer Behörde mit der Begründung, Scheibel habe trotz Verbots Verbindung nach Preußen unterhalten. Scheibel wurde am 29. 4. davon in Kenntnis gesetzt. Er war diesmal nicht bereit, die Ausweisung widerspruchslos hinzunehmen. Am 24. 5. 1837 legte er bei der Kreisdirektion „Rekurs" gegen diese Entscheidung ein. Gleichzeitig traten 71 Glauchauer Bürger in einer Petition für Scheibels Bleiben ein. In Dresden maß man der Angelegenheit so viel Bedeutung bei, daß sich das Gesamtministerium damit beschäftigte. Da die amtlichen Berichte Scheibel einen tadellosen Lebenswandel bescheinigten, hielt vor allem Kultus-

66 Vgl. Ephoral-Archiv Glauchau; Loc. 525, Protokollabschriften der Muldenthaler Pastoralkonferenzen, 1926, S. 16.

67 Beiträge zur Sächsischen Kirchengeschichte, Bd. 30, 1916, S. 86–89.

68 Nach den Bestimmungen der Convention vom 21. 1. 1820 war dies nach 6–7 Jahren Aufenthalt möglich.

minister H.G. von Carlowitz (1772–1840) die Ausweisung aus kirchlichen Gründen für ungenügend gerechtfertigt. Der Minister stellte fest, das Scheibel keiner

„besonderen religiösen Lehre anhänge, sondern nur starr an dem Buchstaben der in hiesigen Landen geltenden evangelisch-lutherischen Bekenntnißschriften halte.“[69]

Von Carlowitz konnte sich allerdings mit seiner Auffassung nicht durchsetzen. Das Gesamtministerium bestätigte erneut die Ausweisung. Auschlaggebend dafür war, daß Scheibel sich in einem Dankschreiben an die Unterzeichner der Glauchauer Petition gewandt hatte. Die Minister mutmaßten deshalb ein schnelles Anwachsen seiner Anhängerschaft in Sachsen.

Scheibel richtete nun eine Immediatbeschwerde an den sächsischen König, der ihn auch am 30. 8. 1838 zur Audienz empfing. Der Monarch wies die Angelegenheit noch einmal dem Gesamtministerium zur Prüfung zu. Die Minister waren wieder unterschiedlicher Auffassung. Kultusminister von Carlowitz und Regierungschef Bernhard von Lindenau (1779–1854) hielten die Ausweisung für politisch nicht gerechtfertigt, zumal diesmal kein preußisches Ersuchen vorlag. Trotzdem gewannen schließlich jene Kabinettsmitglieder das Übergewicht, die aus innenpolitischen Motiven für eine Entfernung Scheibels aus Sachsen plädierten. Im Hintergrund standen dabei vor allem Befürchtungen, daß Scheibel eine ähnliche Bewegung in Sachsen auslösen könnte wie Martin Stephan, dessen Auswanderergruppe gerade in jenen Wochen zum Aufbruch nach Missouri rüstete. Martin Stephan, der in Breslau ein Schüler von Scheibels Vater gewesen war, später aber kaum Kontakte zu J.G. Scheibel unterhielt, hatte in Sachsen als erster Prediger im Sinne des lutherischen Konfessionalismus gewirkt. Im November 1837 war er wegen unerlaubter nächtlicher Versammlungen mit seinen Anhängern des Amtes als Pastor der böhmischen Exulantengemeinde in Dresden enthoben worden[70]. Daraufhin entschloß er sich mit mehr als 700 Anhängern zur Auswanderung nach Nordamerika. Im November 1838 verließen die „Stephanianer“ ihre Heimat. – Ähnliche Unruhen wollte die sächsische Regierung um jeden Preis vermeiden. Scheibel wurde damit ein Opfer wohl übertriebener Befürchtungen, die durch seine Veröffentlichungsdrohungen bzw. durch

---

[69] Vgl. Brück, S. 118.

[70] Vgl. Hennig, S. 163. Auch bei der Beurteilung Stephans muß beachtet werden, daß man in der damaligen Restaurationszeit schnell hinter jeder Privatversammlung revolutionäre Umtriebe vermutete. Hennig hat herausgearbeitet, daß „alle ihm (Stephan) zur Last gelegten Verirrungen … Ausgeburten der Phantasie“ gewesen seien, „an denen er insofern schuldig ist, als er auch den bösen Schein nicht vermieden hat“ (ebd.). Dies scheint zumindest für die Dresdner Zeit Stephans zuzutreffen.

gelegentliche Petitionen von Freunden mitverursacht worden waren. Er, der sich mehr oder weniger deutlich von Stephans Bewegung distanzierte[71] und der auch sonst alles andere als ein Förderer des Auswanderungsgedankens war[72], hatte hier unter den Nebenwirkungen der Vorgänge um Martin Stephan zu leiden.

Am 28. 11. 1838 erging der endgültige Ausweisungsbefehl an Scheibel. Dieser gab nun resigniert seinen Widerstand auf. Die von ihm erbetene Verlängerung der Ausreisefrist bis zum Ende des Winters wurde ihm eingeräumt. Am 5. Mai 1839 verließ er Glauchau, um über Franzensbad (b. Eger) nach Nürnberg zu reisen[73]. Dort ist er, ohne die schlesische Heimat noch einmal wiedergesehen zu haben, 1843 gestorben.

5. Nachwirkungen in Sachsen

Im Königreich Sachsen reichte die Nachblüte des Rationalismus am Anfang des 19. Jh.s noch weit in die Frühphase des Liberalismus hinein und prägte das äußere Erscheinungsbild der lutherischen Landeskirche. Regina von Brück hat in ihrer Untersuchung[74] den Nachweis geführt, daß in Sachsen die preußische Unionseinführung von 1830 – wenn überhaupt –, dann höchstens aus national-sächsischen bzw. kirchenpolitischen Motiven auf Ablehnung stieß[75]. Trotzdem gab es Anfang des 19. Jh.s deutlich erkennbare Gegenbewegungen, die sich gegen die Verkümmerung der evangelischen Botschaft im Rationalismus wandten. Diese Ausläufer der Erweckungsbewegung standen konfessionellen Fragen naturgemäß völlig indifferent gegenüber. Erst unter dem Einfluß von Martin Stephan, Andreas Gottlob Rudelbach und J. G. Scheibel wurden Ansätze zum lutherischen Konfessionalismus spürbar. Es gehört zur Tragik des konfessionellen Luthertums in Sachsen, daß die führenden Männer dieser Bewegung ausnahmslos Nichtsachsen waren, die nur zeitweise im Lande wirkten (Stephan 1810–1838, Rudelbach 1829–1845 und Scheibel 1832–1839)[76]. So kam es, daß das bekenntnisgebundene Luthertum im Ursprungsland der Reformation nie eine solche Breitenwirkung wie in anderen deutschen Gegenden erzielen konnte.

Ähnlich wie bei Martin Stephan und Andreas Gottlob Rudelbach lassen sich auch bei Scheibel indirekte Nachwirkungen registrieren. Sie

71 Zum Beispiel in der Muldenthaler Pastoralkonferenz. Vgl. Kiunke, S. 395.

72 W. Iwan: Um des Glaubens willen nach Australien, Breslau 1931, S. 29.

73 Beiträge zur Sächsischen Kirchengeschichte, Bd. 30, 1916, S. 86.

74 In Rostock 1975 als Dissertation angenommen; vgl. Anm. 26.

75 Zum Beispiel von Ammon, vgl. dazu Brück, S. 28ff.

76 Dies blieb auch in späterer Zeit so. Selbst die dann in Sachsen tätigen Adolf von Harleß und Chr. Ernst Luthardt stammten aus bayerischen Gebieten.

erstrecken sich zum einen auf bestimmte Personen bzw. Gruppen und zum anderen auf bestimmte Themenkreise. Ich will dies an ein paar Schlaglichtern deutlich machen.

5.1. Personale Wirkungen

Die spätere *Leipziger Mission* verdankt (wie oben aufgezeigt) ihre Entstehung vor allem dem Drängen Scheibels auf konfessionelle Klärung. Auch nach Scheibels erzwungenem Weggang aus Hermsdorf bzw. Sachsen blieb die Missionsgesellschaft bis 1844 fast völlig unter dem Einfluß der preußischen Altlutheraner: J. G. Wermelskirch (1836–1842) und Dr. Johannes Benjamin Trautmann (1842–1844) waren die Leiter der Mission. Die Leipziger Mission erwarb sich nicht zuletzt dadurch den Ruf einer „Hochburg" des bekenntnistreuen Luthertums. Dazu hat dann auch die konfessionelle Prägung der späteren Direktoren Karl Graul (1844–1860) und Julius Hardeland (1860–1891) beigetragen. Noch Anfang der siebziger Jahre des 19. Jh.s war es so, daß eine Reihe junger lutherischer Theologen wegen der zunehmenden Bekenntniserweichung in den lutherischen Landeskirchen den Dienst in der Leipziger Mission einer Pfarrstelle in Sachsen, Bayern, Hannover oder Mecklenburg vorzogen. Die Aushöhlung des lutherischen Bekenntnisses hat allerdings auf Dauer auch vor der Mission nicht Halt gemacht, so daß in der Folgezeit innerhalb der Leipziger Mission konfessionelle Auseinandersetzungen unvermeidbar waren. In zwei nicht unbeträchtlichen Austrittsbewegungen trennten sich während der siebziger und neunziger Jahre bekenntnisbewußte Missionare von der Leipziger Gesellschaft. Sie schlossen sich fast ausnahmslos der lutherischen Freikirche in Sachsen oder der nordamerikanischen Missourisynode an (1876: A. Grubert, O. Willkomm, C. M. Zorn, F. Zucker; 1893ff: T. Näther, Mohn, Kellerbauer, Freche). Der Leipziger Professor Christian Ernst Luthardt (1823–1902) hat einmal davon gesprochen, daß von Anfang an eine auffällige Affinität zwischen der Leipziger Mission und der lutherischen Freikirche bestanden habe[77]. Diese hatte ihre Wurzel nicht zuletzt in der vom freikirchlichen Luthertum in Preußen mitgeprägten Entstehung der Missionsgesellschaft.

An zwei weiteren Punkten lassen sich indirekte Nachwirkungen Scheibels aufweisen. Im Jahre 1840 wurde in Dresden ein *„Verein zur Unterstützung der lutherischen Kirche in Nordamerika"* ins Leben gerufen. Noch vor Friedrich Wynekens (1810–1876) berühmtem Aufruf „Die Noth der deutschen Lutheraner in Nordamerika" von 1841 nahm dieser Verein gemeinsam mit Wilhelm Löhe (1808–1872) in Neuendettelsau die Aufgabe in

[77] Akten der Ev.-luth. Mission zu Leipzig, Akte von Missionar Johannes Martin Kempff (1886–1892 in Indien).

Angriff, für Amerika lutherische Pastoren und Lehrer auszubilden[78]. Zu den Gründern dieses Vereins gehörte neben dem Altlutheraner Dr. Johannes Trautmann (1805–1851), damals Lehrer am Dresdner Missionsseminar, auch der Verleger und Buchhändler Justus Christian Naumann, der schon zu Scheibels Zeiten Sekretär des Dresdner Missionsvereins war. Naumann hatte sich, selbst aus der Erweckung stammend, unter Einfluß Scheibels und der anderen Altlutheraner immer mehr dem konfessionellen Luthertum angenähert. Im gleichen Jahr 1840 eröffnete er in Dresden seine Buchhandlung und seinen lutherischen Verlag. Dieses Werk haben nach seinem Tode 1862 seine Zwillingssöhne fortgesetzt, von denen einer, Heinrich Immanuel Naumann (1831–1893), später zu den Gründern der lutherischen Freikirche in Sachsen gehörte. Zu den Initiatoren und Mitgliedern des Dresdner Vereins gehörte auch Carl Freiherr von Wirsing (1808–1872), der als Amtshauptmann von Zwickau später zu den Freunden des Lutheraner-Vereins von Zwickau gehörte[79]. Der Dresdner Verein zur Unterstützung der lutherischen Kirche in Nordamerika hat sich vor allem während der sechziger Jahre des vorigen Jahrhunderts, – als allgemein das Interesse für Amerika deutlich nachließ –, um die Unterstützung missourischer Pastoren verdient gemacht[80].

Ein zweiter Verein hat in Sachsen im Sinne des lutherischen Konfessionalismus gewirkt. 1841 konstituierte sich in Dresden ein *„Verein evangelisch-lutherischer Glaubensgenossen“*[81], der sich im Laufe zweier Jahrzehnte immer mehr die Förderung bekenntnistreuen Luthertums zur Aufgabe machte. Aus dem Schoß dieses Vereins ist 1868 der Dresdner Lutheraner-Verein hervorgegangen, aus diesem wiederum 1871 die erste freikirchliche lutherische Gemeinde Sachsens. Zu den Mitgliedern des Vereins ev.-luth. Glaubensgenossen gehörte neben einer Reihe Leipziger Missionskandidaten auch der Buchhändler Heinrich Immanuel Naumann[82], den wir bereits kennengelernt haben. Unter den Mitgliedern dieses Vereins findet sich aber auch seit 1856 der praktische Arzt Gustav Wilhelm Seifert, der am 14. 5. 1872 in Breslau J. G. Scheibels „nachgelassene Tochter“ Johanna Naemi heiratete[83]. An dieser Stelle lassen sich also sogar – wenn auch späte – familiäre Linien aufweisen.

---

[78] Sein erster, bedeutendster Sendling war der 1843 ausgesandte, spätere Professor in Fort Wayne, Wilhelm Sihler (1801–1885).

[79] Vgl. Gottfried Herrmann: Lutherische Freikirche in Sachsen. Geschichte und Gegenwart einer lutherischen Bekenntniskirche, Berlin 1985, (künftig: Herrmann), S. 65.

[80] Die Ev.-Luth. Freikirche. Zeitschrift zur Belehrung und Erbauung 65, 1940, S. 87.

[81] Vgl. Herrmann, S. 49ff.

[82] Seit 1863 war er stellvertretender Vorsitzender des Vereins.

[83] Vgl. Herrmann, S. 50, Anm. 100.

5.2. Inhaltliche Wirkungen

Neben den bisher genannten personalen Nachwirkungen Scheibels fallen auch inhaltliche Kontinuitäten auf – oder zumindest eigenartige Parallelen, die eine untergründige Beeinflussung vermuten lassen. Dafür nur zwei Beispiele:

Da ist zunächst das sog. „Gemeindeprinzip" bei Scheibel zu nennen. Verfassungsideale waren zwar nicht das Motiv seines Breslauer Protests (wie oft behauptet), aber bei dem durch die Union nötig gewordenen Neubau der lutherischen Kirche in Preußen wünschte er sich eine stärkere Einbeziehung der „Laien" in sog. „echt-biblischen Presbyterien". Gerade in seinem Briefwechsel mit Rudelbach betonte er aber, daß er damit keineswegs eine calvinistische Presbyterialordnung erstrebe[84]. Allein vom neutestamentlichen und urchristlichen Beispiel her schien ihm ein presbyteriales Modell günstiger. Inwieweit sich Scheibel mit diesen Vorstellungen beim Neubau der lutherischen Kirche in Preußen hat durchsetzen können, kann hier nicht Aufgabe der Untersuchung sein. Als er 1832 nach Sachsen kam, brachte er diese Gedanken jedenfalls schon mit[85]. Dies gilt es festzuhalten.

Eigenartigerweise lassen sich nun in Sachsen fast gleichzeitig ähnliche Tendenzen nachweisen. Immerhin sind es vor allem ausgewanderte Sachsen gewesen, die unter Leitung von Prof. C.F.W. Walther (1811–1887) der Missourisynode 1847 eine Verfassung gaben, die ausdrücklich die Rechte der Gemeinde betont. In dieser Frage kam es zur Auseinandersetzung mit Wilhelm Löhe. Löhe stellte die Unterstützung für einen Teil seiner Schüler ein, als diese sich mit den „Stephanianern" zur Missourisynode zusammenschlossen. Er mutmaßte, daß Missouri zu sehr demokratischen Umwelteinflüssen bei der Verfassungsgestaltung nachgegeben habe[86]. Unter den Löhe-Schülern, die mit ihrem verehrten Lehrer aneinandergerieten, war auch jener Wilhelm Sihler, der vom Dresdner „Verein zur Unterstützung der lutherischen Kirche in Nordamerika" ausgesandt worden war. Dies paßt auffallend mit der Tatsache zusammen, daß dieser Verein ebenfalls mit Löhe immer wieder Differenzen hatte, weil er seine Arbeit bewußt von „Laien" getragen sehen wollte[87].

Auch im Dresdner „Verein ev.-luth. Glaubensgenossen" waren es vor allem Laien, die – nach eigenen Angaben – notgedrungen ohne Mitarbeit der Pastoren ihr Werk ausrichten mußten. Das gleiche gilt dann auch für

---

84 Beiträge zur Sächsischen Kirchengeschichte, Bd. 30, 1916, S. 75.

85 Vgl. seine Schrift „Von der biblischen Kirchenverfassung", 1833.

86 Diese Vermutung hält historischen Untersuchungen kaum stand, auch wenn ein genauer Nachweis über die Ursprünge des „missourischen Gemeindeprinzips" ausgesprochen diffizil ist.

87 Schmidt, S. 47.

die Lutheraner-Vereine. Die aus ihnen hervorgegangene Lutherische Freikirche in Sachsen orientierte sich in ihrer Verfassung bewußt am missourischen Gemeindeprinzip.

Ein starkes Laienelement ist auch in der sächsischen Landeskirche bis in die Gegenwart hinein spürbar geblieben. Im Kirchenkampf des Dritten Reiches hatte die Bekennende Kirche unter sächsischen Pfarrern relativ wenig Anhänger, um so mehr aber in Laienkreisen. Und selbst bei den Kirchentagskongressen der letzten Jahre sind die sächsischen Veranstaltungen durch besonders aktive Mitarbeit der „Laien" positiv aufgefallen.

Es kann hier nicht der Ort sein zu sondieren, wo diese Betonung des Laienelements in Sachsen ihre Wurzeln hat. Auffällig ist im Rahmen unseres Themas jedoch die eigenartige inhaltliche wie zeitliche Parallelität der Anschauungen zum Scheibelschen „Gemeindeprinzip".

Viel deutlicher spürbar sind Scheibels Nachwirkungen auf Sachsen in der Frage der *Unionseinschätzung*. Scheibel hatte in Preußen die offizielle, vom König angeordnete Einführung der Union miterlebt. Nach Sachsen gekommen, ist er sehr hellhörig für alle, selbst versteckten Unionstendenzen auch in anderen Ländern. Gerade in Sachsen mußte er das Beispiel eines „schleichenden Unionismus" miterleben. Seine Briefe an Rudelbach sind voll von Vermutungen über Unionseinflüsse in Ländern bis hin nach Schweden und Dänemark. Rudelbach empfand dies wohl als „neurotische" Schwarzseherei. Scheibel aber wußte aus seinen preußischen Erfahrungen, daß den Anfängen beizeiten gewehrt werden muß, wenn die Union überhaupt aufgehalten werden soll. Die weitere Entwicklung der deutschen lutherischen Landeskirche hat ihm in dieser Einschätzung weitgehend Recht gegeben. Nach 1830 ist es nirgend in Deutschland[88] mehr zu einer offiziellen Einführung der Union gekommen. Trotzdem sind die lutherischen Landeskirchen immer mehr dem „schleichenden Unionismus" erlegen[89].

Genau an dieser Stelle haben Ende der sechziger Jahre des vorigen Jahrhunderts die Lutheraner-Vereine mit ihrer Kritik an der sächsischen Landeskirche angesetzt. In der gastweisen Zulassung Unierter zum lutherischen Abendmahl sahen sie ein sicheres Anzeichen für die langsame Durchsetzung der Union „auf kaltem Wege". Dagegen wandten sie sich in ihren Eingaben und Protesten. Als das Dresdner Kirchenregiment die gastweise Zulassung Unierter als Normalzustand bestätigte, erkannte man darin die Union als „in praxi" eingeführt und entschloß sich zur Separation von der Landeskirche. In Sachsen ist zum ersten Mal dem „schleichenden Unionismus" mit praktischer Konsequenz entgegen getreten worden und daraus eine lutherische Freikirche entstanden. Ein

[88] Abgesehen von den komplizierten konfessionellen Verhältnissen in den verschiedenen Teilen Hessens.

[89] Der Weg führte über Treysa und Arnoldshain bis nach Leuenberg.

entscheidender Meilenstein auf dem Weg zur Einigung des freikirchlichen Luthertums in Deutschland war erreicht, als nach 1945 auch die übrigen lutherischen Freikirchen die de-facto-Geltung des Bekenntnisses als Maßstab ihres kirchlichen Handelns anerkannten.

Gerade das letztgenannte Beispiel zeigt, daß Scheibels Bedeutung weit über die lutherische Kirche in Preußen hinausreicht. Manches von den angedeuteten Spätwirkungen bleibt untergründig und ungewiß. Aber soviel steht fest, ohne Scheibels unfreiwilliges Exil hätte im 19. Jh. in Sachsen kaum bekenntnisbewußtes Luthertum entstehen oder gar kirchliche Wirkung erzielen können.

Werner Klän

Johann Gottfried Scheibel an Ernst Wilhelm Hengstenberg (1802–1869)

Zehn Briefe um Kirche und Bekenntnis

1. Einleitung

Die im folgenden veröffentlichten Briefe Johann Gottfried Scheibels an den Herausgeber der Evangelischen Kirchenzeitung, Ernst Wilhelm Hengstenberg, befinden sich sämtlich in der Staatsbibliothek Preußischer Kulturbesitz Berlin (Nachlaß Hengstenberg; J. G. Scheibel)[1]. Sie sind in den Briefsammlungen, wie sie im letzten Drittel des vorigen bis in die zwanziger Jahre dieses Jahrhunderts veröffentlicht wurden[2], weder verzeichnet noch gedruckt. Auch in der verdienstvollen Dissertation über die Evangelische Kirchenzeitung unter der Redaktion Ernst Wilhelm Hengstenbergs, die A. Kriege 1958 vorgelegt hat[3], sind sie, so gewiß sich ein Kapitel über „Die Altlutheraner" findet[4], nicht erwähnt. Mag diese Nichtbeachtung in dem einen Fall dadurch zu erklären sein, daß der Inhalt der Briefe engstens mit der Berichterstattung der Evangelischen Kirchenzeitung über die lutherische Bewegung in Breslau zusammenhängt, der doch neben sonst verhandelten Themen und erwähnten Perso-

[1] Der Staatsbibliothek Preußischer Kulturbesitz sei an dieser Stelle für die großzügige Bereitstellung der Briefe und die bereitwillig erteilte Abdruckerlaubnis gedankt. Den Hinweis auf die Scheibel-Briefe im Nachlaß Hengstenberg verdanke ich Herrn Bischof Dr. J. Schöne, DD., Hannover.

[2] Vgl. F. Nippold [Hrsg.]: Richard Rothe. Ein christliches Lebensbild. Bd. 1, Wittenberg ^{2}1872; Bd. 2, Wittenberg 1874; L. Witte: Das Leben D. Friedrich August Gotttreu Tholuck's, 2 Bde., Bielefeld und Leipzig 1884 (künftig: Witte); G. N. Bonwetsch: Aus vierzig Jahren Deutscher Kirchengeschichte. Briefe an E. W. Hengstenberg (= Beiträge zur Förderung christlicher Theologie 22), Gütersloh 1917; Ders.: Aus vierzig Jahren Deutscher Kirchengeschichte. Briefe an E. W. Hengstenberg, Zweite Folge (= Beiträge zur Förderung christlicher Theologie 24), Gütersloh 1919; Ders.: Aus Tholucks Anfängen. Briefe an und von Tholuck (= Beiträge zur Förderung christlicher Theologie 2), Gütersloh 1922 (künftig: Bonwetsch, Tholuck).

[3] A. Kriege: Die Evangelische Kirchenzeitung unter der Redaktion Ernst Wilhelm Hengstenbergs. Diss. theol. Bonn 1958 (künftig: Kriege).

[4] Ebd., S. 175ff.

nen nicht vergleichbares Gewicht beigemessen wurde, und in dem anderen Fall damit zu begründen sein, daß die Fülle des zu verarbeitenden Stoffes nicht Raum ließ für eine genauere Ausleuchtung der Hintergründe dieses besonderen Bereichs, so muß es jetzt allerdings dringlich erscheinen, daß diese bisher unbekannten und ungenannten Quellen der Forschung erschlossen werden. Denn daß die Frage, wie es dazu kommt, daß ein Teil der „Erweckungsbewegung" sich im Zuge der kirchlichen Auseinandersetzung um die Einführung der Union in Preußen sich genötigt sieht, aus der gemeinsamen antirationalistischen (und antirömisch-katholischen) Front auszuscheren, um schließlich in der notgedrungen staatsfreien Existenzform kirchlichen Bestehens das Erbe lutherischer Reformation und Kirche unbeeinträchtigt zu bewahren, daß mithin die Frage nach der kirchlich-konfessionellen Ausrichtung der „Breslauer" Lutheraner in ihrem Verhältnis zur Erweckungsbewegung einige Bedeutung für die Kirchengeschichtsschreibung der ersten Hälfte des 19. Jh.s hat, liegt am Tage[5]. Haben frühere Darstellungen der „altlutherischen" Kirchenbildung aus dem Lager der altpreußischen Union darzulegen gesucht, daß die Wurzeln dieses konfessionellen Kirchentums im „Pietismus" und „Koventikelwesen" zu suchen seien[6], so setzte sich bei den wissenschaftlichen Untersuchungen aus dem Bereich der Evangelisch-lutherischen (altlutherischen) Kirche bis in die jüngere Zeit die – gewiß aus bewußt oder unbewußt apologetischer Absicht entspringende – Tendenz durch, den Gedanken an eine mögliche Verwurzelung späterer Wortführer der antiunionistischen Opposition in Schlesien in der Erweckungsbewegung weitgehend, wenn nicht überhaupt, zu verbannen[7], oder doch die Hinweise auf engere Verbindung in ihrer Bedeutung möglichst herunterzuspielen[8]. Daß bei der einen oder der anderen Akzentuierung

[5] Im Blick gerade auf die schlesischen Vorgänge hat dies P. Maser: Georg Philipp Eduard Huschke an Hans Ernst von Kottwitz. Eine Untersuchung zum Verhältnis der altlutherischen Opposition in Breslau zur Erweckungsbewegung, in: Kirche im Osten 25, 1982, S. 11–63 (künftig: Maser, Kottwitz) herausgearbeitet; vgl. auch Ders.: Schlesiens Anteil an der Erweckungsbewegung des frühen 19. Jahrhunderts in: Jahrbuch für schlesische Kirchengeschichte NF 63, 1984, S. 45–66.

[6] E. Foerster: Die Entstehung der Preußischen Landeskirche unter der Regierung König Friedrich Wilhelms des Dritten. Ein Beitrag zur Geschichte der Kirchenbildung im deutschen Protestantismus, 2 Bde., Tübingen 1905/07 (künftig: Foerster); vgl. besonders Bd. 2, S. 252ff.

[7] M. Kiunke: Johann Gottfried Scheibel und sein Ringen um die Kirche der lutherischen Reformation. Diss. theol. Erlangen 1941 (ND: Kirche im Osten, Monographienreihe 19, Göttingen 1985) (künftig: Kiunke). Kiunkes grundlegende – gleichwohl zu überprüfende These lautet: „Scheibel, der, wie wir noch sehen werden, so lebendig in der Erweckungsbewegung steht, ist selbst kein eigentlich ‚Erweckter'." Ebd., S. 55.

[8] J. Schöne: Kirche und Kirchenregiment im Wirken und Denken Georg Philipp Eduard Huschkes (= Arbeiten zur Geschichte und Theologie des Luthertums 23), Berlin und Hamburg 1969 (künftig: Schöne). Schöne berichtet zwar von „Huschkes Eintritt in

jeweils das Interesse Pate stand, die eigene kirchliche Daseinsweise, sie sei uniert oder konfessionell-kirchlich, als die historisch und theologisch legitime oder doch konsequentere zu erweisen, ist dabei nicht zu übersehen[9]. Fragwürdig muß ein derartiger Zugriff auf die Bearbeitung der Quellen freilich allemal erscheinen, selbst wenn zuzugestehen ist, daß keine historische Untersuchung ohne Federführung eines wie auch immer gearteten erkenntnisleitenden Interesses denkbar sein dürfte. Zu hoffen ist freilich, daß die Erschließung bisher nicht beachteter Materialien, denen jedenfalls der Charakter primärer Quellen zugestanden werden muß, die Forschung je länger, je besser in den Stand setzt, mit möglichster Unvoreingenommenheit der Erarbeitung einer Antwort auf die Frage nach dem sicherlich komplexen Verhältnis von Erweckung und Konfessionalismus sich zu widmen.

Wir geben im folgenden die zehn Briefe Scheibels aus den Jahren 1827 bis 1841 diplomatisch wieder. Eine Übersicht über die Behandlung der „altlutherischen" Opposition in der Evangelischen Kirchenzeitung soll sich an den Abdruck der Briefe anschließen. Sie ist zu ergänzen durch einen Überblick über Scheibels eigene publizistische Wirksamkeit in diesen Jahren. Zuletzt sollen Kontinuität und Diskontinuität in Scheibels Beziehung zur Erweckungsbewegung kurz betrachtet werden[10].

2. J. G. Scheibel an E. W. Hengstenberg

(1)

Innig geliebter und verehrter Freund in dem Herrn;

So darf ich Sie ja wohl begrüßen, obwohl wir uns nur nach Nahme und Schrift kennen, | da der Eine Sinn, der uns Beyden gleich ist, Jedem von

---

die Erweckungsbewegung" (S. 37–39), bestreitet jedoch „eine plötzliche, überraschende ‚Bekehrung'" im „Erweckungsvorgang". Ebd., S. 38.

[9] Kiunke behandelt allerdings „Scheibel in seiner Beziehung zur Erweckungsbewegung" (S. 138–152); dabei konstatiert er „ein doppeltes Verhältnis (sc. Scheibels) zur Erweckungsbewegung", das durch Scheibels „Anziehungskraft auf einen Teil der Erweckten" einerseits und auf der anderen Seite durch weitgehendes Unverständnis erweckter Kreise für Scheibels Tendenz „zu der gesunden Lehrhaftigkeit eines sich an Schrift und Bekenntnis orientierenden, konfessionsbewußten Luthertums" bestimmt sei. Dagegen behauptet Foerster: „...die eigentliche Kraft des Stoßes ist *der alte Groll des Konventikelchristentums gegen die Cäsaropapie,* die Quelle alles Verfalles und Verderbens der Kirche." (FOERSTER, S. 259)

[10] Leider müssen die Briefe Hengstenbergs an Scheibel, soweit sie existierten, wohl als verloren gelten, da sie aller Wahrscheinlichkeit nach mit dem übrigen Scheibel-Nachlaß, der im Archiv des Oberkirchenkollegiums der Lutherischen Kirche in Preußen in Breslau aufbewahrt war, am Ende des Zweiten Weltkriegs durch Feuer vernichtet wurden.

Uns bekannt ist. Sie waren | so gütig, mich durch Freund Tholuk[11] zum Mitarbeiter in Ihrer Kirch[en] Zeit[ung] zu | bestimmen. Mit Freuden dazu bereit, indem ich den Plan Ihrer Zeitschrift nur von ganzem | Herzen billigen konnte, habe ich den größten Theil eines Aufsatzes: Was ist der Kirche des | Herrn in unseren Tagen Noth? fertig gemacht u[nd] auf Wunsch v[on] H[er]rn Prof[essor] Thilo[12] in Halle eine Recen- | sion v[on] Knapps[13] Vorles[ungen] begonnen. Letztere muß ich nach H[errn] P[rofessor] Th[ilos] Wunsch zuerst senden. |

Schon aber haben sich hier mehrere junge Freunde, Candid[aten] u[nd] Stud[enten] verbunden, | die Kirchen Zeit[ung] lesen zu wollen. Ich ersuche Sie daher, mir die 3 erschienenen Hefte, | Jul[y], Aug[ust], Sept[ember] möglichst bald zu senden, und den Abzug des Portos auf die | Rechnung für mich vorläufig zu bemerken.

Demnächst also hoffe ich Ihnen die Rec[ension] senden zu können. Mit inniger | Liebe

der

Ihrige

Breslau, den 3. Oct[ober] 1827. J G Scheibel

(2)

Endlich, verehrter, geliebter Freund in dem Herrn, kann ich Ihnen d[ie] Recens[ion] | von Knapp senden nach zehnfacher Unterbrechung. Ob sie nun 1) nicht zu lang. | 2) nicht für Ihr Blatt zu fremdartig. 3) zu schlecht geschrieben – das sey Alles | Ihnen überlaßen. Ich bitte um genaue Durchsicht. Errare humanum est; in solchen | Ausarbeitungen am leichtesten.

Ihre Bitte wegen Nachr[icht] üb[er] d[ie] kathol[ische] Kirche kann

[11] Tholuck, Friedrich August Gotttreu (30. 3. 1799–10. 6. 1877) war Ende 1816 in engeren Kontakt zu Scheibel getreten; vgl. Witte, Bd. 1, S. 53f. Scheibel versuchte im Jahre 1819 Tholuck zu bewegen, an seiner Statt einen Ruf an die Universität Dorpat anzunehmen; vgl. seinen Brief an Tholuck vom 17. 2. 1819 bei Witte, Bd. 1, S. 164f. Eine Anzahl weiterer Briefe Scheibels an Tholuck befindet sich im Tholuck-Archiv zu Naumburg.

[12] Thilo, Johann Karl (24. 11. 1794–17. 5. 1853), seit 1819 theologischer Dozent zu Halle; 1822 außerordentlicher, 1825 ordentlicher Professor der Theologie; später Schwiegersohn von Georg Christian Knapp. Er gab 1827 und 1828 Knapps „Vorlesungen über die christliche Glaubenslehre nach dem Lehrbegriff der evangelischen Kirche" heraus.

[13] Knapp, Georg Christian (1753–1825), Scheibels „unvergeßlicher Lehrer"; vgl. J. G. Scheibel: Predigten am ersten Advent-Sonntage, Jahresschluß und Fest Epiphanias, Breslau 1813, Vorwort; Ders.: Gedächtniss-Rede auf Georg Christian Knapp [...], beim Anfang der Winter-Vorlesungen (den 31. October 1825) gehalten von Dr. J. G. Scheibel, Breslau, o.J. [1825].

ich, aus guten Gründen, | nicht befriedigen. Ich muß es für gerathen halten, mich in diese Angelegenheit[14] nicht | zu mischen.

Dabey noch eine vertraute Mittheilung, die Ihre Liebe mir gewiß verzeiht. | Ich muß hier von (gestr.: gewißen) mehreren Theologen sehr leiden wegen d[er] Kirch[en] Zeit[ung]. Sie wird für | jesuitisch-protest[antisch] erklärt. Wohl ist darüber hinwegzusehen, aber die Schrift sagt: | Meidet allen bösen Schein. Daher – gestehe ich Ihnen – halte ich es für sehr gerathen, | wenn 1) über *gewiße hierarchische Liturgica,* natürlich sehr vorsichtig. 2) über *wahrhaft frommes Leben* freymüthige Sachen in d[er] Kirch[en] Zeit[ung] vorkämen. Glauben | Sie, dieß ist *das sicherste Mittel,* um die Kirch[en] Zeit[ung] in *moralische Achtung* zu setzen; | u[nd] dieß ist sehr nothwendig, um des Herrn willen.

Einen zweyten Aufsatz: über das, was heut d[er] Kirche noth ist, hoffe ich in | kurzer Zeit nachzuschicken.

Um Ihre freundliche Mittheilung über besagte Puncte bittet

Ihr

treuergebener

Breslau, d[en] 28 Nov[ember] 1827 J G Scheibel

Noch bitte ich 1) um 1 (= ein) Exempl[ar] d[er] Kirch[en] Zeit[ung], die junge | hiesige Freunde halten wollen, per Max & Cp. | 2) fragt ein hiesiger wakerer Candid[at] an, ob er 2 Anh[an]dl[ungen] üb[er] d[en] Eid auf symb[olische] Bücher (abgek.: B.B.) u[nd] d[en] Einfluß d[es] Ration[alismus] aufs prakt[ische] Predigtamt, nebst e[iner] Recens[ion] von Wegsch[eiders] Dogm[atik] | einsenden darf?

(3)

Gehindert durch Amtsgeschäfte u[nd] damit verbundene Studien entschuldigen Sie | wohl, innig verehrter Freund, daß ich Ihnen nicht eher antwortete. |

Dank Ihnen zunächst für Ihre gütige Aufnahme der Rec[ension] v[on]

[14] Es handelt sich höchstwahrscheinlich um die Auseinandersetzungen im Bistum Breslau, die im Gefolge des Buches von J. A. Theiner: Die katholische Kirche, besonders in Schlesien, und ihre Gebrechen, dargestellt von einem katholischen Geistlichen, Breslau 1826, aufbrachen. Theiner legte schließlich 1830 seine Professur an der Unviersität nieder und schied 1845 auch aus dem Pfarramt aus; später schloß er sich den Deutschkatholiken an; zu Theiner vgl. H. Hoffmann: Anton Theiner. Ein Beitrag zur schlesischen Kirchengeschichte in der ersten Hälfte des 19. Jahrhunderts, in: Archiv für schlesische Kirchengeschichte 9, 1951, S. 74–143; 10, 1952, S. 226–278; 11, 1953, S. 169–209; 12, 1954, S. 199–232.

Knapp. Sie ist allerdings zu lang gerathen, auch für Ihr Blatt zu literarisch. | Doch, wenn gerade die Rationalisten u[nd] selbst die mildesten (wie ich erst jüngst | hörte) Ihre Zeitung nur für eine gutgemeinte ascetische[?], populäre Erbauungs | Schrift halten, so möchte wohl ein *litterarisches* Recensions Blatt bey Ihrer Zeitung Noth thun, wie solches bey Zimmermanns Zeit[ung][15] längst ist. Ich kann | dabey nicht leugnen, daß ich wohl gern die wißenschaftlichen Beweise in meiner | Recension abgedruckt sähe. Ohne diese, wie Sie gewiß mir zugestehen werden, hat | das Ganze keinen Halt. Eher könnten längere abgeschriebene Stellen aus Kn[app] | u[nd] Angaben des Inhalts jedes einzeln[en] [Paragra]phen gekürzt werden.

Dabey kann ich Ihnen nicht verfehlen zu schreiben, wie tief es mich schmerzt, | daß Ihre Zeitung nicht nur als bloße ascet[ische] Arbeit, sondern noch *vielmehr* | u[nd] fast von allen Ration[alisten] als krypto – jesuitisch, d.i. als gar nicht treu an- | gesehen wird. Dieß geht so weit, daß in mich wiederholentlich gedrungen wird, | mich davon loszusagen, des moralischen Rufs wegen. Ich muß sie daher | *dringend, ja um des Herrn willen bitten:*

1. Sich *stärker* gegen den Katholicismus zu erklären. Die Abh[an]dl[ung] | über ihn (Heft 1)[16], ich leugne es nicht, ist viel zu gelinde. *Heydenthum* | ist der Katholic[ismus], wie ihn Luther sehr wahr erkannte, Menschenvergötterung. | Das christliche daran ist Lug und Trug, wie die wahrhafte, tiefe Kirche jedoch | sehr richtig nachweist. Er ist um Nicht das Geringste beßer als d[er] Rational[ismus], wie Sartorius | sehr tüchtig nachgewiesen hat[17]. Die Jesuiten (ich weiß es genau aus Erfahrung) lachen. |

2. Erklären Sie sich gegen die liturgische Hierarchie. Freilich können Sie das | in Ihrer Lage nicht unumwunden; *aber Ihre Ansicht*[18] *kann und darf ich,* | *laut meines tiefsten Gewißens, nun und nimmermehr nicht theilen.* Keineswegs | ist es eine *äußere,* sondern sehr *innere* Sache. Abermahls führt sie zu | *Menschen Vergötterung,* denn auf irgend Einen Menschen vor[?] Jesu Altar als | Gesetzgeber, als infalliblen, der Kirche hören, ist Cäsaro-Papismus, |

[15] Zimmermann, Ernst (18. 9. 1786–24. 6. 1832) wirkte als Herausgeber verschiedener Zeitschriften. Scheibel dürfte hier die von Zimmermann herausgegebene „Allgemeine Kirchenzeitung" (seit 1822), „das Hauptorgan des zeitgenössischen Rationalismus", meinen; vgl. RGG^3 6, Sp. 1911.

[16] E. W. HENGSTENBERG: Ueber das innere Verhältnis der evangelischen Kirche zu der Römischen, in: EKZ 1827, Sp. 4ff., 9ff., 17ff., 25ff., 41ff.

[17] Sartorius, Ernst (10. 5. 1797–13. 5. 1859) war 1824 an die Universität Dorpat berufen worden, nachdem Scheibel und Tholuck abgelehnt hatten. Pikanterweise war er es, der zu den heftigsten Gegnern Scheibels im Kirchenstreit gehörte; s. u. S. 94f.

[18] Hengstenberg war zu dieser Zeit durchaus ein Anhänger der Unionsbestrebungen. vgl. seine Erklärung EKZ 1832, Sp. 653: „Die Redaction der Ev. K. Z. war von Anfang an entschieden für die Union."

wie es der alte Calov schon sehr richtig nannte, u[nd] um Nichts beßer, als | mit Wegscheider die Vernunft für infallibel halten. Gerade die übrige Orthodoxie | der Agende ist ferner Schlechtigkeit, den [sic!] diese soll verführen ohne noch an das Mechanische, Meß-Artige ec. zu denken[19]. Der König | weiß nicht, wozu Hierarchen (namentlich Einer), man kennt sie sehr | genau, ihn verführten. Die einzelnen Geschichten der Verbreitung der Agende | sind hier so bekannt, daß ich keine politische Kabale kenne, die diesen | Machinationen gleicht. Es sind Jannes u[nd] Jambres unter uns, die nach | 2 Tim[otheus] 3, 8 den Schein haben des gottseligen Wesens, seine Kraft aber verleugnen. |

Glauben Sie nicht, daß dieß *blinder Eifer*. Grade ich selbst wüßte sehr | gut, (u[nd] hätte nach meinem Fleisch und Blut große Neigung, auch wohl mehr Geschick | dazu, als viele jener Herren) ein solcher Hierarch zu seyn. Vor 9 Jahren bot mir der Teufel ein solches Episcopat, sogar durch einen sehr frommen Mann an[20]. | Jesu und seinem Geist sey Dank, daß ich Diakonus geblieben bin. Die ganze Kirchen- | geschichte bezeugt, daß eine commandierte Orthodoxie das größte Unglück des Glau- | bens ist. Doch ich hoffe, daß Ihre Gesinnung so christlich seyn wird, um *Gottes* | *Wahrheit* ohne alle Scheu u[nd] Menschen Rücksicht zu dienen. *Nur dann wird Ihr* | *Unternehmen gesegnet seyn.*

Ob Sie nun meinen Aufsatz, der mit einem von Freund Huschke[21] | mit folgt, aufnehmen werden, weiß ich nicht. Ich bin indeß, auch coram Rege || für Alles verantwortlich, u[nd] sollten Sie Puncte weglaßen wollen, so müßte ich Sie [sic!] | laut meines Gewißens, sonst u[nd] unter meines Nahmens Aufschrift drucken laßen. | Das thäte mir sehr leid. Jede andere wahrhafte Critik nehme ich aber, theurer

---

19 Von „ohne noch" bis „zu denken" am Rand hinzugefügt.

20 Scheibel bezieht sich hier auf das Angebot des Kurators der Universität Dorpat, Karl Graf Lieven, eine ordentliche Professur in Dorpat anzunehmen; vgl. Scheibels Eingabe an den Minister Altenstein vom 11. 3. 1818 unten, S. 182ff. Scheibel versuchte seinerseits, Tholuck zur Annahme eines Rufes nach Dorpat zu bewegen; dieser mußte jedoch aus gesundheitlichen Gründen absagen. Merkwürdig und bemerkenswert ist die völlig andere Wertung, die Scheibel zu je verschiedenen Zeiten diesen Vorgängen gibt; vgl. seinen Brief an Tholuck vom 17. 2. 1819 bei WITTE, Bd. 1, S. 164f. Außerdem J. G. SCHEIBEL: Actenmäßige Geschichte der neuesten Unternehmung einer Union zwischen der reformirten und lutherischen Kirche vorzüglich durch gemeinschaftliche Agende in Deutschland und besonders in dem preußischen Staate, Leipzig 1834 (künftig: SCHEIBEL, Geschichte), Bd. 2, S. 19.

21 Huschke, Georg Philipp Eduard (26. 6. 1801–7. 2. 1886), Jurist, 1821 Privatdozent in Göttingen, 1824 Professor in Rostock, seit 1827 in Breslau, mehrfach Rektor der Breslauer Universität. Nach Scheibels Amtsenthebung und Landesverweisung wuchs Huschke alsbald in die Rolle des Führers der konfessionell-lutherischen Opposition gegen die Union hinein, vgl. SCHÖNE. Huschke lieferte in der Folgezeit verschiedene Beiträge zur EKZ; s. u.

Freund, | gern von Ihnen an. Sie werden hoffentlich sehen, daß ich bey den *kritischen* Puncten auf Ihre | Stellung Rücksicht nehme. Möge der Herr u[nd] seine ganze Wahrheit fortdauernd mit Ihrem Unternehmen | seyn. In wahrhaft herzlicher Liebe

der

Ihrige

Breslau, 11 Jan[uar] 1828 J G Scheibel

(4)

Sehr lange, verehrter, geliebter Freund, bin ich Ihr Schuldner. Vielfache Amts- | geschäfte (mitunter auch Unpäßlichkeit) waren indeß die einzige Ursache meines | Schweigens; und ich weiß, wie diese Entschuldigungen bey Ihnen gelten.

Zunächst denn mein[en] herzlich[en] Wunsch, daß Sie nun z[um] Ordin[arius] ernannt | sind[22]. Möge besonders für das verachtete Herabgewürdigte A[lte] T[estament] die Ihnen | von Gottes Geist verliehene *γενη γλωσσων* (1 Kor 12,10) in Berlin und | Deutschland üb[er]h[au]pt segensreichsten Einfluß haben.

Dann eine d[ringende (?)] Frage: Darf ich wohl um möglichst baldige Entscheidung | *bez[üglich] meiner Recens[ion] v[on] Knapps Dogm[atik]* bitten? Thilo schrieb schon[?] d[en] 4 | May 1827 deßhalb an mich u[nd] wünschte *Beschleunigung*. Im Anfang Dec[ember] | 1827 (gestr.: 6) sandte ich sie Ihnen u[nd] noch hat Thilo Nichts davon gelesen, auch | ist das Buch nun bald 2 Jahr alt. Sie frugen mich in Ihrem letzten Briefe | (den ich leider seit May 1828, wo ich ihn erhielt, nicht beantworten konnte): | was ich zu einer für die Kirchen Zeit[ung] wohl nöthigen Abkürzung meinte. Ich kann Ihnen, | ohne Liebe für mein Kind, doch nicht leugnen, daß ich besorge, dadurch möchte die | nöthige Genauigkeit leiden; sollte es aber Ihnen für Ihre Zeitschrift durchaus | nöthig scheinen, so würde ich fast Sie bitten, mich zu entschuldigen, wenn ich die | Zurückforderung des Manuscripts wünsche und[?] den Aufsatz etwa von Branis[23] über | Schleierm[achers] Dogm[atik][24], besonders drucken zu laßen.

---

[22] Hengstenberg, Ernst Wilhelm (20. 10. 1802–28. 5. 1869), hatte sich bereits 1824 an der philosophischen Fakultät in Berlin habilitiert, 1825 wurde er Lic. theol., 1826 Professor der Theologie, am 27. 10. 1828 zum Ordinarius ernannt. Vgl. J. BACHMANN (Hrsg.:) Ernst Wilhelm Hengstenberg, sein Leben und Wirken. 2 Bde., Gütersloh 1876/80 (künftig: BACHMANN); hier Bd. 2, S. 134.

[23] Branіß, Christian Julius (18. 9. 1792–2. 6. 1873) war der erste Student, der sich im Wintersemester 1811/12 an der neugegründeten Königlichen Universität zu Breslau immatrikulierte (RGG³ 1, 1405); später wurde er Professor der Philosophie.

[24] F. D. E. SCHLEIERMACHER: Der christliche Glaube, nach den Grundsätzen der evange-

Sie arbeiten an einer Christologie[25]. Gewiß eine *dringend nothwendige Arbeit.* ||

Das Alte Test[ament] sehen d[ie] Rationalisten nun für glücklich bey Seite geschoben[?] an. | (vgl. de Wette Proleg[omena] zu s[einem] Lehrb[uch] d[er] Einl[eitung] i[ns] A[lte] T[estament][26].) Was bloße *διακρισις* | *των πνευμ [ατων]* mit des Herrn Gnade etwa vermöchte, habe ich mit einiger Kennt- | niß des Hebr[äischen] u[nd] ein klein wenig Stükwerk [?] in Arab[isch] u[nd] Syr[isch] in meinem genau | ausgearbeiteten Vortrag üb[er] Einl[eitung] i[ns] A[lte] T[estament]...[27] Theil d[es] Canons ver- | sucht. Ob ich für Forts[etzung] meiner 1816 begonnenen Unt[er]s[uchungen] üb[er] Bibel[28] | noch Etwas dafür werde thun können, steht in des Herrn Hand.

Wird Freund Tholuck nach s[einer] Rückkehr[29] nicht auch s[eine] *γενη γλωσσων* | für das A[lte] T[estament] gebrauchen, wie ich oft ihn bat?

Meine Stellung in den jetzigen Kirchen Angelegenheiten bitte ich bloß nach | d[em] 2ten Timoth[eus] Briefe, nach 2 Kor 11,3. 13ff. c. 6,14ff. Apoc II, 2 | zu beurteilen, ohne das tiefe Bedürfnis jener Ermahnung Apoc II, 4ff, 2 Kor | XII, 9 zu leugnen. Der Herr wird allen korinthischen Gemüthern, mit denen Deutsch- | land jetzt erfüllt ist, und welche Ephesus verkennen[30], Tag machen: 2Tim. III.

Noch bitte ich beyfolgend[en] unvollkommenen Versuch, meinem alt[en] treuen Arzt ge- | widmet, nachsichtig aufzunehmen und ein paar beiliegende Briefe an Ihnen bekannte | Studierende, deren Adreße ich nicht weiß, gütigst zu fördern. Mit herzlicher Hochacht[un]g | u[nd] Liebe

der

Ihrige

Breslau, d[en] 26. Febr[uar] 1829 J G Scheibel

---

lischen Kirche im Zusammenhang dargestellt. Berlin 1821/22, ^{2}1830/31. Schleiermacher, gleich Scheibel aus Breslau stammend, ist allerdings ohne Zweifel *der* Unionstheologe Preußens zu nennen.

[25] E. W. Hengstenberg: Christologie des Alten Testaments, 3 Bde., Berlin 1829/35.

[26] W. M. L. de Wette: Lehrbuch der historisch-kritischen Einleitung in die kanonischen und apokryphen Bücher des Alten Testaments, Berlin ^{4}1840; hier das Vorwort der Ausgabe von 1817, S., V–VIII.

[27] Drei Wörter unleserlich.

[28] J. G. Scheibel: Untersuchungen über Bibel und Kirchengeschichte, Breslau 1816.

[29] Tholuck befand sich bis 1829 als Gesandschaftsprediger in Rom; vgl. Witte, Bd. 2, S. 90–146.

[30] „Ephesus" ist bei Scheibel stehender Terminus für die lutherische Kirche, während er „Korinth" als Chiffre für die reformierte Kirche, und als deren Nachfolger für Rationalismus und Idealismus gebraucht; vgl. Scheibel, Geschichte, Bd. 1, S. 5, 9, 44.

(5)

Dresden; d[en] 26. Nov[ember] 1832

Theurer, herzlich verehrter u[nd] geliebter Freund;

Es thut mir herzlich leid, daß Sie gedrungen wurden, im Juni- | heft d[er] K[irchen] Z[eitung] sich üb[er] unsere Bresl[auer] Angel[egenheiten] zu erklären[31], u[nd] noch mehr wehe thut mir der, wie mir nun auch höchst wahr- | scheinlich worden, (als ich schrieb, dachte ich nicht daran) v[on] H[errn] Just[iz] R[at] Gerlach verfaßte Aufs[atz][32] über Huschkes Vot[um][33]. Die Wahrheit, die heilige Sache selbst verlangte Antwort, die ich Ihnen beyfolgend zu- | sende. Möge der Herr dieß Büchlein[34] mit seiner Liebe, seiner Wahrheit | zu Ihnen leiten. Ich bin mir wenigstens bewußt, daß ich es mit | dem vollen treuen Herzen geschrieben habe, welches Sie ja kennen | an

Ihrem

J G Scheibel

Die herzlichsten Grüße an Ihre Frau Gemahlin, u[nd] | alle lieben theuren christl[ichen] Freunde in Berlin. Der H[err] s[ei] mit | Ihnen allen.

(6)

Es thut mit *sehr weh,* theurer | Freund, d[ur]ch Steffens[35] Ihnen beyfolgenden | Aufsatz (zugleich einen üb[er] Sart[orius] | Idee) zu senden.

[31] EKZ 1832, Sp. 352, Erklärung des Herausgebers; Hengstenberg ließ folgendes verlauten: „So wenig der Herausg[eber] die leitenden Grundsätze und das Verfahren der Breslauer Lutherischen Gemeinde in ihren unterscheidenden Merkmalen billigen kann, so ist er doch weit entfernt, denen beizustimmen, welche diese Erscheinung als einen Ausfluß der revolutionären Tendenz in Staat und Kirche, wie sie unser Zeitalter beherrscht, darstellen möchten".

[32] EKZ 1832, Sp. 404–408, 409–411 Ueber das Verhältnis der Christen zur Kirche und der Kirche zum Staate. Verfasser war in der Tat Ludwig von Gerlach; vgl. KRIEGE, S. 177, Anm. 3.

[33] G. PH. E. HUSCHKE: Theologisches Votum eines Juristen in Sachen der K. Preuß. Hof- und Dom-Agende. Hrsg. von Dr. J. G. Scheibel, Nürnberg 1832 (künftig: HUSCHKE, Votum).

[34] J. G. SCHEIBEL: Von der biblischen Kirchenverfassung. Sendschreiben an Herrn Dr. Hengstenberg, Dresden 1832.

[35] Steffens, Henrich (2. 5. 1773–13. 2. 1845), Naturphilosoph und Held der Freiheitskriege, seit 1817 mit den Erweckten in Breslau in Beziehung stehend, bald ein Freund Scheibels, für den er auch literarisch eintrat; vgl. z. B. H. STEFFENS: Von der falschen Theologie und dem wahren Glauben, Breslau 1823. Zu Steffens vgl. I. LODOLPHY: Henrich

Aber was soll ich sagen? | Konnte ich *diese* Anm[erkungen] in d[er] K[irchen] Z[eitung][36] von Ihnen | erwarten?

Ihr Gewißen, Ihre Liebe ruft. | Ich bitte also um unzensierte Aufnahme | in Ihrer K[irchen] Z[eitung].

Möge Ihr Herz zu wahrer Liebe, ja | ich möchte sagen, zu wahrer Gerechtigk[eit] nun | gegen mich zurückkehren.

Mit tiefem Schmerz verharre ich

Ihr
alter treuer
Freund J G Scheibel

Dresden,
d[en] 18 Sept[ember] [18]33

(7)

Theurer, wahrhaft geliebter Freund;

Hoffentlich werden Sie, indem noch nachträg- | lich diese Zeilen an Sie gelangen bereits von Steffens | den leider nothwendig gewordenen Aufsatz für d[ie] K[irchen] Z[eitung] | erhalten haben. Aber eine Berichtigung über Dresden muß ich Sie noch bitten Selbst in den Aufsatz zu | setzen. Als ich nehmlich gestern bey Stephan[37] war, | und ihm d[ie] Berichtung s[einer] Confitenten vorhielt, erklärte | er, das habe er nicht geäußert. Jetzt hält er mich | doch für 1 (= einen) Herrenhuther, dh. bey ihm für einen ver- | fluchten Ketzer, und den man also, nach d[em] Apost[el][38] (aber | andere aposto[lische] Worte übergeht er, auch Christi: | Richtet nicht ec.) meiden müße. Um aber juristisch | genau zu seyn, bitte ich die Stelle über Dresden | (S. 4 od[er] 5 des Aufsatzes) so zu ändern: „mit | dem umzugehen die Beichtkinder für | seelengefährlich erklären. Nehmlich seine Confi- | tenten haben dieß *factisch* so geäußert, aber gerade | *den*

Steffens. Sein Verhältnis zu den Lutheranern und sein Anteil an Entstehung und Schicksal der altlutherischen Gemeinde in Breslau (= Theologische Arbeiten 17), Berlin 1862.

36 Bedenken bei dem Aufsatz eines Lutheraners der separierten Gemeinde zu Breslau in Nr. 91 und 92 des Jahrgangs 1832, in: EKZ 1833, Sp. 38–40, 46f.; Verfasser ist Sartorius. Zur Breslauer Angelegenheit, in: EKZ 1833, Sp. 652–655; diese Erklärung stammt von Hengstenberg selbst.

37 Stephan, Martin (13. 8. 1777–22. 2. 1846), ab 1810 Pastor der böhmischen Exulantengemeinde in Dresden, wurde im November 1837 suspendiert und wanderte 1838 mit seinen Anhängern nach Nordamerika aus, mußte wegen schwerer sittlicher Verfehlungen seines Amtes enthoben werden; vgl. K. Hennig: Die Auswanderung Martin Stephans, in: ZKG 58, 1939, S. 142–166. Stephan war Studienkollege Scheibels in Halle gewesen; Scheibel hatte 1832 in Dresden erneut Kontakt mit ihm gesucht, war aber von Stephan zurückgewiesen worden; vgl. J. G. Scheibel: Archiv für historische Entwickelung und neueste Geschichte der Lutherischen Kirche, Nürnberg 1841 (künftig: Scheibel, Archiv), S. 316.

38 Tit. 3,10.

Ausdruck hat er nicht gebraucht, wie 1 (= eine) Confiten- | tin von ihm mir doch[39] äußerte, die sonst ihn jahrelang | sehr genau kennt u[nd] früherhin sehr verehrte. ||

Dieß zur Berichtigung.

Übrigens erneuere ich die schon durch | Steffens geäußerte Bitte, in der Abschrift mei- | nes Aufsatzes doch eine nicht ganz kundige | Orthogr[aphie], Interpunction ec. zu beßern.

Mit steter Achtung u[nd] Liebe

d[er]

Ihrige

Dresden, d[en] 1 Oct[ober] 1833 J G Scheibel

Vom 8 Oct[ober] an wohne ich, da H[err(?) Ammon[40] | nebst Parthey mich verbunden mit Stadtrath u[nd] Policey Präs[ident] hier nicht mehr, als fatalen | Unions Gegner leiden wollen, in *Hermsdorf* | 1½ Meile von Dresden, bey Herrn v[on] Heynitz[41]; bit- | te also Briefe dorthin zu adreßieren.

Die Gegner hier sind aber schon in Scheu | vor Publicität, die ich ihnen officiell ange- | kündigt habe. Mein Wohnen bey ein[em] Mitglied d[er] 1. Kammer | (dieß ist v. Heynitz) wird ihnen wenig gefallen. Freunde | und Feinde d[es] Glaubens sind hier über diese theol[ogische] | Kabale höchst indigniert.

(8)

Theurer, verehrter Freund;

So darf ich Sie ja noch wohl, ohnerachtet verschiedenen | Bekenntnißes anreden; denn meine Gesinnung, auch in oft | verkannten Schriften, enthüllt eine vor kurzem erschienene | kleine Schrift: über m[eine] Polemik[42].

---

[39] Am Rand hinzugefügt.

[40] Ammon, Christoph Friedrich (1766–1850), von 1813–1849 Oberhofprediger in Dresden; zu den Vorgängen vgl. R. von Brück: Die Beurteilung der preußischen Union im lutherischen Sachsen in den Jahren 1817–1840 (= Theologische Arbeiten 21), Berlin 1981, (künftig: von Brück), S. 95ff.

[41] Ernst Gottlieb von Heynitz war um 1830 Mitglied er ersten Kammer des Landtages und des Dresdner Missionskommitees. Vgl. in diesem Band S. 61f.

[42] J. G. Scheibel: Über meine Polemik, insbesondere gegen die reformirte Kirche, und über meine Absicht und mein Wirken bei dem jetzigen Kirchen-Kampfe überhaupt. Anhang zur Brüderlichen Belehrung über Vereinigung. Eine abgedrungene Erklärung von Dr. J. G. Scheibel, Nürnberg 1837 (künftig: Scheibel, Polemik).

Die nächste Veranlaßung nun zu beyfolgender Sendung, ist | die Bitte des Verlegers, Ihnen f[ür] d[ie] ev[angelische] Kirch[en] Z[eitung] diese | Recension zu senden. Mögen Sie dieselbe Ihrer Zeitschrift | gemäß finden. Wenigstens hoffe ich, der Tendenz derselben | für das Reich Christi überhaupt, so wie d[er] Censur in Ber- | lin, nicht entgegen geschrieben zu haben.

Der Herr sey mit Ihnen, Ihrer Liebe, den Freunden, | mit denen Sein Nahme mein Herz verband; u[nd] so laße Er, der Gekreuzigte, auch Ihr Wort, (was wenigstens Nach- | richten a[us] Holland andeuten), für Duldung zum Ohr u[nd] Herzen | des unveränderlich verehrten u[nd] geliebten Monarchen dringen. |

Mit alter Hochachtung u[nd] Liebe

Glauchau
d[en] 26 May 1838

Ihr
im Herrn treu
verbundener J G Scheibel

Die Deutlichkeit dem Setzer zu erleichtern, hat 1 (= ein) hiesiger Freund nicht ganz deutliche Worte noch Einmal darüber geschrieben.

(9)

Nürnb[erg], d[en] 21 Nov[ember] 1840

Theurer, geliebter Fr[eun]d in dem Herrn;

In einem mir eben zu Gesicht gekommenen Aufsatz | von H[errn] D. Sartorius[43] im Oct[ober] H[eft] d[er] Ev[angel]ischen K[irchen] Z[eitung] | ist auch meiner wieder, u[nd] [au]f eine Art gedacht, auf | die ich nicht schweigen darf. Daher beyfolgende Erklärung[44], | die ich hoffe, daß Ihre christl[iche] Liebe sie, da jetzt keine | Censur wohl hind[ern] wird, in ihr Blatt [au]fnehm[en] werden | u[nd] zwar baldmöglichst.

Dabey erlauben Sie mir die Frage: Wie ich es mit | den Äußerungen Ihrer Liebe gegen m[eine] Glaub[ens] Genoßen | u[nd] mich vereinen soll, daß Sie fortdauernd in ein Blatt, | welches am Hofe u[nd] insbes[ondere] v[on] S[eine]r Majestät gelesen | wird, (gestr.: fortdauernd) dergleichen Anklage gegen Uns ein- | reihen laßen, und zumal jetzt, wo, wie Sie

[43] Beleuchtung eines Aufsatzes der Allg. Kirchenzeitung, in: EKZ 1840, Sp. 652; der Artikel ist von Sartorius namentlich unterzeichnet.

[44] Unter der Überschrift „Abgenöthigte Selbstverteidigung gegen Herrn Dr. Sartorius", veröffentlicht in: EKZ 1840, Sp. 799f.

wißen, gün- | stigere Gesinnungen gegen uns Allerhöchsten Orts stattfin- | den[45]?

Mit alter Fr[eun]dschaft u[nd] Liebe, obwohl voll Wehmuth

Ihr

J G Scheibel

(10)

(gestr.: Entwurf[?])

Auf die Anm[erkung] (Dec[ember] H[eft] ev[angelische] K[irchen] Z[eitung] 1840) des Herrn Red[acteur] d[er] ev[angelischen] K[irchen] Z[eitung] zu meiner Antwort[46] | auf Herrn D. Sartorius Beschuldigungen gegen mich habe ich | nur zu erwidern, daß jedem Unbefangenen der ganze Zusammen- | hang u[nd] Thon des Aufsatzes v[on] H[er]rn D. S[artorius] zeigen wird: ob | er die Stellen aus meinen Schriften, wo ich vom jetzt verewigten Preu- | ßischen Monarchen spreche, so ansehe, wie ich dieselben a.a.O. mit- | theilte.

Nürnb[erg] d[en] 13. März, 1841 D. Scheibel

3. Scheibel und die lutherische Opposition aus der Sicht der Evangelischen-Kirchen-Zeitung (1827–1841)

In „Anzeige und Plan einer Evangelischen Kirchen-Zeitung", von Hengstenberg unter dem Datum des 21. 6. 1827 veröffentlicht, war Scheibel als einer der Mitarbeiter neben Neander, Strauß, Tholuck, Heubner, Hahn, Lindner, Heinroth, von Meyer, Steudel, Krummacher, Olshausen und Rudelbach genannt[47]. Er hat auch, wie die Briefe vom 3. 10. 1827 und vom 28. 11. 1827 erkennen lassen, Beiträge geliefert; der Aufsatz „Was ist der Kirche des Herrn in unseren Tagen Noth?" erschien in mehrerern Num-

---

[45] Friedrich Wilhelm IV. hatte am 19. 8. 1840 die Freilassung der in Marienwerder inhaftierten Geistlichen der schlesischen Lutheraner verfügt; vgl. W. Klän: Die Anfänge der altlutherischen Bewegung in Breslau, in: Kirche im Osten 21/22, 1978/79, S. 141–169.

[46] Anmerkung der Redaktion zu Scheibels „Abgenöthigter Selbstverteidigung gegen Herrn Dr. Sartorius", in: EKZ 1840, Sp. 800; Sartorius hatte Scheibel feindlicher Gesinnung gegenüber Friedrich Wilhelm IV. beschuldigt; vgl. Anm. 43.

[47] Anzeige und Plan einer Evangelischen Kirchen-Zeitung. Herausgegeben von Professor Hengstenberg welche vom 1. Juli 1827 an, im Verlage von Ludwig Oehmigke in Berlin erscheinen wird; abgedruckt bei Bachmann, Bd. 2, Anhang, S. 15–18.

mern des Jahrgangs 1828[48]. Auf den Inhalt werden wir unten zu sprechen kommen. Dagegen ist Scheibels Rezension der Knapp'schen Vorlesungen nicht in der EKZ erschienen. Das von Scheibel im Brief vom 11. 1. 1828 angeregte „Litterarische Recensions Blatt" erschien als „Beilage zur Evangelischen Kirchenzeitung" erstmals im September 1829. Der im vierten oben wiedergegebenen Schreiben an Hengstenberg erwähnte „Versuch, einem alten treuen Arzt gewidmet" hat offenbar keine Aufnahme gefunden.

In den folgenden Jahren ist Scheibel nicht mehr Mitarbeiter der EKZ, sondern mit seinen kirchlichen Gefolgsleuten in Breslau Gegenstand der Berichterstattung bzw. kritischer Stellungnahmen[49] und nur vereinzelt aus gegebenem Anlaß als Verfasser von Leserbriefen bzw. Gegendarstellungen in Erscheinung getreten[50]. Je länger je mehr kommen hingegen Artikel aus der Feder Huschkes zum Abdruck in der EKZ[51] oder werden doch rezensensiert[52].

Was sich an Berichten und Stellungnahmen hinsichtlich der lutherischen Opposition gegen die Union in der EKZ findet, ist durch eine eigenartige Doppelpoligkeit gekennzeichnet. Nachdem in den ersten beiden Jahren des kirchlichen Kampfes mit vollem Bedacht alle Verlautbarungen zu den Ereignissen in Schlesien unterblieben waren[53], reagierte Hengstenberg im Juni 1832 auf Scheibels Mahnung, er möge nicht „An-

48 EKZ 1828, Sp. 225–228; 233–237; 241–245; 249–253; 257–261; 265–270; 273–276.

49 Revision der neueren Verhandlungen über die Lehre vom heiligen Abendmahl, in: EKZ 1832, Sp. 318–320; 321–328; 329–336; 337–340; bes. Sp. 310; Erklärung des Herausgebers, ebd. Sp. 352; E. W. KRUMMACHER Zur Breslauer Angelegenheit, in: EKZ 1833, Sp. 652–655; W[ilhelm] St[eiger]: Ein Brief an den Herausgeber in der Breslauer Angelegenheit, in: EKZ 1833, Sp. 788–792; Über das Verhältniß der Dogmen zum Glaubensleben der einzelnen Christen. Ein Wort des Friedens in den Breslauer Streitigkeiten, in: EKZ 1834, Sp. 161–163; 169–175; 177–179; Zur Verständigung in der Unionssache, in: EKZ 1838, Sp. 345–350; 353–360; 361–365; Lutherischer Separatismus, in: EKZ 1838, Sp. 468–471; E. SARTORIUS: Unionsgedanken für Lutheraner, in: EKZ 1840, Sp. 89–95.

50 J. G. SCHEIBEL: Abgenöthigte Selbstverteidigung gegen Herrn Dr. Sartorius, in: EKZ 1840, Sp. 799f.

51 G. PH. E. HUSCHKE: Einige erwiedernde Bemerkungen zu dem Aufsatze: Ueber das Verhältniß der Christen zur Kirche und der Kirche zum Staate, in: EKZ 1832, Nr. 51 und 52, in: EKZ 1832, Sp. 721–728; 729–735. DERS.: Wie stehet geschrieben? Wie liesest Du?, in: EKZ 1832, Sp. 735–736; 737–741. DERS.: Erachten über das Bedenken eines „entschiedenen Lutheraners" in Nr. 5 und 6 des Jahrgangs 1833, den Aufsatz in Nr. 91 und 92 des Jahrgangvs 1832 betreffend, in: EKZ 1833, Sp. 529–536; 537–544; 545–552; 553–557.

52 L. VON GERLACH: Ueber das Verhältniß der Christen zur Kirche und der Kirche zum Staate, in: EKZ 1832, Sp. 404–408; 409–411; E. SARTORIUS: Bedenken bei dem Aufsatze eines Lutheraners der separirten Gemeinde zu Breslau in Nr. 91 und 92 des Jahrgangs 1832, in: EKZ 1833, Sp. 38–40; 46–47; DERS.: Antwortschreiben an Herrn Profesor H – e, in: EKZ 1834, Sp. 57–61; DERS.: Beleuchtung eines Aufsatzes in der Allg. Kirchenzeitung, in: EKZ 1840, Sp. 652–656.

53 Erklärung des Herausgebers, in: EKZ 1832, Sp. 352.

kläger treuer christlicher Unterthanen" werden, indem er die Lutheraner revolutionärer Tendenzen verdächtige[54]. Hengstenberg bestritt dies dann auch, sprach vielmehr trotz grundsätzlicher Mißbilligung der „leitenden Grundsätze" der „Breslauer Lutherischen Gemeinde" den Wunsch aus, Scheibel möge „bald eine Gelegenheit eröffnet werden, die ihm verliehene reine Gabe der Erbauung wieder zum Besten der Kirche anwenden zu können". Der „traurige Verfall unserer Kirche" sei die Ursache des Konflikts[55]. Ja, Ludwig von Gerlach kann kurz darauf in Blick auf die Lutheraner noch „die inwendige Einheit mit ihnen in der Hauptsache" beschwören[56], so sehr er sich in der Auseinandersetzung mit Huschke[57] genötigt sieht, dessen Bestreitung des nunmehr unierten Kirchenregiments[58] kritisieren zu müssen. Auch der Huschkeschen Antikritik[59] billigte der Herausgeber unumwunden zu, daß sie „auf der Basis eines festen und lebendigen Christenthums" beruhe[60]. Hengstenberg plädiert für eine offene Auseinandersetzung über die strittigen Grundsätze der Breslauer Lutheraner auf der Grundlage der Schrift[61]. Recht deutlich wird der Differenzpunkt in einem weiteren Beitrag von Sartorius[62]: Er begrüßt Huschkes Bekenntnis zur orthodoxen lutherischen Abendmahlsauffassung[63], beanstandet freilich, daß die Breslauer Lutheraner „dieses rühmliche Bekenntniß, statt es als ein hoch aufgeworfenes Panier auf dem durch das Verfallen der alten Scheidewände zwischen Lutheranern und Reformirten weithin freigewordenen Felde nach allen Seiten hin Bekenner werben zu lassen, sofort gleich von vornherein in neue Scheidewände einer separirten kirchlichen Verfassung einmauern"[64]. Darauf erfolgte noch eine Replik Huschkes[65], in der er scharf die Differenz zu Sartorius markiert: Er irre sich in der Meinung „es sey bei dem Unionswesen

[54] J. G. Scheibel: Geschichte der lutherischen Gemeinde in Breslau vom November 1830 bis zum Februar 1832. Fortsetzung früherer Nachrichten in der allgem. Kirchenzeitung, nach Akten erzählt, Nürnberg 1832, S. 32.

[55] EKZ 1832, Sp. 352.

[56] EKZ 1832, Sp. 404; zur Verfasserschaft Ludwig Gerlachs vgl. Kriege, S. 21.

[57] Huschke, Votum.

[58] „Eine Kirche besteht nicht bloß in dem Geistlichen desselben Bekenntnisses, sondern auch darin, daß sie sich selbst regiert." Zur Interpretation vgl. Schöne, S. 92ff.

[59] EKZ 1832, Sp. 721–728; 729–735.

[60] EKZ 1832, Sp. 723, Anm.

[61] Es sei „Pflicht, sie nicht, wie bisher meist geschehen, entweder zu ignoriren, oder zu reprimiren, sondern aus der Schrift zu zeigen, was in ihnen Wahrheit, was Irrthum sey." Ebd.

[62] Bedenken bei dem Aufsatze eines Lutheraners der separirten Gemeinde zu Breslau in Nr. 91 und 92 des Jahrgangs 1832, in: EKZ 1832, Sp. 38–40; 46f.

[63] Wie stehet geschrieben? Wie liesest du? in: EKZ 1832, Sp. 735f.

[64] EKZ 1832, Sp. 39.

[65] Erachten über das Bedenken eines „entschiedenen Lutheraners" in Nr. 5 und 6 des Jahrgangs 1833, den Aufsatz in Nr. 91 und 92 des Jahrgangs 1832 betreffend, in: EKZ 1833, Sp. 529–536; 537–544; 545–552; 553–557.

überhaupt irgend auf einen festen Glauben angekommen [...] Wer mitten in der Sache gestanden, weiß es besser [...]". Man „sollte wenigstens die Thatsache nicht übersehen, daß überall die ganzen oder halben Rationalisten nach Union verlangten"[66]. Im Anschluß daran erschienen noch einige Beiträge und Leserbriefe, sämtlich gegen die Lutheraner in Schlesien gerichtet. Zuletzt sprach sich Ludwig von Gerlach noch einmal deutlich für die Union aus[67], nachdem der EKZ auf Betreiben Altensteins durch Kabinettsordre bereits untersagt worden war, diese Fragen des weiteren zu erörtern[68]. So schwieg die EKZ vorerst notgedrungen.

Die bis zum Jahr 1834 veröffentlichten Verlautbarungen lassen indessen erkennen, daß sich die Redaktion und ein Großteil ihrer Mitarbeiter mit dem Anliegen der oppositionellen Lutheraner insoweit einig wußte, als man sich gemeinsam im Kampf gegen den Rationalismus stehend sah. In dieser Hinsicht konnte man sogar wenigstens teilweise Positives in dem betonten Rückgriff der lutherischen Gegner der Union auf die Unterscheidungslehren des 16. Jh.s erblicken[69]. Allerdings seien diese unter den Theologen neu zu erörtern[70], wohingegen die Augsburgische Konfession „als Panier der Einheit in den zerfallenen und verfallenen Kirchen der ehemaligen Lutheraner und Reformierten gleichmäßig aufgerichtet" werden solle[71]. Es stand also die Vision von der Sammlung der „neu erweckte(n) Christen des 19. [...] Jahrhunderts"[72] gegen die Behauptung der „Lutherische(n) Kirche in ihrem *alten,* wohlgegründeten Bestande"[73].

Erst gegen Ende der 30er Jahre des vorigen Jahrhunderts wird die „altlutherische" Kirchenbildung erneut eigenständiges Thema in der EKZ. Noch ist die Hoffnung auf eine „kirchliche Wiedervereinigung unserer an uns irregewordenen und von uns ausgegangenen Lutherisch gesinnten Brüder mit der unirten Kirche" nicht völlig geschwunden[74]. Offenbar separatistische Tendenzen einzelner Pastoren der „Altlutheraner" werden zur Warnung der ganzen konfessionellen Bewegung vorge-

---

[66] EKZ 1833, Sp. 553; vgl. dazu die Stellungnahme von SARTORIUS: Antwortschreiben an Herrn Professor H–e, EKZ 1834, Sp. 57–61.

[67] EKZ 1834, Sp. 161–163; 169–175; 177–179.

[68] Vgl. KRIEGE, S. 181 f.

[69] So SARTORIUS, in: EKZ 1834, Sp. 59 f.

[70] So L. VON GERLACH, in: EKZ 1834, Sp. 177.

[71] So SARTORIUS, in: EKZ 1834, Sp. 58.

[72] L. VON GERLACH, in: EKZ 1834, Sp. 172.

[73] Ebd., Sp. 174; vgl. dazu A. Krieges Resümee: „Es ist also abschließend zu bemerken, daß die Evangelische Kirchenzeitung in diesen und durch diese Streitigkeiten sich wohl zum Luthertum bekannte, aber auch eindeutig für die Union." (KRIEGE, S. 185). Kennzeichnend ist allerdings ihre Fortführung: „Sie (sc. die Gründer und Mitarbeiter der EKZ) verteidigten anfänglich ihren neupietistischen Glauben und kämpften gegen den Unglauben, als dessen Hauptvertreter sie den Rationalismus ansahen." (S. 186)

[74] EKZ 1838, Sp. 346.

führt[75]. Immer noch glaubt man – oder will doch glauben machen –, gemeinsam mit den schlesischen Lutheranern „den antisymbolischen Unionsleuten Widerstand thun" zu können[76]. Noch einmal meint Sartorius, die Augsburgische Konfession als gemeinsames Einheitsbekenntnis für Lutheraner und Reformierte anbieten zu sollen[77], noch einmal attakkiert er Huschke und Scheibel aufs heftigste[78] und ruft damit Scheibels Gegendarstellung hervor[79]. Erst nach der kirchlichen Reorganisation der Lutherischen Kirche in Preußen, wie sie deren erste Generalsynode im Herbst 1841 vorgenommen hatte, wird die Auseinandersetzung in der EKZ fortgeführt[80]. Allerdings führt dies über den zeitlichen Rahmen, den uns die vorliegenden Briefe setzen, und die erste Entwicklungsphase der altlutherischen Bewegung, die im Jahre 1841 endgültig in ihre „Kirchwerdung"[81] einmündete, hinaus.

Wir wenden uns nunmehr der publizistischen Wirksamkeit Scheibels zu, soweit sie mit der EKZ in Beziehung steht oder auf sie Bezug nimmt.

4. Die Evangelische Kirchen-Zeitung und die Erweckungsbewegung aus Scheibels Sicht

Daß Scheibel kein bequemer Mitarbeiter und Mitstreiter sein werde, war in den Kreisen, die sich um die Gründung eines kirchlich ausgerichteten Blattes mühten, frühzeitig bekannt; auch war man sich darüber im kla-

---

[75] Lutherischer Separatismus, in: EKZ 1838, Sp. 468–471; in Rede steht die Haltung der Pastoren Ehrenström und Kellermann, die freilich durch das Oberkirchenkollegium der lutherischen Kirche in Preußen nach deren kirchlicher Reorganisation ihrer Ämter enthoben wurden und nach Nordamerika auswanderten; vgl. Joh. NAGEL: Die Errettung der evang. lutherischen Kirche in Preußen von 1817–1845, Erlangen 1868, S. 171 ff.

[76] EKZ 1838, Sp. 470.

[77] E. SARTORIUS: Unionsgedanken für Lutheraner, in: EKZ 1840, Sp., 89–95.

[78] E. SARTORIUS: Beleuchtung eines Aufsatzes in der Allg. Kirchenzeitung, in: EKZ 1840, Sp. 652–656.

[79] J. G. SCHEIBEL: Abgenöthigte Selbstvertheidigung gegen Herrn Dr. Sartorius, in: EKZ 1840, Sp. 799 f.; vgl. dazu: „Im Verlauf der Bewegung der *Altlutheraner* in den Dreissiger Jahren war die Evangelische Kirchen-Zeitung im Grunde mit den treibenden Kräften einig, sprach sich aber dennoch gegen sie und für die Union, wenn auch die lutherische Richtung in ihr, aus." (KRIEGE, S. 274) Sollte dieser zutreffend erhobene Befund nicht eher die Deutung nahelegen, daß sich die EKZ und die Breslauer Lutheraner bei vielen Gemeinsamkeiten im Grunde – oder doch in einer ganz zentralen Frage – nicht einig waren?

[80] EKZ 1842, Sp. 727 f.; EKZ 1843, Sp. 474–476.

[81] „Erst Huschke hat das Verdienst, durch sein Kirchendenken die lutherische Bewegung vor dem Zerfall gerettet und ihr zur Kirchwerdung verholfen zu haben." (SCHÖNE, S. 87) Dieser Deutung ist im wesentlichen zuzustimmen; insofern beginnt mit der kirchlichverfassungsmäßigen Reorganisation der lutherischen Kirche in Preußen auf der Generalsynode des Jahres 1841 in der Tat eine neue Phase ihrer kirchlichen Existenz.

ren, daß Scheibels kirchlich-konfessionelle Haltung kontrovers beurteilt werde[82]. Dennoch konnte Scheibel zunächst in der EKZ publizieren. In seinem Beitrag „Was ist der Kirche des Herrn in unseren Tagen Noth“ bietet er eine genaue Analyse der kirchlichen Verhältnisse, verwirft den Rationalismus[83], ohne zugleich die wissenschaftliche Forschung als solche zu verurteilen[84], verteidigt den „Mysticismus“[85], ja auch die Konventikel[86] gegen den Vorwurf des Separatismus[87], und tritt für Heiden- und Judenmission ein[88]. Freilich ist bereits hier eine gewisse kritische Distanz mindestens zu einem Teil der Erweckungsbewegung nicht zu verkennen: „Ja! selbst den sogenannten Erweckten möchte die Kirche des Herrn gar oft mehr *Treue, Gradheit, Festigkeit des Glaubens,* Liebe, die mit *herzlicher* Demuth Nichts von göttlichen Gaben gradehin *verachtet, Weisheit* und *Entfremdung von aller Mithülfe irdischen Wesens zum Christenthum* wünschen“[89]. Es ist für Scheibel charakteristisch, daß er hier wie stets die Kirche als Subjekt einführt, nicht aber den einzelnen Gläubigen oder Erweckten in den Mittelpunkt seiner Überlegungen stellt.

Nach Scheibels eigener Einschätzung „unterbrach der nun öffentlich gewordene Kirchen-Kampf 1830 vorerst alles weitere Fortgehen auf dieser Bahn“[90], nämlich die Entwicklung einer konfessionellen wissenschaftlichen Literatur. Der Ausbruch dieses Kirchenkampfes ließ ihm deutlich

---

82 Vgl. Julius Müllers Bemerkung gegenüber Tholuck: „Du wirst vielleicht anstehen, mit Scheibel wegen seiner etwas schroffen Orthodoxie und Polemik in diese Verbindung zu treten, ich habe indes die gegründete Hoffnung, daß sich diese harte Eigentümlichkeit durch vielfache Erfahrung unter des Geistes Leitung bedeutend bei ihm gemildert hat; sonst dürfte ich, bei den großen Verschiedenheiten unserer dogmatischen Ansichten, wahrlich auch nicht wagen, mit ihm an *einem* Journal zu arbeiten.“ Brief von 1825 bei Bonwetsch, Tholuck, S. 69.

83 Die Kirche wird „nun auch besonders nicht bloß die *offenbare, kühne und ganz entschiede* (sic) Wegläugnung der wichtigsten, oder aller Lehren der heiligen Schrift, sondern oft auch ein *einziges* Läugnen, umhüllt mit allen noch so gläubigen und erbaulichen Bekenntnissen, in seinem wahren Wesen erkennen, also auch die feinen, verborgen gesponnenen Fäden des Unglaubens wahrnehmen.“ EKZ 1828, Sp. 237.

84 „Die Kirche des Herrn kann also auch in unserer Zeit *die Fortschritte,* namentlich *der* Wissenschaften, die in nächster und unmittelbarer Beziehung auf Theologie stehen, nicht abläugnen.“ EKZ 1828, Sp. 242f.

85 „Das *unbedingte* Verwerfen *alles* sogenannten Mysticismus ist nichts Anderes, als Verwerfen alles wahrhaft wesentlichen Christenthums.“ EKZ 1828, Sp. 258.

86 „Und gibt es noch heut von Conventikeln irgend *eine* andere Ursache, als den Tod in der öffentlichen Kirche?“ EKZ 1828, Sp. 258.

87 „Jedem wahrhaft der Kirche Jesu irgendwie entgegenstehenden Separatismus aber wird durch Nichts so entschieden gesteuert, als durch wahrhaft lebendige, biblische Lehre, vereint überhaupt mit treuer Führung des ganzen Predigeramtes.“ EKZ 1828, Sp. 260f.

88 EKZ 1828, Sp. 274f.

89 EKZ 1828, Sp. 275.

90 J. G. Scheibel: Archiv für historische Entwickelung und neueste Geschichte der Lutherischen Kirche. Erstes und Zweytes Heft, Nürnberg 1841, S. 262 (künftig: Scheibel, Archiv).

werden, daß die eben neuerstandene „gläubige Theologie" auf für ihn selber wesentliche Fragen andere Antworten gab. Es sind dies die „Lutherische Ueberzeugung von der vollkommenen Wirklichkeit der Schrift [...] von dem lutherischen Abendmahls-Dogma und damit verbundenen Lehren" und die Unionsfrage überhaupt[91]. Scheibel rechnet ausdrücklich Hengstenberg, Tholuck, Hahn, Sartorius und Neander unter die „mehr oder minder orthodox seyn wollenden" Theologen[92]; denn er verleugnet durchaus nicht ihre antirationalistische Grundposition, erkennt freilich ihre individualistische Konzeption als Mangel. Dies jedenfalls ist die Sichtweise Scheibels im Rückblick auf den Beginn der Kampfzeit.

Inmitten der akuten Auseinandersetzungen verbat sich Scheibel gegenüber Hengstenberg zunächst nur die Indentifikation seiner „theokratischen" Vorstellungen von kirchlicher Verfassung mit revolutionär-„demokratischen" Ideen[93]. Er richtete in dieser Sache eigens ein öffentliches Sendschreiben an „meinen Freund Hengstenberg"[94]. Wie tief allerdings Scheibel verletzt war durch das ihm und seinem Kampf begegnende Unverständnis gerade derjenigen, „die christlich gläubig seyn wollen", belegt sein Vorwurf, ihre Veröffentlichungen seien geschrieben „in eben nicht viel andern Tone, als die der offenbarern und allgemeinern Rationalisten"[95]. Scheibel meint damit den gegen ihn gerichteten Vorwurf, seine Stellung zur Reformierten Kirche und zur Union sei getragen von Hochmut und Unduldsamkeit[96]. Insbesondere Tholucks dezidierte öffentliche Stellungnahme[97] gegen den Austritt Heinrich Ernst Ferdinand Guerickes aus der Union[98] rief Scheibels energischen Widerspruch hervor[99]. Den-

[91] Ebd., S. 258.

[92] Ebd., S. 267.

[93] J. G. SCHEIBEL: Geschichte der Lutherischen Gemeine in Breslau, S. 34; vgl. J. G. SCHEIBEL: Mittheilungen über die neueste Geschichte der lutherischen Kirche, Altona 1835 (künftig: SCHEIBEL, Mittheilungen), Bd. 1.1, S. 11ff.

[94] Vgl. J. G. SCHEIBEL: Von der biblischen Kirchenverfassung. Sendschreiben an Herrn Dr. Hengstenberg, Dresden 1832.

[95] J. G. SCHEIBEL: Antwort auf das offne Sendschreiben eines Verborgenen, die Unionsgeschichte betreffend. Nebst einem Zusatz über die neuesten Gegenschriften gegen die lutherische Kirche überhaupt, Nürnberg 1834.

[96] SCHEIBEL, Mittheilungen, Bd. 1.1, S. 7.

[97] F. A. G. THOLUCK: Predigt über Luc. 12, 49.50 mit Beziehung auf die Separation der Lutheraner von der unirten Kirche, im akademischen Gottesdienste der Universität Halle gehalten, Halle 1835; vgl. dazu die brieflichen Äußerungen bei BONWETSCH, Hengstenberg 2, S. 94.

[98] Vgl. Einige Urkunden, betreffend die Geschichte der lutherischen Gemeinde in und um Halle in ihrer Bildung und Bedrängung, und die Behandlung ihres Pastors, des Herrn Dr. theol. Guericke, Leipzig 1835.

[99] SCHEIBEL, Mittheilungen, Bd. 1.1, S. 59–65; Guericke war vom Minister seiner Professur am 22. 1. 1835 enthoben worden; Scheibel hatte ihn selbst im Frühjahr 1834 ordiniert; Guericke übernahm zeitweise auch die Bedienung der lutherischen Gemeinde in Berlin; allerdings kam es später zur Trennung Guerickes von den schlesischen Lutheranern

noch unterläßt es Scheibel nicht, Tholuck seinen „Freund und Bruder" zu nennen[100], zumal er seine Stellungnahme für „billiger und liebender" hält als die anderer Kritiker, auch Hengstenbergs[101]. So beschränkt er sich auf die Bemühung um sachliche Widerlegung der gegen seine Position vorgebrachten Argumente.

Überhaupt ist die publizistische Wirksamkeit Scheibels, wie er sie mit seinem erzwungenen Fortgang aus Preußen begann, überwiegend apologetisch ausgerichtet[102]. Zugleich dient sie durch die Veröffentlichung von amtlichen Schriftstücken der Dokumentation der kirchlichen Kämpfe[103].

Die Vorwürfe, gerade aus Kreisen der Erweckungsbewegung, gegen die Scheibel sich zur Wehr setzen muß, sind im wesentlichen immer die folgenden: Bei den Lutheranern herrsche „Ketzerriecherei"[104], sie seien „Rebellen" gegen den König, weil sie die Agende ablehnten[105], sie verdammten die Reformierte Kirche. Dieser letzte Vorwurf mußte um so schwerer wiegen, als feststand, daß auch in der Reformierten Kirche sich Erweckte fänden, die ja in gleicher Front standen, wie die Erweckten im Raum der Lutherischen Kirche[106].

Scheibel sah sich infolgedessen genötigt, in einer eigenen Schrift dieses Thema zu behandeln[107]. Er war sich indessen der Schwierigkeit dieses Punktes bewußt[108]. Er ist auch weit entfernt davon, die aufrichtige Gläubigkeit und segensreiche Wirksamkeit Erweckter in der Reformierten Kirche zu leugnen[109]. Er kann sogar zugestehen, daß es „selbst unter den Lehrern in der reformirten und unirten Kirche unverkennbar gläubige und erweckte Männer giebt"[110]. Auch verkennt er keineswegs, daß ein

---

wegen unterschiedlicher Auffassungen in Fragen der kirchlichen Verfassung; vgl. J. Stier: 100 Jahre Lutherische Kirche in Berlin 1835–1935, Breslau 1935, S. 14–21; außerdem: Witte, Bd. 2, S. 234–238.

100 Scheibel, Mittheilungen, Bd. 1.1, S. 59.

101 Ebd., S. 63.

102 Vgl. außer der grundlegenden Actenmäßigen Geschichte z. B. J. G. Scheibel: Recensionen der neuesten Schriften, die lutherische Kirche betreffend, in: Mittheilungen, Bd. 1.1, S. 30ff.; Ebd., Bd. 1.2, S. 18ff.; Ebd., Bd. 2.1, Altona 1836, S. 89ff.; Ebd., Bd. 2.2, S. 50ff.; Bd. 2.3, S. 46ff.; dasselbe gilt für J. G. Scheibel: Ein Wort brüderlicher Belehrung über die lutherische Kirche und die unternommene Vereinigung derselben mit der reformirten Kirche zu einer einigen evangelischen Kirche. Für die lutherischen Gemeinen Breslaus 1830 abgefaßt und jetzt auf Wunsch ausländischer Glaubensbrüder in Druck gegeben, Nürnberg 1837 (künftig: Scheibel, Wort); Ders., Archiv.

103 Vgl. z. B.: Scheibel, Mittheilungen, Bd. 1.1, S. 68ff.; Bd. 1.2, S. 32ff.; Bd. 1.3; Ders., Archiv S. 231ff.

104 Scheibel, Mittheilungen, Bd. 1.1, S. 4.

105 Ebd., S. 11.

106 Ebd., S. 20.

107 Scheibel, Polemik.

108 Ebd., S. 8.

109 Ebd., S. 14.

110 Ebd., S. 22.

Teil der zeitgenössischen theologischen Literatur gleichfalls den Kampf gegen den Rationalismus in der Union kämpft[111]. Und doch weiß er sich von diesen Streitern kirchlich geschieden, so sehr er sich ihnen persönlich verbunden fühlt. Wo der entscheidende Differenzpunkt für Scheibel liegt, ist zuletzt noch festzustellen.

5. Scheibel und die Erweckten – Kontinuität und Diskontinuität. Zusammenhänge und Gegensätze

Betrachtet man Scheibels Briefe an Hengstenberg aus dem Zeitraum von 1827 bis 1841, also aus den Jahren vor dem Ausbruch des eigentlichen Kirchenkampfes um die Durchführung der Union über die ersten Jahre der Verfolgung der opponierenden Lutheraner bis hin zur Zeit beginnender Duldung durch den neuen König, dann fällt zunächst die enge menschliche Verbundenheit auf, die durch alle Irritationen der kirchlichen Auseinandersetzungen hindurch und trotz der zuletzt von Scheibel konstatierten Konfessionsverschiedenheit aus diesen Schreiben spricht. Wollte man die freundschaftlichen Anreden der ersten Briefe noch als Pflichtübung erwecklicher Rhetorik kategorisieren, so wäre es doch bemerkenswert, daß sich der Ton der Anrede selbst bei spürbar tiefer Betroffenheit kaum ändert, ja zuletzt fast zu der Höhenlage im Anfang der Korrespondenz zurückkehrt[112]. Zwar hat der kirchliche Konflikt Spuren auch im persönlichen Verhältnis zwischen Scheibel und Hengstenberg hinterlassen, aber das Empfinden christlicher Verbundenheit und das Bewußtsein grundsätzlicher Zusammengehörigkeit hat er bei Scheibel nicht auszulöschen vermocht[113].

Eine ähnliche Kontinuität läßt sich auch für Scheibels Stellung zu König Friedrich Wilhelm III. konstatieren und findet dementsprechenden Niederschlag in dieser Korrespondenz[114]. Angesichts des persönlichen Schicksals, das für Scheibel den Verlust der schlesischen Heimat,

[111] J. G. Scheibel: Uebersicht der neueren theologischen Literatur im Allgemeinen, in: Ders., Archiv, S. 279ff., bes. S. 294.

[112] „Innig geliebter und verehrter Freund in dem Herrn" (Brief 1); „Verehrter, geliebter Freund in dem Herrn" (Brief 2); „Innig verehrter Freund" (Brief 3); „Verehrter, geliebter Freund" (Brief 4); „Theurer, herzlich verehrter und geliebter Freund" (Brief 5); „Theurer Freund" (Brief 6); „Theurer, wahrhaft geliebter Freund" (Brief 7); „Theurer, verehrter Freund"; „Mit alter Hochachtung und Liebe" (Brief 8).

[113] Vgl. Scheibel, Geschichte, Bd. 1, S. 42ff.; außerdem Scheibels Gruß an Hengstenberg in Rudelbachs Brief vom 9. 10. 1836 bei Bachmann, Bd. 1, S. 57.

[114] Vgl. L. von Gerlachs Charakteristik Scheibels in: EKZ 1850, Sp. 917f. bei Kiunke, S. 357, in der er von den „aufrichtigen Tränen, welche er beim Empfang der Nachricht vom Tode Friedrich Wilhelms III., diesem seinem Könige, der ihm unwissend viel Wehe zugefügt hatte", berichtet.

den Fortgang aus Preußen, sächsisches Exil und nach der Ausweisung aus Sachsen, die auch von Preußen betrieben worden war[115], zu guter Letzt das bayerische Refugium bedeutete, ist seine unveränderte Anhänglichkeit an den König erstaunlich, aber eben auch kennzeichnend für Scheibels Art, Person und Sache zu unterscheiden.

Kontinuität ist auch das Merkmal der anti-römisch-katholischen Frontstellung Scheibels, wie sie bereits in seinen ersten Briefen an Hengstenberg klar markiert ist. Zwar lassen die kirchlichen Kämpfe die Auseinandersetzung mit Rom bei Scheibel zeitweilig in den Hintergrund treten, in seinen letzten Publikationen ist sie freilich in aller Klarheit wieder aufgegriffen, ja gegenüber positiven Stellungnahmen zur römisch-katholischen Kirche aus dem Lager lutherischer Theologie geradezu bekräftigt[116].

Mit dieser Einstellung korreliert Scheibels Abscheu gegen alle „hierarchischen" Bestrebungen im Protestantismus, gegen alle „commandierte Orthodoxie". Dies ist jedenfalls auch eine Wurzel seines Kampfes gegen Union und Agende; er gilt immer auch den „Hierarchen", die für ihn „nur *evangelische seyn-wollende* Nachfolger Roms" sind[117].

Es ist kein Zufall, daß sich an diesem Punkt die Geister schieden. Gewiß hat sich Hengstenberg Scheibel und seinen Anhängern „‚als mit Brüdern in Christo' verbunden gefühlt"[118]. Dennoch mußte er sich im Zusammenhang mit den Ereignissen in Hönigern herbe Kritik von Julius Müller gefallen lassen, daß er sich nicht genügend für die Lutheraner eingesetzt habe[119]. Während Hengstenberg darauf hoffte, die erweckten Christen könnten unter dem Schutz der Staatsmacht zu größerer Wirksamkeit gelangen[120], vermochte Scheibel im Vorgehen der staatlichen Organe

---

115 Vgl. von Brück, S. 120f.

116 Vgl. Scheibel, Archiv, S. 195–219; dazu paßt Kiunkes Urteil: „Den Weg zum Kirchengedanken eines Löhe, Vilmar, Stahl hätte er (sc. Scheibel) nicht mehr zu gehen vermocht." Kiunke, S. 397f., erklärt den antirömischen Affekt aus Scheibels schlesischer Herkunft.

117 Scheibel, Mittheilungen, Bd. 1.2, S. 25; vgl. seine Rede von den „neuen evangelischen Decretalen", Scheibel, Geschichte I, S. 24; für sich selbst hatte er schon 1819 eine Berufung „als Ober-Bischoff aller Evangelischen in Rußland" abgelehnt: „Ich wollte nicht Orthodoxie befehlen, und wußte, wo ich für die lutherische Kirche zu wirken hatte." Ebd., S. 19.

118 W. Wendland: Die Religiösität und die kirchenpolitischen Grundsätze Friedrich Wilhelms des Dritten in ihrer Bedeutung für die Geschichte der kirchlichen Restauration, Gießen 1909, S. 123.

119 Brief vom 21. 2. 1835 an Hengstenberg bei Bonwetsch, S. 11–15, vgl. S. 13. „Die dogmatischen Ansichten dieser Lutheraner scheinen mir zum Theil sehr der Bekämpfung zu bedürfen; aber ich wäre außer Stande, ein Wort dagegen zu sagen, solange ihnen durch äußere Gewaltmittel entgegengewirkt wird."; vgl. auch die Intervention des Barons von Kottwitz bei Maser, Kottwitz, S. 55f.

120 Vgl. EKZ 1832, Sp. 21; 25ff.; 33ff.

eben nichts anderes als die Zerstörung der lutherischen Kirche zu erkennen[121].

Außerdem ist deutlich, daß Scheibel frühzeitig bemerkte, welche Problematik in der Person Stephans lag[122]. Keineswegs hätte er in solche kritische Distanz zu dessen Bestrebungen treten können, wie dies in seinem Brief an Hengstenberg zum Ausdruck kommt[123], wenn seinem eigenen kirchlichen Wollen eine grundsätzliche Sympathie für freikirchliche Tendenzen zugrundegelegen hätte.

In der Tat ist „der zutiefst tragische Aspekt des Verhältnisses von altlutherischer Opposition und Erweckungsbewegung"[124] nicht zu verkennen, wenn Scheibel denn als „ein Glied der älteren Generation der Erweckungsbewegung"[125] einzuordnen und im Blick auf die schlesische Opposition gegen die Union von einem „aus der Erweckung hervorgegangenen lutherischen Konfessionsbewußtsein"[126] zu reden ist. Jedenfalls ist festzustellen, daß Scheibel die persönliche Verbindung zu den Freunden in der Erweckungsbewegung nicht hat abreißen lassen, vielmehr stets darum bemüht war, seinen kirchlich-konfessionellen Standpunkt gerade diesen „Genossen desselben Berufs"[127] zu vermitteln. Der individualistische Ansatz des Christseins, wie er die Frömmigkeit der meisten Erweckten, auch der erweckten Theologen, bestimmte, verhinderte allerdings das Verständnis für Scheibels eigenstes Anliegen: „[...] es gilt endlich das theuerste, herrlichste Kleinod des Vaterlandes der Reformation, die Erneuerung der Lehre des göttlichen Worts und darauf allein gegründete Kirche"[128].

---

121 „[...] ein eingenthümliches Princip hat die Kirche (sc. seit Einführung der Union) nicht mehr; sie ist zu einem Zweige des Staates geworden; was dieser geglaubt wissen will, ist ihr Dogma. [...] SCHEIBEL, Geschichte I, S. 293f.

122 Die EKZ nimmt zu Stephan und seiner Auswanderung erst ab 1840 offiziell Stellung; vgl. den Artikel „Der Pastor Stephan" in: EKZ 1840, Sp. 209–213; 217–220; 228–231; 233–235; 241–245; 249–254; 257–264; 265–267.

123 Vgl. S. 87f. in diesem Band.

124 MASER, Kottwitz, S. 62.

125 KIUNKE, S. 398; eine gewisse Inkonsequenz dieser Bewertung zu Kiunkes Bestreitung einer Erweckung bei Scheibel ist freilich kaum zu übersehen; s. o. S. 78, Anm. 7.

126 SCHÖNE, S. 290.

127 SCHEIBEL, Polemik, S. 15.

128 SCHEIBEL, Wort, S. 30, dieser Text stammt, obwohl erst 1836 veröffentlicht, in seinen Grundzügen schon aus dem Jahr 1830; vgl., ebd., S. III.

Klaus Engelbrecht

Metropolitan Wilhelm Vilmar (1804–1884) und seine Beziehungen zu J. G. Scheibel

M. Kiunke bemerkt in seiner umfassenden, noch heute grundlegenden Monographie über J. G. Scheibel: „In den vierziger und fünfziger Jahren des vorigen Jahrhunderts gab es in Deutschland nicht ganz kleine Kreise, welche um eine beachtenswerte kirchliche Sendung Scheibels wußten."[1]

Wie eine Bestätigung dieses Satzes liest sich, was R. Schlunck in seinem Büchlein über „Die 43 renitenten Pfarrer" schreibt: „Der altlutherische Kampf öffnete auch den Gläubigen in Hessen die Augen für den Stand der Dinge. Die Schriften des Breslauer Professors Scheibel, des tapferen und lauteren theologischen Führeres der Altlutheraner, der Ostern 1833[2] weinend über die Grenze seines heißgeliebten Vaterlandes schritt, um bis ans Ende das Brot der Verbannung zu essen, wurden in Hessen mit größter innerer Anteilnahme studiert."[3]

Als Beweis für die Richtigkeit dieser Feststellungen Kiunkes wie auch Schluncks sei im folgenden das Beispiel eines Mannes vor Augen geführt, der im Kampf um das Bekenntnis wie um die Selbständigkeit der Kirche in Hessen im 19. Jahrhundert an führender Stelle stand: Jakob Wilhelm Georg Vilmar.

Wer war dieser Mann und welches sind die Erkenntnisse, die er in seinem Ringen um Freiheit und Recht, um Bekenntnis und Selbstregierung der Kirche dem Altlutheraner verdankt?

1. Jakob Wilhelm Georg Vilmar[4] wurde am 4. Juni 1804 – vier Jahre

---

[1] M. Kiunke: Johann Gottfried Scheibel und sein Ringen um die Kirche der lutherischen Reformation, Diss. theol. Erlangen 1941 (ND: Göttingen 1985 = Kirche im Osten. Monographienreihe 19) [künftig: Kiunke] S. 3.

[2] Nach Kiunke, S. 378, überschritt Scheibel allerdings schon ein Jahr früher, am Ostersonntag 1832, die Grenze bei Naumburg a. B.

[3] R. Schlunck: Die 43 renitenten Pfarrer. Lebensabschnitte der im Jahre 1873/74 um ihrer Treue willen des Amtes entsetzten hessischen Pfarrer. Nebst einer geschichtlichen Einleitung und einem Anhang, Marburg 1923, S. 5.

[4] K. Engelbrecht: Um Kirchentum und Kirche. Metropolitan Wilhelm Vilmar (1804–1884) als Verfechter einer eigentümlichen Kirchengeschichtsdeutung und betont hessischen Theologie (= Europäische Hochschulschriften, Reihe XXIII Theologie, Bd./Vol. 235), Frankfurt am Main – Bern – New York – Nancy 1984 (künftig: Engelbrecht, Kirchentum); Ders.: Metropolitan Wilhelm Vilmar (1804–1844), in: 100 Jahre Evange-

nach seinem berühmten Bruder August[5], dem Theologen, Germanisten und Literaturhistoriker – in dem Dörfchen Solz bei Rotenburg an der Fulda geboren. Von frühester Kindheit an hatte er nur einen Wunsch, nämlich den, auch einmal Pfarrer zu werden. Nach dem Besuch des Gymnasiums in Hersfeld bezieht er im Frühjahr 1822 die Universität Marburg, wo er jedoch vergeblich nach einem „Halt in der Theologie" sucht. So verläßt er 1825 die Universität „in großer Trostlosigkeit" und wird Erzieher eines Prinzen in Gotha, den er danach auch als eine Art Mentor auf die Universität Leipzig begleiten darf. Durch seinen Freund, den Sprachwissenschaftler Karl Meyer[6], tritt er in Gotha und Leipzig in Berührung mit der Geisteswelt der Spätromantik und der Historischen Schule, auf die er durch seinen Marburger Aufenthalt schon vorbereitet war. Eine eingehende Beschäftigung mit Schleiermacher, der ihm weniger als theologischer Systematiker denn als religiöse Persönlichkeit wichtig geworden ist, führt ihn in der zweiten Hälfte der zwanziger Jahre zu einem „Erwachen", das schließlich in eine Entdeckung Luthers als des „eigentlichen Mittelpunktes des deutschen Wesens" mündet.

Im Jahr 1830, unter den Stürmen der ersten deutschen Revolution, wird Vilmar zweiter, später dann einziger Pfarrer an der Stadtkirche zu Rotenburg/Fulda. In Rotenburg tritt er in nähere Verbindung mit dem „Evangelischen Missionsverein in Kurhessen", in dem sich seit 1833 diejenigen Kreise sammelten, die von dem wiedererwachenden religiösen Leben in Hessen erfaßt waren. Von da an wird er immer mehr zu einem bekenntnisbewußten Luthertum hingeführt, wovon seine zahlreichen Schriften aus jener Zeit, in denen es beispielsweise um die „protestantische Rechtfertigungslehre"[7] oder um das Abendmahl[8] geht, ein beredtes

---

lisch-Lutherische Christuskirche in Melsungen 1882–1982, hrsg. von D. Roth, Melsungen o.J., S. 16–20.

[5] Zu August (A.F.C.) Vilmar vgl. die nach wie vor grundlegende Biographie von W. Hopf: August Vilmar. Ein Lebens- und Zeitbild, 2 Bde., Marburg 1913 (künftig: Hopf), sowie an neuerer Lit.: U. Asendorf: Die europäische Krise und das Amt der Kirche. Voraussetzungen der Theologie von A.F.C. Vilmar (= Arbeiten zur Geschichte und Theologie des Luthertums XVIII), Berlin und Hamburg 1967; F.W. Hopf: August Vilmar u. die Hessische Renitenz. Vortrag, gehalten am 27. Juni 1973 in Marburg/Lahn, in: Lutherische Blätter, Nr. 111, Juli 1975, 27. Jahrgang.

[6] Der spätere Legationsrat und Vorleser der Königin Augusta von Preußen hielt im Sommer 1827 in Gotha Vorlesungen über griechische und deutsche Sprache; Engelbrecht, Kirchentum, S. 23; vgl. Hopf 1, S. 131, Anm.

[7] J.W.G. Vilmar: Die protestantische Lehre von der Rechtfertigung durch den Glauben, mit Rücksicht ihres Grundunterschiedes zur Rechtfertigungslehre der römischen Kirche, nebst einigen Bemerkungen zu Joh. 1,14: Und das Wort ward Fleisch und Augustins Sendschreiben: Von der Züchtigung und der Gnade. Geschrieben und übersetzt von W. Vilmar, Cassel 1838.

[8] J.W.G. Vilmar: Was faßt der biblische Begriff der Sünde in sich, und gibt es nach diesem eine Erbsünde? und Ob und wie im Abendmahl der Leib und das Blut Jesu Christi genossen wird und gegenwärtig geglaubt werden soll. Zwei Conventsfragen, Cassel 1840.

Zeugnis ablegen. Mit dem kurhessischen „Symbolstreit“ von 1838/39, in dem es freilich zunächst nur um den Wert oder Unwert konfessioneller Symbole überhaupt und erst später um die Frage des niederhessischen Bekenntnisstandes im besonderen geht, kommt auch seine Entwicklung zum betonten Lutheraner zu einem vorläufigen Abschluß.

Im Revolutionsjahr 1848 wird ein Gesetz[9] erlassen, wonach die Bekleidung von Staats- und Gemeindeämtern in Zukunft „von dem Glaubensbekenntnisse unabhängig“ sein soll, und ein weiteres Gesetz[10] verfügt im gleichen Jahre auch in Hessen die Aufhebung der Staatskirche. In der Erkenntnis, daß unter den eingetretenen Umständen der Fortbestand des landesherrlichen Kirchenregimentes nicht mehr vertretbar sei, verkündet August Vilmar seine Forderung nach Freiheit der Kirche. Auf der Konferenz zu Jesberg 1849 tritt er an die Spitze derjenigen kurhessischen Geistlichen, die auf dem Boden des Bekenntnisses der kurhessischen Kirche und ihrer seit alters bestehenden Ordnungen eine Selbstregierung der Kirche verlangen, die durch das geistliche Amt selber wahrzunehmen sei. Bald darauf beobachten wir eine zunehmende Entfremdung zwischen August und seinem jüngeren Bruder Wilhelm, der das Ende des landesherrlichen Summepiskopates zu diesem Zeitpunkt noch nicht gekommen sah. Zudem bildet sich bei dem letzteren auch eine immer stärkere Betonung der Kirchenordnungen vor dem Bekenntnis heraus – eine Neigung, die sich in der Folgezeit noch verfestigen und die für das Schicksal der späteren „hessischen Renitenz“ noch bestimmend werden sollte.

Im Jahre 1866 wird Hessen von Preußen annektiert und damit unter die Herrschaft eines reformierten Summus episcopus gestellt. Als im Jahre 1873 die preußische Administration im Zuge ihrer auf Vereinheitlichung gerichteten Kirchenpolitik die Einsetzung eines unierten Gesamtkonsistoriums in der Landeshauptstadt Kassel verfügt, ruft das den Widerstand eines großen Teils der kurhessischen Geistlichkeit hervor. In einer Eingabe an den preußischen Kultusminister, die unter dem Namen „Juliprotest“ bekanntgeworden ist (wegen ihrer Abfassung im Juli 1873)[11], erklären 43[12] kurhessische Geistliche, die meisten unter ihnen „Vilmarianer“, daß sie der neuen Behörde als einer unrechtmäßigen nicht Gehorsam zu leisten gedächten. Strafmandate, Suspensionen, Ab-

---

9 „Gesetz vom 29. Oktober 1848, die Religionsfreiheit und die Einführung der bürgerlichen Ehe betreffend“, Kurh. Ges. Samml. Nr. 48 Nr. XXVII, S. 133–139; nach K. Wicke: Die hessische Renitenz. Ihre Geschichte und ihr Sinn, Kassel 1930 (künftig: Wicke); S. 31f.

10 Reichsgesetz, betreffend „Die Grundrechte des deutschen Volkes“, Reichsgesetzblatt, 8. Stück, 1848; nach Wicke, S. 32.

11 Das Dokument ist vollständig abgedruckt bei Wicke, S. 156–160, Anlage B.

12 Infolge nachträglicher Unterschrift erhöhte sich diese Zahl später auf 45; vgl. Wicke, S. 160.

setzungen sind die Folge. In all diesen Auseinandersetzungen und Kämpfen stand Wilhelm Vilmar an vorderster Front, und ihm ist es größtenteils zu verdanken, daß schließlich auch in dem Kurfürstentum eine kleine, staatsfreie Kirche entstand, die unter dem Namen der „hessischen Renitenz"[13] in die Geschichte eingegangen und später in der größeren „Selbständigen Evangelisch-Lutherischen Kirche"[14] aufgegangen ist.

2. Doch welches ist nun der Einfluß, den Johann Gottfried Scheibel auf Wilhelm Vilmar und damit indirekt auch auf das Entstehen einer staatsfreien lutherischen Kirche in Niederhessen ausgeübt hat?

W. Vilmar hat J. G. Scheibel „auf Veranlassung der schlesischen Streitigkeiten"[15] kennengelernt. Mag die Berührung im Anfang auch eine mehr oberflächliche gewesen sein, so scheint sie sich im Verlauf der dreißiger Jahre[16] dann doch vertieft zu haben. Jedenfalls setzt Vilmar die Bekanntschaft mit dem Breslauer zu Beginn der vierziger Jahre[17] bereits voraus.

Nach eigenem Bekunden ist es zunächst die *Realität der Kirche* gewesen, auf die Vilmar durch Scheibel aufmerksam geworden ist, und zwar der Kirche als eines lebendigen, durch die Zeiten hindurch fortdauernden Organismus[18]: „Der organische Zusammenhang der Kirche ist nur sehr wenigen offenbar, obgleich alles von Kirche spricht; jeder faßt ein Bälk-

---

[13] Zur Geschichte der hessischen Renitenz vgl. neben WICKE besonders R. SÄLTER: Die Vilmarianer. Von der fürstentreuen kirchlichen Restaurationspartei zur hessischen Renitenz (= Quellen und Forschungen zur hessischen Geschichte 59), Darmstadt und Marburg 1985. – Zur Bedeutung W. Vilmars für die Renitenz vgl. ENGELBRECHT, Kirchentum, bes. S. 72ff., 124ff. und 140ff.

[14] Die Selbständige Ev.-Luth. Kirche, die 1947–1950 entstand, war ein Zusammenschluß der Selbständigen ev.-luth. Kirche in Hessen, der Hannoverschen ev.-luth. Freikirche und der Hermannsburg-Hamburg ev.-luth. Freikirche, der Badischen ev.-luth. Freikirche und der Renitenten Kirche ungeänderter Ausburgischer Confession. Sie ist am 25. Juni 1972 (ohne die Badische Diözese, die 1966 ausschied) aufgegangen in der größeren Selbständigen Ev.-Luth. Kirche (SELK), die ihrerseits wieder einen Zusammenschluß darstellt aus der (früheren) Selbständigen Ev.-Luth. Kirche, der Ev.-Luth. (altluth.) Kirche, der Ev.-Luth. Freikirche (früher „in Sachsen und anderen Staaten") und der Ev.-Luth. Bekenntniskirche in der Diaspora. Der Anschluß der Renitenten Kirche u. A.C. wurde am 7. 9. 1950 in Unshausen bei Kassel vollzogen.

[15] Brief Wilhelms an August Vilmar v. 3. 8. 1841.

[16] Einer späteren autobiographischen Notiz zufolge ist W. Vilmar bereits in der zweiten Hälfte der 30er Jahre auf Scheibel aufmerksam geworden; vgl. W. VILMAR: Inwiefern nennt sich das Haus Hessen-Cassel reformiert?, Melsungen 1878 (künftig: VILMAR, Inwiefern), S. 45. Vilmar erwähnt Scheibel jedoch erstmals im Brief an August v. 3. 8. 1841.

[17] Das geht aus der oben Anm. 15 genannten Briefstelle hervor.

[18] Zum Organismusgedanken vgl. W. MAURER: Der Organismusgedanke bei Schelling und in der Theologie der Katholischen Tübinger Schule, in: Kirche und Geschichte. Gesammelte Aufsätze. Bd. II. Beiträge zur Grundsatzfragen und zur Frömmigkeitsgeschichte, hrsg. von E.-W. Kohls und G. Müller, Göttingen 1970, S. 29–45, und DERS.: Das Prinzip des Organischen in der evangelischen Kirchengeschichtsschreibung des 19. Jahrhunderts, in: ebd., S. 46–77.

chen und Hälmchen und schwimmt auf diesem, so weit er kommt, kommt aber nicht weit; gerade dieser organische Zusammenhang aber ist es, auf den ich fast mit starren Augen hinsehen muß."[19] Durch den „tiefen geschichtlichen Geist Scheibels" ist Vilmar dann immer klarer geworden, „was es eigentlich heißt, die Kirche, auf welchem unbeweglichen, überirdischen Fundament ihre Einheit ruhe, und wie sie durch alle Jahrhunderte hindurch einen unauflöslichen Zusammenhang habe[20]. So kann Vilmar geradezu sagen, Scheibel habe ihm „das kirchliche Auge aufgeschlossen", so wie Schleiermacher ihm „das persönliche Auge aufgeschlossen" habe, ja, durch Scheibel habe er überhaupt "erst eigentlich erfahren, was Kirche ist"[21].

Nun ist es freilich nicht irgendeine Kirche, sondern gerade die *Kirche in ihrer lutherisch-bekenntnismäßigen Gestalt,* deren Wesen Vilmar an Scheibel aufgegangen ist. Den Stimmführern der damaligen lutherischen Bewegung wirft er vor, gerade das Zeugnis dieses Mannes nicht verstanden zu haben, indem sie ihm ankreideten, von der Rechtgläubigkeit der Konkordienformel abgewichen zu sein[22]. Vilmar erwähnt namentlich den Professor Hahn[23], den er „in Leipzig kennenlernte, welcher sich damals an die Spitze einer neuen *lutherischen* Bewegung in Sachsen stellte, kraft deren er die Rationalisten aus der Kirche entfernen wollte. Leider ließ sich derselbe später gebrauchen, das wahre Zeugnis *Scheibels* von der Person Luthers und von dem Rechte, welches die nach ihm genannte Kirche auf ihr unverfälschtes Bekenntnis besitzt, in Schlesien völlig todt zu schlagen".[24]

So stellt Vilmar den Vertretern einer toten, verknöcherten Orthodoxie die Person Scheibels als des wahren Zeugen gegenüber. Er hält fest: „Vergebens wird da lutherische Kirche gesucht, wo, um die gemeinsamen Leiden zu vermeiden, dieser Zeuge und dieses Zeugnis verleugnet wird, wenn auch der Name lutherische Kirche noch so eifrig gesucht und noch so eifrig gebraucht wird."[25]

Scheibel ist ihm, Vilmar, vor allem der große *Zeuge gegen Staatskirchentum und Union, für eine bekenntnismäßig-lutherische* und *für eine ihre Angelegenheiten selbständig verwaltende Kirche.* Beides aber, sowohl das verfassungsmäßigrechtliche wie auch das lutherisch-bekenntnistreue Element in der Ableh-

---

[19] Brief an A. Vilmar vom 3. 8. 1841.

[20] VILMAR, Inwiefern, S. 45.

[21] Brief an August Vilmar vom 3. 8. 1841.

[22] Vgl. VILMAR, Inwiefern, S. 15.

[23] August Hahn (1772–1863), seit 1827 Prof. in Leipzig, löste durch seine Disputation „De rationalismi, qui dicitur, indole..." einen Entrüstungssturm unter der rationalistischen sächsichen Pfarrerschaft aus.

[24] VILMAR, Inwiefern, S. 41 f.

[25] W. VILMAR: Der gegenwärtige Kampf der Hessischen Kirche um ihre Selbständigkeit mit Rücksicht auf das in ihr hervorgetretene Zeugniß vom geistlichen Amt. Ein Beitrag zur Beleuchtung dieses Kampfes, Cassel 1871 (künftig: VILMAR, Kampf), S. 102.

nung der Union stehen bei Vilmar selbst wie auch bei Scheibel in einem unauflösbaren, sich gegenseitig ergänzenden und bedingenden Zusammenhang.

Was nun, um es vorwegzunehmen, das zweite dieser Motive, das *konfessionell-lutherische* betrifft, so erklärt Vilmar sich selber als einen der entschiedensten Anhänger der reinen Lehre. Der kirchentrennende Charakter sowohl der Prädestinationslehre Calvins auf reformierter Seite wie auch des Glaubens an die Realpräsenz Christi im hl. Abendmahl auf lutherischer Seite steht ihm so unumstößlich fest, daß sich daraus die Unmöglichkeit der Union von vornherein für ihn ergibt[26]. Er nimmt entschieden Partei für die lutherische Lehre vom hl. Abendmahl und sieht ihre völlige Unvereinbarkeit mit der calvinischen Lehre[27]. Sodann nimmt er Bezug auf den Kampf der Lutheraner in Schlesien, in dem es um Wahrung gerade dieser Heilsgüter deren Kirche – reines Wort und reines Sakrament – ging[28], und stellt abschließend fest: „Wir wollen hier keine Geschichte dieses Martyriums und keine Geschichte dieses Leidens schreiben und nur so viel hier aussprechen, daß der Zeuge der lutherischen Kirche, in welchem das Zeugnis der Reformation in seiner ganzen Tiefe, Fülle und Reinheit in die Gegenwart unserer Zeit wieder eintrat, der schon genannte Diaconus an der St. Elisabeth-Kirche in Breslau, Professor *Johann Gottfried Scheibel,* war. Er hat für die Erhaltung des in der lutherischen Kirche aufbewahrten Kleinodes, des reinen Wortes und des reinen Sacramentes, sein Leben *mit der That* geopfert und ist in der Kraft des H. Geistes der größten Weltmacht entgegengetreten, ohne alle Menschenfurcht und mit Hintansetzung aller und jeder irdischen Rücksichten, in der vollen Gewißheit des ewigen Sieges der Wahrheit und des Rechtes der Kirche. Wiewohl sein Zeugnis bei seinen Lebzeiten mit Gewalt unterdrückt wurde und todt geschwiegen werden sollte, so leuchtet es hoch hell in alle Lande als das Zeichen, welches Vergangenheit und Zukunft der Kirche mit einander verbindet. Wiewohl seine Person zu völliger Unbedeutendheit herabgedrückt werden sollte im Gegensatz zu den 5000 Theologen der preußischen Monarchie, so möchte sie doch im jüngsten Gericht schwerer wiegen als jene zusammen alle, und wiewohl er um seines Zeugnisses willen als ein Gebannter und Geächteter fern von seiner geliebten Heimat sein irdisches Leben hat vollenden müssen, so wird er doch einst in der Auferstehung der Todten hell leuchten unter denjenigen Lehrern der Kirche, welche viele zur Gerechtigkeit gewiesen haben. Aber auch das müssen wir aussprechen, daß sein Zeugnis nicht etwa nur ein Zeugnis für die schlesische Kirche war oder für die Wenigen, welche bis dahin in diesem Zeugnis noch beharrt haben, sondern ein

[26] Vgl. ebd., S. 90f.
[27] Ebd., S. 90f.
[28] Ebd., S. 90.

Zeugnis für die gesammte Kirche der Reformation, ja für die Gesammtkirche im Ganzen und Großen. Das Zeugnis dieser Person ist die heilige Stätte, an welcher die lutherische Kirche wieder auferstanden ist von den Todten und fortwährend aufersteht, und somit kann nur da noch oder nur da wieder lutherische Kirche zu suchen und zu finden sein, wo dieser Zeuge und dieses Zeugnis anerkannt und festgehalten werden, und wo die Gemeinschaft der Leiden nicht gescheut wird, welche um dieses Zeugnisses willen erduldet worden sind und erduldet werden."[29]

Eng mit dem konfessionell-lutherischen Motiv hängt bei Vilmar zusammen das *verfassungsmäßig-rechtliche Motiv,* das in seiner Beurteilung der Union von den Kirchenordnungen ausgeht. Was dabei Vilmar an Scheibel hervorhebt, ist dessen Eintreten für die Freiheit und Selbständigkeit der Kirche gegenüber jeglicher Bevormundung und Einmischung seitens des Staates, oder, wie Vilmar selber es ausdrückt, der inneren Unabhängigkeit des „geistlichen Amtes" gegenüber dem „obrigkeitlichen Amt". Vilmar erklärt, daß in den Unionsbestrebungen in Preußen seit 1817 man gewähnt habe, „der Kirche allein mit Hülfe des obrigkeitlichen Amtes eine neue, der Zeit entsprechende Gestalt geben zu können"[30]. Dadurch seien geistliches und obrigkeitliches Amt in eine „schiefe Stellung" zueinander geraten, und namentlich das letztere schien völlig vergessen zu haben, „daß es nur der Schirmherr der der Kirche verliehenen Rechte sei, nicht im allerentferntesten aber ein Herr der Kirche, und sich nicht in Dinge zu mischen habe, welche ausschließlich das Gebiet des geistlichen Amtes berühren und ausschließlich diesem gehören. Daß die zeitlichen Träger des geistlichen Amtes dem Drängen des obrigkeitlichen Amtes, wie dasselbe in einem der hervorragendsten Träger dieses Amtes hervortrat und sich auf eine vermeintliche Neugestaltung der Kirche richtete, so ohne Weiteres nachgaben, ist nur dadurch zu erklären und einigermaßen zu entschuldigen, daß die Träger des geistlichen Amtes nach dem langen Winterschlaf der Kirche unter der Eisdecke der Neologie noch die Augen voll Schlafes hatten und eigentlich nicht wußten, was in der Kirche in diesem Moment vorging. Doch sind sie von einer schweren Verschuldung nicht frei zu sprechen. Ohne sich vor Gott darauf zu besinnen, daß sie ein Amt vor Gott trugen, und daß die ganze Schwere der Verantwortung dieses Amtes vor dem Angesicht dessen, der ihnen dasselbe übertragen hatte, in erster Linie auf ihnen ruhe, opferten sie nur um zeitlicher Rücksichten willen die höchsten Güter der Kirche, reines Wort und reines Sacrament, und schädigten und verletzten damit zugleich die höchsten Interessen des Volkslebens in seiner Centralpotenz auf das allerempfindlichste. Nur ein einziger Mann stand in diesem Moment einer falschen

[29] Ebd., S. 101 f.
[30] Ebd., S. 89.

Kirchenbildung auf dem Mittelpunkt der Kirche und ihrer durch die Reformation gewonnenen Einheit und damit zugleich in dem Centralpunkt des Volkslebens fest, unbeweglich fest. Das war der Diaconus an der St. Elisabethkirche zu Breslau, Professor *Johann Gottfried Scheibel*"[31].

Wir haben im vorstehenden Vilmar als einen Mann kennengelernt, der mit dem Schlesier in der Verwerfung der Union sowohl als bekenntnisindifferenter wie als staatsabhängiger Kirche übereinstimmt. Dennoch läßt sich bei den beiden Männern ein Unterschied behaupten in Bezug auf das Verhältnis, in welchem beide Momente, das konfessionell-lutherische und das verfassungsmäßig-rechtliche, zueinander stehen. Während bei dem Altlutheraner die freie, ihre Angelegenheiten selbständig verwaltende Kirche als Motiv in seinem Kampf gegen die Union nicht im Vordergrund steht, vielmehr diese nur eine Folge und Forderung der vom Bekenntnis her zu gestaltenden Kirche ist, ist das bei Vilmar anders. Für ihn folgt aus der Anschauung, daß das Zeitalter der Reformation, in dem es um reines Wort und Sakrament *allein* ging, bereits völlig abgelaufen sei und einem neuen Zeitalter, dem der Revolution mit seiner neu zu machenden Erfahrung des „Königtums Jesu Christi" Platz zu machen begonnen habe, die Forderung nach *Selbständigkeit* der Kirche als einem ihrer *Wesensmerkmale neben reinem Wort* und *Sakrament*. Ja, Vilmar kann, da die Selbstregierung der Kirche im geistlichen Amt sich verwirklicht, geradezu als *Kennzeichen* der Kirche die Trias „reines Wort – reines Sakrament – reines Amt"[32] festhalten. Von da aus kann ihm dann die Reformation als Vorstufe der Herrschaft Christi in seinem „königlichen Amt" erscheinen, das als der eigentliche Zielpunkt des irdischen Weges Christi mit seiner Kirche gilt. Hieraus ergibt sich weiter eine unterschiedliche Bewertung des Verhältnisses der selbständigen zur bekenntnismäßigen Kirche: Für Scheibel ist die freie, die ihre Angelegenheiten selbständig verwaltende Kirche nur die Voraussetzung für eine nach dem Bekenntnis lebende und handelnde Kirche. Die freie Kirche ist ihm niemals Selbstzweck, sondern immer nur Mittel zum Zweck[33]. Für Vil-

---

[31] Ebd., S. 89 f.

[32] Vgl. dazu die beiden Aufsätze W. Vilmars in Melsunger Missionsblatt 1/1879, S. 1–7 und 1/1881, S. 1–8. Vilmar hat damit über CA VII hinausgehend eine dritte nota ecclesiae konstituiert. – Auch nach H. MARTIN: Der Kampf der deutschen lutherischen Freikirchen im 19. Jahrhundert um Bekenntnis und Freiheit der lutherischen Kirche (= Bekennende Kirche 56/57), München 1937 (künftig: MARTIN), S. 53, haben die „Renitenten" A. Vilmars „‚Zeugnis vom geistlichen Amt' […] fast wie ein neues Dogma behandelt".

[33] Nach MARTIN, S. 18, hielt Scheibel zwar die Verfassung der vom Staat freigewordenen Kirche für die bessere. Grundsätzlich aber waren ihm die Verfassungsfragen „zu keiner Zeit die Hauptsache, niemals Selbstzweck. Das entscheidende Motiv in sei-

mar dagegen ist es genau umgekehrt: Die lutherisch-bekenntnismäßige Kirche ist ihm immer nur die Vorstufe und Voraussetzung für die selbständige Kirche[34].

Die Kirche als eine organische, durch die Zeiten hindurch fortbestehende Einheit, ihre wesentliche Bestimmtheit durch die sie konstituierenden Merkmale reines Wort und reines Sakrament, dazu die Kirche als eine gegenüber dem Staat selbständig bestehende und handelnde Größe, diese drei Punkte sind es, die Vilmar an Scheibel erkannt hat bzw. worin er mit ihm übereinstimmt.

So verdankt W. Vilmar entscheidende Grundzüge seiner Ekklesiologie dem Breslauer Theologen. Das Verdienst, ihn auf sie hingewiesen zu haben, gebührt Scheibel allein. Andere – etwa Fr. D. E. *Schleiermacher*, dessen Einfluß auf Vilmars innere Entwicklung ansonsten nicht unterschätzt werden darf[35] – vermochten ihm diesen Dienst nicht zu erweisen. Aber auch Johann *Arndt*, Philipp Jakob *Spener* oder Johann Albrecht *Bengel*[36], die er ansonsten als „Sterne und Lichter" in der Kirche zu rühmen weiß, mußten hier versagen. Zwar weiß Vilmar um die hohe Bedeutung dieser drei Männer für das Glaubensleben in der evangelischen Kirche, aber sie sind ihm dann doch wieder zu Kristallisationspunkten unkirchlicher, ja geradezu antikirchlicher Elemente geworden, die sich an sie – wohl nicht ganz ohne ihre Schuld – anschlossen[37]. – So bleibt es für Vilmar dabei, daß auf dem „Mittelpunkt" der Kirche in einer Zeit größter Verwirrung nur ein einziger gestanden hat – einer allerdings, in dem dann das Zeugnis der Reformation in seiner „ganzen Tiefe, Fülle und Reinheit" wieder auferstanden ist: Johann Gottfried *Scheibel*.

Werfen wir abschließend noch einen Blick auf den Ort, den Vilmar Scheibel in seinem geschichtstheologischen System anweist: „Scheibel ist die Grenze der lutherischen Kirche, das Ende derselben, die letzte Person nach der alten Zeit."[38] Da er selber noch in den Geschichtskreis der Reformation hineingehört, an dessen äußerster Peripherie gleichsam er steht, ist seine Bedeutung nur die eines Vorläufers, der auf kommende

nem ganzen Kampf lag nicht auf dem Gebiete der Verfassung, sondern auf dem des Glaubens und der Lehre...".

[34] So auch WICKE, S. 129, der freilich hinzufügt, „daß diese Voraussetzung einer ‚orthodoxen' Kirche für die erstrebte ‚freie' Kirche eine ‚Unerläßlichkeit' bedeute".

[35] Vgl. zu Vilmars Stellung zu Schleiermacher ENGELBRECHT, Kirchentum, S. 26–29.

[36] Zu Vilmars Haltung zu Arndt, Spener, Bengel und zum Pietismus vgl. ENGELBRECHT, Kirchentum, S. 41–47.

[37] So habe sich an Arndt die „theosophische Richtung, wie sie in Jakob Böhm[e] spukt", angeschlossen, oder an Spener „die ganze pietistische, allerdings unprotestantische Richtung, die seit der Zeit eintrat, die durch leibliche, oder besser gesagt, fleischliche Übung des Glaubensschatzes teilhaftig zu werden hofft, und durch willkürliche Erbauungen sich kund gibt", oder an Bengel „der wilde, oft fanatische Separatismus, der die Wege Gottes erzwingen will"; ENGELBRECHT, Kirchentum, S. 45.

[38] Brief an August Vilmar v. 5. 9. 1849.

große Bewegungen freilich schon hinweist. Nichtsdestoweniger aber bleibt der Breslauer Professor und Kirchenmann „ein helleuchtendes Grenzlicht aus der alten Zeit, welches in die neue Zeit hineinleuchtet".[39] Und wenn auch an ihm „die babylonische Verwirrung des preußischen Unwesens" sich scheidet[40], so soll doch die Zukunft einem Manne gehören, der als der „Kirchenvater"[41] einer neuen Epoche auch ein neues Zeugnis hervorbringt: es ist August Vilmar mit seiner Lehre vom geistlichen Amt[42].

[39] Vilmar, Inwiefern, S. 15.

[40] Brief an August Vilmar vom 5. 9. 1849.

[41] Zu W. Vilmars Begriff eines „Kirchenvaters" vgl. Vilmar, Kampf, S. 43f. – Vilmar möchte jedenfalls die Bezeichnung nicht beschränkt wissen „auf die Zeugen der ersten Jahrhunderte der Kirche".

[42] Zu A. Vilmars Amtslehre vgl. neben dem oben Anm. 5 genannten Buch von Asendorf bes. auch B. Schlunk: Amt und Gemeinde im theologischen Denken Vilmars (= Beiträge zur Evangelischen Theologie 9), München 1947.

Christian-Erdmann Schott

Die Unterdrückung der Altlutheraner in der Sicht der Historisch-Politischen Blätter*

Wie groß die Furcht der preußischen Behörden gerade vor den Veröffentlichungen der Historisch-Politischen Blätter war, die sich auf die Unterdrückung des Widerstandes der Lutheraner gegen die Einführung der Union und der Unionsagende in Schlesien bezogen, zeigt ein Rückblick aus dem Jahre 1849 in dieser Zeitschrift. Dort heißt es: Die Folge der ersten Veröffentlichungen zu diesem Thema „war ein in allen königlich preußischen Landen angestelltes Treibjagen gegen die, ohnedies nicht mit günstigem Auge angesehenen historisch-politischen Blätter... Die Wuth dieser Verfolgung steigerte sich bis zur Raserei, als wir, eine Reihe von Jahren später, lange nach der Einsetzung des Ministers Eichhorn, eine ausführliche Schilderung der schlesischen Lutheranerverfolgung brachten. In Schlesien wurden in Folge dessen an mehreren Orten förmliche Haussuchungen „nach den gelben Heften" gehalten, in welchen die gefährlichen Artikel zu lesen standen. Buchhändler sollten gezwungen werden, diejenigen ihrer Kunden selbst zu denunzieren und namhaft zu machen, von denen sie wüßten oder glaubten, daß sie die polizeiwidrige Seelenspeise zu genießen pflegten oder genossen haben könnten. Antworteten die der scharfen Polizeifrage Unterworfenen mit Nichtwissen, so sollten sie Letzteres, wenn auch nicht mit einem körperlichen Eide, so doch mit ihrem Ehrenwort bekräftigen. Wir können nur wiederholen, was wir bereits vor elf Jahren sagten: neben *dieser* Freisinnigkeit war die spanische Inquisition ein höchst achtbares Institut."[1]

Um diese Furcht der Behörden zu verstehen, muß man sich klar machen, wer hinter den Historisch-Politischen Blättern steht und was sie wollen: Ihr Programm lautet: „Der Zweck der Zeitschrift ist schlechthin Vertheidigung der Kirche; Geschichte und Politik werden nur subsidia-

---

* Zuerst abgedruckt im Jahrbuch für Schlesische Kirchengeschichte NF 63, 1984, S. 29–44.

[1] Historisch-Politische Blätter für das katholische Deutschland (künftig: Hist.-Polit. Bl.) 24, 1849, S. 250.

risch zugezogen"[2]. Ungekürzt heißt ihr Titel darum auch: „Historisch-Politische Blätter für das katholische Deutschland". So wurden sie am 4. April 1838 in München ins Leben gerufen[3] – als Reaktion auf den Kölner Kirchenstreit, in dessen Verlauf der Erzbischof Freiherr v. Droste-Vischering durch die preußische Regierung in Haft genommen worden war, weil man sich in der Mischehenfrage, um die es hauptsächlich ging, nicht einigen konnte. Die Empörung, die dieses Vorgehen des Staates[4] ausgelöst hatte, wollte man auf der katholischen Seite über den aktuellen Anlaß hinaus zu einer grundlegenden Neubesinnung über das Selbstverständnis des Katholizismus nach innen und im Verhältnis zum Staat, zur öffentlichen Meinung, zu Deutschland und zum Protestantismus nutzen.

Als Herausgeber der neuen Zeitschrift zeichneten George Phillips und Joseph Görres[5]. Phillips war mit Carl Ernst Jarcke zusammen vom Berliner „Politischen Wochenblatt" zu den Münchener Blättern hinübergewechselt. Weitere Mitarbeiter waren Ignaz Döllinger, Constantin Höfler, Friedrich Windischmann, Johann Adam Möhler, Ernst v. Moy und zahlreiche andere, zu denen auch Joseph von Eichendorff gehörte. Die einzelnen Artikel erschienen dann aber grundsätzlich ohne die Namen ihrer Verfasser.

Dank dieses hervorragenden Mitarbeiterkreises sind die Blätter in kurzer Zeit das maßgebende Presseorgan des konfessionell und politisch wiedererstarkenden deutschen Katholizismus geworden.

Den Schlüssel für das Verständnis ihrer Zeit sehen die Herausgeber und Mitarbeiter der Blätter darin, daß „heute, wie im sechzehnten Jahrhundert, eine große Schlacht der Geister in ganz Europa geschlagen (wird), aus welcher, wir hoffen und glauben es, der Sieg der Wahrheit hervorgehen wird"[6]. Die Frage, um die es in dieser Schlacht geht, ist wieder, wie damals[7]: Welche geistig-kirchlich-politische Kraft wird in Zukunft das Leben in seinen vielfältigen Bezügen in Deutschland, ja in Europa bestimmen? Politisch aktueller formuliert: Welche Kraft wird stark genug sein, den revolutionären Geist, der sich gegenwärtig überall

---

[2] Ebd. 18, 1846, S. 574.

[3] Die Zeitschrift ist bis 1923 unter ihrem ursprünglichen Namen herausgegeben worden. Von 1924 bis 1942 erschien sie dann unter dem Titel „Gelbe Hefte. Historische und politische Zeitschrift für das katholiche Deutschland".

[4] H. Jedin.: Das Rheinland und Schlesien in der preußischen Kirchenpolitik vor 1870, in: Archiv für Schlesische Kirchengeschichte 12, 1954, S. 243–256.

[5] Den derzeitigen Stand der Görresforschung gibt die Festschrift wieder, die in Erinnerung an den 200. Geburtstag von J. Görres herausgegeben worden ist: Historisches Jahrbuch. Im Auftrage der Görresgesellschft hrsg. v. J. Spörl, 96/1, 1976.

[6] Hist.-Polit. Bl. 9, 1842, S. 520.

[7] Chr.-E. Schott: Die Anfänge des deutschen politischen Katholizismus in den Historisch-Politischen Blättern und ihre protestantische Reaktion, Diss. theol. Mainz 1965, S. 9–16.

ausbreitet und seine Wortführer findet, zu überwinden und so zu verhindern, daß es in Deutschland zum Ausbruch einer Revolution kommt? Ist es die Kraft des Protestantismus und das heißt dann ins Politische übersetzt, ist es Preußen, das sich aus dem Geist des Protestantismus gestaltet hat und sich als dessen Schutzmacht versteht, oder wird es, wie im Mittelalter, noch einmal die katholische Kirche sein können, sein müssen?

Die Meinung der Historisch-Politischen Blätter ist: Der Protestantismus kann diese Kraft nicht sein. Denn er ist bereits im Begriff unterzugehen. Die Zeichen des „Processes seiner Verwesung", seiner „lange vorbereiteten Auflösung" sind unübersehbar[8]. Darum kann nur der Katholizismus diese Kraft sein; vorausgesetzt allerdings, daß er sich wieder auf seine Ursprünge, auf die Bedeutung, die Gott der Kirche beigelegt hat, zurückbesinnt und daß die Katholiken, der Klerus wie die Laien, zu innerer Geschlossenheit und zum stärkeren Bewußtsein ihrer kirchlich-politischen Verantwortung und Macht zurückfinden. Davon, daß die Katholiken sich das klar machen, hängt die Zukunft der Kirche und davon wiederum die Zukunft Deutschlands ab. Denn „auch dem Kurzsichtigsten wird es klar sein, daß Deutschland vor einer allgemeinen Umwälzung nur durch den Sieg des konservativen Princips bewahrt werden kann, und daß nur die Kirche dieses Princip zu retten vermag. Wie könnte der Protestantismus es retten, welcher gerade das entgegengesetzte in sich trägt, und dieses bis zu einer furchtbaren Macht schon ans Licht ausgeboren hat?"[9]

Die Tatsache, daß der Kampf und die Leiden der schlesischen Lutheraner bei der Einführung der altpreußischen Union[10] in den Historisch-Politischen Blättern immer wieder und dann auch sehr ausführlich zur Sprache kommen[11], muß in diesem Gesamtrahmen gesehen werden. Für die Mitarbeiter an dieser Zeitschrift sind diese Vorgänge Beispiele für den allgemeinen Zersetzungsprozeß, in dem sich der Prostestantismus befindet. Und auf diesen wollen sie mit ihren Artikeln aufmerksam machen.

Daß es die Liebe zum guten Recht der Schwächeren, Achtung vor dem Bekennermut und Mitleid mit der Not der Lutheraner ist, was sie zu ihren

---

[8] Hist.-Polit. Bl. 1, 1838, S. 418, auch S. 430.

[9] Ebd. 15, S. 134.

[10] Auf eine Darstellung der Hintergründe und allgemeinen Umstände bei der Einführung der Union muß hier verzichtet werden.

[11] Es handelt sich um folgende Aufsätze und Bezugnahmen: Hist.-Polit. Bl. 1, 1838, S. 417–446 („Zeitläufte"); 3, 1839, S. 270–272 („Zeitläufte") ebd., S. 665f. („Ueber Fragen der Gegenwart von einem Protestanten"); 4, 1839, S. 77–97 („Zeitläufte. Die Verfolgung der Lutheraner in Schlesien"); 6, 1840, S. 65–80 („Zeitläufte. Protestantische Zustände und Aussichten in Deutschland"); 9, 1842, S. 506–521 („Ueber die Union der anglikanischen mit der preußisch-unirten Kirche"); 13, 1844, S. 51–57 („Die Kirche und die Kirchen. Zweiter Artikel"); 17, 1846, S. 129–145. 209–234. 461–472 („Rückblick auf die Schicksale der Lutheraner in Preußen"); 18, 1846, S. 29–51 (Fortsetzung des Beitrags aus Bd. 17, 1846); 24, 1849, S. 226–251 („Preußen und das Preußentum. Erster Artikel").

Berichten veranlaßt, sagen die Verfasser zwar immer wieder auch[12]. Aber das sind doch nur Zwischentöne, die ihre Betroffenheit und ihre menschlich-christliche Anteilnahme am Schicksal dieser „unglücklichen Schlachtopfer des Staatskirchenthums" zu erkennen geben sollen[13]. Repräsentativ für die Haltung der Historisch-Politischen Blätter sind sie nicht. Denn diesen geht es im Grunde nicht um die Altlutheraner selbst, auch nicht um ihre Unterstützung. Es geht ihnen um die Entlarvung ihrer Gegner. Und das zeigt sich dann sehr deutlich in der Schonungslosigkeit, mit der sie die Öffentlichkeit über die „polizeilich-militärische Vernichtung der Parthei der alten Lutheraner"[14] sowohl zu informieren als auch durch Kommentierung aufzuklären suchen.

Beides ist damals noch nicht so strikt getrennt wie in der heutigen Publizistik. Im Prinzip ist die Trennung von Informierung und Kommentierung in den Historisch-Politischen Blättern aber vorhanden und darum soll sie auch hier als Darstellungsmittel dienen.

1.

Die Informierung zeigt das Bestreben, möglichst den von der Verfolgung Betroffenen selbst das Wort zu erteilen. Sie stützt sich darum auch im wesentlichen auf Veröffentlichungen und Augenzeugenberichte schlesischer Lutheraner. In einem Falle wird auch eine Enthüllungsschrift eines höheren preußischen Beamten ausgewertet[15].

Dieses Verfahren ist in mehrfacher Hinsicht effektiv. Es bietet nämlich die Möglichkeit, die antiunionistisch-altlutherische Literatur, deren

---

12 Hist.-Polit. Bl. 24, 1849, S. 250: „Bekanntlich ist eine dogmatische oder historische Liebhaberei an dem alten Lutherthum nicht die am meisten hervortretende Schwäche der historisch-politischen Blätter. Aber die Lüge und Heuchelei, mit der dasselbe im damaligen Preußen zu kämpfen hatte, empörte uns. Durchdrungen von der Ueberzeugung, daß der dortlands herrschende Indifferentismus in den Lutheranern nicht die Irrthümer, sondern gerade die christlichen Anklänge verfolgte, ergriffen wir bereits 1838, so weit es die besonders damals von Preußenfurcht beherrschte Censur erlaubte, aus dem Standpunkte des positiven Rechts und der politischen Freiheit der Bekenntnisse mit Entschiedenheit das Wort für die heimtückisch Verfolgten." Oder ebd. 17, 1846, S. 142: „Den meisten von denen, welche lutherische Prediger bleiben und sich als solche mit der Union und ihrer Agende nicht einlassen wollten, läßt sich ein redlicher und aufrichtiger, uneigennütziger, subjektiv guter Glaube nicht absprechen. Manche derselben hatten eine Eigenschaft, die im Jahrhundert der Dampfmaschinen und Eisenbahnen selten geworden ist: die Fähigkeit, Märtyrer für ihre religiöse Ueberzeugung zu werden... (so) können wir ihnen unsere Achtung und Theilnahme nicht verweigern."

13 Ebd., S. 130.

14 Ebd. 1, 1838, S. 446.

15 Ebd. 24, 1849, S. 226ff.: „Doktor Eilers: Zur Beurtheilung des Ministeriums Eichhorn von einem Mitgliede desselben" (o.J.).

Druck, Verkauf und Versand in ganz Preußen bei Strafe von hundert Reichstalern verboten war[16], an die Öffentlichkeit zu vermitteln. Es bietet darüber hinaus die Möglichkeit, aufgrund größerer Übersicht, den Maßnahmenkatalog und damit die Systematik aufzuzeigen, die bei den Pressionen der Staatsgewalt zur Anwendung kommen. Und es bietet, gerade weil es meist Einzelschicksale oder Einzelfälle sind, die herausgegriffen werden, auch die Möglichkeit, das Herz der Leser zu erreichen und eine Bewegung des Mitgefühls mit den Opfern und der ebenso tiefen gefühlsmäßigen Ablehnung gegen die preußische Regierung hervorzurufen.

Wie wirksam diese Art der Informierung ist, kann man heute noch empfinden. Es geht einem schon nahe, wenn man liest, wie die Behörden mit den Pastoren umgegangen sind, die sich weigerten, die neue Agende anzunehmen; wie man versuchte, sie durch Versprechungen, finanzielle Zuwendungen oder Ordensverleihungen, aber auch durch Drohungen, schließlich durch Verhängung von sich steigernden Geldstrafen gefügig zu machen; wie man sie suspendierte, auf Festung abführte, schließlich ihrer Ämter enthob. Es bleibt nicht ohne Eindruck, wenn man erfährt wie man mit Johann Gottfried Scheibel (1783–1843), dem Führer der altlutherischen Bewegung[17], umgegangen ist; wie die Behörden den Kunitzer, später Liegnitzer Pastor Otto Friedrich Wehrhan (1795–1860) um Amt und Brot gebracht, seine Familie dem Hunger ausgeliefert haben[18], so, daß er schließlich nicht mehr weiterkonnte und in einen nichtgeistlichen Beruf flüchtete[19], wie sie den Herrn v. Koszutski, Besitzer der Rittergüter Groß-Tschunkawe und Schwiebedawe[20], zusammen mit dem Pastor Lebrecht Krause eingesperrt haben, weil dieser im Gutshause lutherische Gottesdienste gehalten hat; wie sie den Herrn v. Koszutski dann die Gefangenschaftskosten für beide bezahlen lassen wollten und ihm, als er nicht bezahlen konnte, das Vieh aus den Ställen und von der Weide weggetrieben haben[21].

Am erschütterndsten ist aber dann das, was sich in Hönigern, Kreis Namslau, zugetragen hat. Hier war es eine ganze Gemeinde mit allen Filialen, die sich zusammen mit ihrem Pastor Eduard Gustav Kellner

---

16 Ebd. 18, 1846, S. 49.

17 Ebd. 1, 1838, S. 417–446. – Vgl. F. W. Kantzenbach: Johann Gottfried Scheibel und der Breslauer Protest gegen die Preußische Union, in: Jahrbuch für Schlesische Kirchengeschichte 41, 1962, S. 94–115; I. Ludolphy: Art.: J. G. Scheibel, in: RGG[3] 5, Sp. 1393; M. Kiunke: J. G. Scheibel und sein Ringen um die Kirche der lutherischen Reformation, Diss. theol. Erlangen 1941 (ND: Kirche im Osten. Monographienreihe 19, Göttingen 1985).

18 Hist.-Polit. Bl. 4, 1839, S. 77–97. – Vgl. F. W. Kantzenbach: Zur Genesis des Neuluthertums. Beobachtungen des Schlesiers O. F. Wehrhan, in: Jahrbuch für Schlesische Kirchengeschichte 48, 1969, S. 73–87.

19 Wehrhan starb am 2. 8. 1860 als Weinbergbesitzer (seit 1842) in Coswig.

20 Beide Kreis Militsch-Trachenberg.

21 Hist.-Polit. Bl 17, 1846, S. 221–233.

weigerte, den Gottesdienst nach der neuen Agende zu halten, die sich aber auch weigerte, einem unierten Pastor ihre Kirche zu übergeben, damit er den Gottesdienst so halte. Weil der Gemeinde angedroht worden war, daß ihr ihre Kirche dann mit Gewalt weggenommen werden würde, richtete sie eine ständige Wache ein, die Tag und Nacht aufgestellt war; bis dann, auf den Allerhöchsten Befehl des Königs, das Militär Anfang 1835 tatsächlich anrückte. Die Stelle, in der dieser Kirchenkampf seinen Höhepunkt erreicht, liest sich dann so:

„Um halb fünf Uhr frühmorgens ist das gesammte Militär auf dem Hofe zu Hönigern aufmarschiert, dann umschließt Infanterie die Kirche von allen Seiten; die Husaren stehen auf der Morgen-, die Cuirassiere auf der Abendseite; auf diese Weise werden die etwa zweihundert Gemeindeglieder, welche die ganze schneereiche Winternacht ihre liebe Kirche bewacht hatten, eingeschlossen; die Cavallerie hält die Wege und Stege besetzt, jagt die Nachkommenden zurück. Der Präsident und dann der kommandirende Major von Stößer fordern auf, die Kirche zu verlassen, ermahnen zum Gehorsam gegen den König, warnen vor den Folgen." – Antwort: „Es geht um unsern Glauben und kirchliche Freiheit". „Wir lassen euch euren Glauben". – Eine Stimme: „Aber nicht das ungestörte Bekenntniß desselben". – Der Major gibt fünf Minuten Bedenkzeit. Man singt. Zum zweiten Mal fordert er auf, und gibt die vorige Bedenkzeit. Man singt. Zum dritten Mal fordert er auf und läßt laden. Hierbei geht einem Soldaten das Gewehr los, und die Kugel fliegt durch das zweite Fenster vom Altar ab auf die Mitternachtsseite in die Kirche! Der Kirchenzaun wird abgebrochen; dicht geschlossen rücken die Soldaten an, stoßen mit den Kolben die Leute weg, schlagen eine Thür ein und dringen ein". – „Vollbracht war die Gewaltthat in der Finsterniß früh; die Leute fliehen, ohne einen Finger zu erheben, und zerstreuen sich nach allen Seiten. Wie erschrecken sie aber, als man sie nicht unverfolgt nach Hause gehen läßt, als die Cavallerie sich wendet und mit den flachen Klingen auf sie losschlägt. Mehrere Klingen zersprangen von der Gewalt der Hiebe, man zeigt noch jetzt die aufgehobenen Stücke. Vorzüglich geschlagen wurden mehrere Weiber..."[22]

Aber damit noch nicht genug. Damit auch ein möglicher passiver Widerstand der Gemeinde gebrochen würde, wurden nun in die Wirtschaften Soldaten als Zwangseinquartierung gelegt, in einzelnen Fällen 15, ja 20 Mann, die von den Leuten beherbergt und beköstigt werden mußten, bis sie sich bereit fanden, am unierten Gottesdienst in ihrer Kirche teilzunehmen. Der Bericht fährt fort: „Unter solchen Umständen stehen nur noch wenige fest, die als durch Gottes Geist erleuchtete Bibelchristen den Geist der Staatsagende und Staatsunion durchschaut haben

[22] Ebd. 18, 1846, S. 39f.

und bereit sind, lieber den Verlust all ihres Eigenthums zu leiden als solcher Kirche Glieder zu werden."[23]

Unter solchen Umständen ist es dann aber auch verständlich, daß überzeugte Lutheraner nicht mehr in Preußisch-Schlesien bleiben wollten. Tausende sind damals ausgewandert. Was das bedeutete an Not und Tränen wird in den Historisch-Politischen Blättern dann durch Augenzeugenberichte nicht mehr weitergegeben. Aber es gibt darüber Berichte und Untersuchungen[24]; es gibt auch einen neueren volkstümlichen Reisebericht von Rudolf Irmler, in dem erzählt wird, was aus den Altlutheranern geworden ist, die damals nach Australien ausgewandert sind[25].

Die Informierung über diese Vorgänge durch die Historisch-Politischen Blätter zielt aber nicht allein auf das Herz. Es kommt ihnen auch darauf an, die beiderseitigen Rechtspositionen verständlich zu machen. Dabei wird deutlich, daß es vor allem drei Begründungen sind, die der Staat für sein Vorgehen herausstellt: Die Berufung auf das dem König zustehende jus liturgicum (das sich jedoch nur auf die Agende, nicht auf die Union erstreckt), auf Römer 13 und auf den Sektiererparagraphen des Allgemeinen Preußischen Landrechtes § 185 Tit. 20 Theil II[26].

Von den Lutheranern werden diese Rechte als Rechte des Staates nicht grundsätzlich bestritten. Es wird aber bestritten, daß sie hier und in dieser Weise angewendet werden dürfen, weil andere Rechte und Gesetze dagegenstehen. Besonderen Eindruck macht dabei in diesem Zusammenhang eine „gehorsamst unterthänige Protestation der kirchlichen Deputirten der Parochie Hermannsdorfs[27]) wider die ihrem Herrn Pastor (Berger) angedrohte Geldstrafe und Suspension" an ein „Hochwürdiges Königliches Evangelisches Konsistorium" vom 21. Mai 1834. Darin werden die Rechte und Gesetze, auf die sich die Lutheraner auch sonst ständig berufen, konzentriert vorgetragen[28].

Allen voran auf das Allgemeine Preußische Landrecht Theil II Tit XI § 46: „Wegen der äusseren Form und Feier des Gottesdienstes kann jede Kirchengesellschaft dienliche Ordnung einführen". Dazu erklären die

---

23 Ebd., S. 42f.

24 W. Iwan: Um des Glaubens willen nach Australien. Eine Episode deutscher Auswanderung, Breslau 1931; Ders.: Die Auswanderung der Altlutheraner aus Schlesien, in: Jahrbuch für Schlesische Kirchengeschichte 26, 1936, S. 103–125; Ders.: Die religiösen Wanderungen in Schlesien, in: Jahrbuch für Schlesische Kirchengeschichte 29, 1939, S. 55–78; B. Heyne: Auswanderung nach Südaustralien. Aus den Anfangszeiten der deutschen Auswanderung, in: Jahrbuch der Schlesischen Friedrich-Wilhelms-Universität zu Breslau 10, 1965, S. 188–202; Chr.-E. Schott: Die Auswanderung der Altlutheraner nach Australien, in: Jahrbuch für Schlesische Kirchengeschichte 64, 1985, S. 127–136.

25 R. Irmler: Australien wurde ihnen Heimat. Schlesier im Lande der Urmenschen und Känguruhs. Zum 75. Geburtstag des Verfassers, Lorch 1982, bes. S. 36–56.

26 Hist.-Polit. Bl. 24, 1849, S. 240f.; 17, 1846, S. 471f.

27 Gemeint ist die Gemeinde Herrmannsdorf bei Breslau.

28 Hist.-Polit. Bl. 17, 1846, S. 216–219.

Herrmannsdorfer: „Die neue Agende haben die Reformierten und Lutherischen zusammen gemacht, die sich jetzund Evangelische nennen, die geht uns Lutherische also nicht an. Unsere Kirchengesellschaft will aber das alte lutherische Kirchenbuch und Gottesdienst behalten".

Zweitens berufen sie sich auf Artikel VII des Westfälischen Friedens, nach dem kein reformierter Landesherr berechtigt ist, in die kirchlichen Ordnungen und Gesetze seiner lutherischen Untertanen verändernd einzugreifen.

Drittens weisen sie hin auf Artikel X der Konkordienformel, den sie ausführlich zitieren.

Viertens wird auf Artikel VII der Confessio Augustana und auf die Trennung der beiden Regimente Bezug genommen.

Und schließlich wird die lutherische Abendmahlsauffassung anhand des Neuen Testaments und des Kleinen Katechismus verteidigt.

Die Deputierten schließen ihre Protestation mit den Worten: „Das bitten wir ehrfürchtig, daß ein hohes Consistorium christlich wohl zu Herzen nehmen und nicht Gewalt für Recht ergehen lassen wolle. Denn die Schrift sagt: Recht muß doch Recht bleiben, und dem werden alle frommen Herzen zufallen. Ps. 94,50."[29]

Das ist auch die Meinung der Historisch-Politischen Blätter. Sie stehen rechtlich-politisch auf der Seite der Lutheraner und verstehen die schließlich erfolgte Anerkennung der Altlutherischen Kirche durch Friedrich Wilhelm IV. als einen Sieg dieses Rechtes[30].

2.

In ihren Kommentierungen suchen die Münchener Blätter das Vorgehen des preußischen Staates in der Unions- und Lutheranerfrage als Folge und als Bestandteil der verzweifelten Gesamtlage des Prostestantismus erkennbar zu machen. Sie argumentieren dabei im wesentlichen auf drei Ebenen.

[29] Ebd., S. 219.

[30] Vgl. ebd. 18, 1846, S. 48ff.: Bei diesem Kampf „war das entschiedenste Recht auf Seiten der Lutheraner, und ihre Verfolger standen klar und offenkundig im Unrecht. Das lutherische Bekenntniß war keine neue Secte, sondern durch den Westphälischen Frieden in seinem Bestande verbürgt. Es hatte im Staate den klaren Buchstaben des urkundlichen Rechts für sich. Daß die Lutheraner, trotz der Annahme der unirten, indifferentistischen und synkretistischen Agende nicht aufhörten, Lutheraner zu seyn und keine Unirten wurden, war ein unwürdiges Sophisma. Heute ist dieser Satz durch Wiederanerkennung der letzten Reste des Luthertums zurückgenommen, aber es ist betrübend und beschämend für unsere so oft gepriesene deutsche Biederkeit, daß es jemals aufgestellt werden konnte. ... Vielmehr hat, nach fünfzehnjährigem fruchtlosem Kampfe das lutherische Bekenntniß in seinen letzten Ruinen anerkannt werden müssen; ein Schritt, der schon längst gethan wäre, hätte man ihn nicht als eine formelle Verzichtleistung auf die Union von 1817 gescheut, was er in Wahrheit, auch ohne den geringsten Zweifel ist."

Einmal auf der geistlich-kirchlichen, indem sie erklären, daß der Protestantismus dogmatisch-lehrmäßig von seinen Anfängen sich so weit entfernt und religiös-kirchlich so kraftlos geworden ist, daß selbst seine Anhänger das bemerken mußten und sich die Obrigkeit schließlich veranlaßt gesehen hat, „zur Rettung des Protestantismus" Maßnahmen zu ergreifen[31]. Dabei darf nach den Blättern niemand leugnen, daß unter den Motiven, die die Obrigkeit geleitet haben, „höchst ehrenwerthe und aller Anerkennung würdige waren"[32]. Trotzdem aber gilt, nicht nur der Weg, das ganze Unternehmen war falsch.

Die Protestanten hatten, aus der Sicht der katholischen Verfasser, nachdem der alte, dogmatisch gebundene Protestantismus fast völlig erstorben war und sich an seiner Stelle Aufklärung und Rationalismus und in deren Gefolge Skeptizismus und Indifferentismus in allen Schichten des Volkes ausgebreitet hatten, nur zwei Möglichkeiten: Entweder sie versuchten, die alten Symbole wieder zu Ehren zu bringen und verlangten von ihren Predigern, daß sie auch von ihnen wieder ernst genommen wurden, oder sie mußten neue Symbole formulieren, an die sich aber dann auch alle zu halten verbunden waren[33]. Nur so hätten sie das weitere Abgleiten in die religiöse Bodenlosigkeit aufhalten können. Statt dessen hat Friedrich Wilhelm III. sich mit dem gegenwärtigen Zustand des Protestantismus abgefunden und nur noch versucht, diese Konkursmasse, die er eigentlich darstellt, wenigstens in eine Form zu bringen und als Staatskirche mit einem einheitlichen Reglement auszustatten. Er ließ sich dabei von Vorstellungen bestimmen, die letztlich „dem militärischen Ideenkreise" angehören[34]. Dort mit Sicherheit von Wert, sollten sie hier helfen, Ordnung im geistlichen Bereich herzustellen. Das hat dann das beabsichtigte Rettungswerk entscheidend behindert, beziehungsweise dazu geführt, daß nun eben nur eine Einheit nach militärisch-preußischer Uniformität und Administration zustande kommen konnte[35].

Noch bedenklicher aber ist, daß es eine Einheit wurde, die den Protestantismus bekenntnismäßig bewußt ins Nichts stellt, indem sie alle überlieferten lutherischen und reformierten Bekenntnisse, obgleich sie

---

31 Hist.-Polit. Bl. 1, 1838, S. 428, auch 446.

32 Ebd., S. 433: „Es sollten die christlichen Elemente des Protestantismus vor dem völligen Untergange bewahrt, der noch zu rettende Theil der Bekenner desselben vor dem nahe bevorstehenden Versinken in ein modernes Heidenthum geschützt, der absoluten Willkür der Prediger bei Abhaltung des öffentlichen Gottesdienstes und der immermehr überhandnehmenden Verflachung desselben gesteuert werden."

33 Ebd., S. 430.

34 Ebd., S. 434.

35 Ebd., S. 433: „Die Zeit hatte sich von der Behandlung kirchlicher und geistlicher Angelegenheiten entwöhnt, die Welt war militärisch geworden. – Die Kirche und ihr Heil wurde wie jeder andere Zweig der Administration behandelt."

sich gegenseitig ausschließen[36], in der neuen Unionskirche einander gleichstellt und ihr damit „jede historische und positive Grundlage raubt“[37]. Das kann keine wirkliche, geistliche Einheit, keine Glaubensgemeinschaft ergeben. Im Gegenteil, das Ziel der Union, „die alte Symbolgläubigkeit und den modernen Rationalismus zu einem abgeschwächten und vagen, scheinchristlichen Gemengsel zusammen zu rühren“, diese „staatskirchliche Religionsmischung“[38], wo unter der Decke einer äußeren agendarischen Kircheneinheit jeder glauben kann, was er will, muß schließlich in glaubensmäßiger Hinsicht in eine „vollkommene kirchliche Anarchie“ einmünden[39]. Das, was man erreichen wollte, erreicht man so gerade nicht. Man fördert zuletzt nur den Indifferentismus und damit auf lange Sicht das schließliche „Verschwinden des Protestantismus aus der Reihe der kirchlichen Gesellschaften“[40].

Die zweite Argumentationsebene ist die politische. Aus ihren Prämissen, wonach eine Kirche ohne Dogmen keinen Grund und keinen Zusammenhalt haben kann, folgern die Münchener, daß der Protestantismus nun auch die Revolution nicht mehr wird aufhalten können. Denn aus dem von der Regierung in die Staatskirche zugelassenen allgemeinen Indifferentismus kann keine Ehrfurcht, keine wahre Achtung vor Gott, vor seinen Geboten, vor dem Staat und seinem Recht erwachsen und das wird sich politisch auszahlen. Sie schreiben deshalb bereits 1838 im ersten Band ihrer Zeitschrift: „Daß hieraus die antichristliche Gleichgültigkeit gegen alles Heilige, die Verwirrung der Begriffe, die Hoffart des Geistes und die Versunkenheit in die gemeinsten materiellen Interessen bis jetzt allein den Vortheil gezogen, ist eben so wenig zu leugnen, als dieß gewiß der... löblichen Absicht des Herrschers zuwider ist, unter dessen Schutz und in dessen Namen die Vereinigung begann und durchgeführt ward.“[41] Und sie erklären im Jahre 1849 im Rückblick auf die Revolution: „Wir glauben nicht zu irren, wenn wir diese mißliche Ehe zwischen der Staatsallmacht und einem weder definierten, noch einer strengen Umschreibung fähigen Religions- und Kirchensystem für eine zwar verborgene und tieferliegende, aber darum nicht minder wirksame Hauptursache der preußischen Revolution von 1848 ansehen“[42]. Insofern hätte, nach dieser Sicht, der preußische Staat mit seiner Kirchenpolitik entscheidend zu seiner inneren Destabilisierung beigetragen.

---

[36] Ebd., S. 445; 9, 1842, S. 517f.; 3, 1839, S. 665f.

[37] Ebd. 1, 1838, S. 446f.; 9, 1842, S. 519.

[38] Ebd. 17, 1846, S. 210.

[39] Ebd., S. 212.

[40] Ebd. 1, 1838, S. 430. – Weiter unten (S. 434) erklärt der Verf.: „Eine Vereinigung solcher Art gilt dann einem kirchlichen Selbstmorde gleich.“

[41] Ebd. 1, 1838, S. 443f.

[42] Ebd. 24, 1849, S. 229, auch S. 251.

Schließlich argumentieren die Blätter auf der konfessionell-historischen Ebene, indem sie deutlich zu machen suchen, daß in dieser ganzen Entwicklung der Beweis zu sehen ist, daß der Protestantismus nicht lebensfähig ist. Er ist es prinzipiell nicht, weil er seinem Wesen nach keine Autorität gelten lassen, weil er als „Inbegriff und Summe aller Negationen"[43] auf die Dauer nichts Festes anerkennen kann und sich darum kraft seiner eigenen inneren Gesetzmäßigkeit selbst zersetzen muß. Er ist es aber auch tatsächlich nicht, wie die Geschichte zeigt[44]; und es ist nicht damit zu rechnen, daß sich hier neue Lebensmöglichkeiten ergeben könnten. Der Protestantismus kann sein Sterben vielleicht noch ein wenig hinausziehen, ganz aufhalten kann er es nicht. Und das ist seine Tragik. Was Karl V., Ferdinand II., Leopold I., was Kriege und eine Fülle von äußeren Feinden nicht vermochten, das geschieht jetzt aufgrund der in ihm liegenden negativen Eigengesetzlichkeit – „durch sich selbst"[45].

In den Verfolgungen der Lutheraner aber zeigt sich, wie weit es mit dem inneren Verfall des Protestantismus schon gekommen ist, wenn er es unternimmt, nun auch die letzten Reste, die „Trümmer der christlichen Wahrheit", die sich seit der Reformation noch gehalten haben[46], über Bord zu werfen. Er unterdrückt sie in aller Öffentlichkeit, mit brutaler Gewalt und hat es schon dahin gebracht, daß der lutherische Glaube, der einmal Gemeingut von Millionen war, erlischt und daß die Lutheraner, diese „Nachzügler des alten Protestantismus" in Preußen jetzt „eine unbedeutende Secte geworden (sind), wie Mennoniten und Gichtelianer"[47].

Im Tiefsten aber steht hinter dieser Unterdrückung der Lutheraner die alte erzprotestantische Feindschaft gegen die positive christliche Wahrheit selbst. Deren Trümmer und Ruinen bekämpft sie in den eigenen Reihen. Deren Fülle und sichtbar-autoritative Repräsentanz bekämpft sie in der katholischen Kirche. Sie, die von Gott als mater et magistra des Glaubens für alle Völker der Erde eingesetzt ist[48], ist der eigentliche Feind. Der Kölner Kirchenstreit hat es gezeigt[49]. Er ist keine einmalige Entgleisung. Vielmehr gilt: Offen oder geheim, der Protestantismus war und ist seinem ureigensten Wesen nach Antikatholizismus. Und das schlägt bei dem Bemühen um die Union dann auch wieder durch. Denn

---

43 Ebd. 15, S. 330; 4, 1839, S. 97.

44 Die Blätter sehen in diesem Gang der Geschichte des Protestantismus „die wunderbare Fügung der göttlichen Gerechtigkeit". Vgl. Hist.- Polit. Bl. 1, 1838, S. 417 und 446; 18, 1846, S. 50.

45 Ebd. 1, 1838, S. 418f. und 446.

46 Ebd. 428.

47 Ebd. 17, 1846, S. 129f.

48 Ebd. 6, 1840, S. 194ff.; 1, 1838, S. 319.

49 Vgl. dazu die entsprechenden Artikel vor allem in den Bänden 1–6 der Hist.-Polit. Blätter.

hier geht es nicht nur um eine Zusammenfassung der protestantischen Kräfte zur Erhaltung des Protestantismus selbst, sondern das alles hat zugleich auch eine eindeutige Stoßrichtung gegen die katholische Kirche, „welche durch die Union der Ausserkirchlichen ihrem Untergang in Deutschland entgegengeführt werden sollte“[50].

Die Frage nach der Zukunft der altlutherischen Bewegung, das heißt konkret die Frage, ob die Lutheraner personell und theologisch die Kraft für die Gründung und Erhaltung einer eigenen Kirche haben werden, wird von den Historisch-Politischen Blättern eher mit Skepsis beantwortet. Spätestens hier zeigt sich, daß sie auch den Altlutheranern mit deutlicher Zurückhaltung gegenüberstehen. Ihre Urteile über J. G. Scheibel, über O. F. Wehrhan oder über die Differenzen innerhalb der altlutherischen Bewegung zeigen das.

Von Scheibel sprechen sie zwar auf der einen Seite als von einem „Gelehrten“, „dem einst die Nachwelt den Namen des ‚letzten Lutheraners‘ nicht versagen wird“[51], schreiben dann aber auch: „In so weit wir uns aus den Büchern dieses Mannes ein Bild seiner Persönlichkeit entwerfen können, scheint sich in ihm die Eigenthümlichkeit des Altpietisten mit der des lutherisch Orthodoxen vergesellschaftet und beide mit dem Charakter des deutschen Stubengelehrten zu einem unerfreulichen Ganzen verschmolzen zu haben. Sein gedunsener, weitschweifiger Styl nimmt nothwendig gegen ihn ein. Auch ziehen sich durch seine sämmtlichen Schriften gewisse, bis zum Ekel ausgesponnene Lieblingsphantasien...“[52]

Wehrhan möchten sie zwar keinen ausdrücklichen Vorwurf aus der Tatsache machen, daß er aus Rücksicht auf seine Familie aus dem Kirchenkampf und -Dienst ganz ausgeschieden ist. Aber sie finden es doch bemerkenswert und weisen ihrerseits darauf hin, daß die, zumeist eben auch zölibatär lebenden, Märtyrer der katholischen Kirche bis hin zu den Jesuiten und in neuerer Zeit sogar bis hin zu den Chinamissionaren so nicht gehandelt haben[53].

In der Spaltung der Lutheraner aber in zwei Richtungen, in eine, die eine demokratisch von unten aufgebaute, und in eine, die eine kirchenregimentlich verfaßte Kirchenordnung anstrebt[54], sehen sie den Geist des

---

[50] Hist.-Polit. Bl. 17, 1846, S. 129 und 134; 18, 1846, S. 50; 1, 1838, S. 429; 24, 1849, S. 249 und 240, wo es heißt, daß „es bei der Vereinigung der getrennten protestantischen Parteien auf einen Hauptschlag gegen die katholische Kirche abgesehen“ war.

[51] Ebd. 1, 1838, S. 437.

[52] Ebd. 17, 1846, S. 142f.

[53] Ebd. 4, 1839, S. 96.

[54] Vgl. u.a. H. Beyer: Der Breslauer Jurist Ph. E. Huschke (1801–1886) und die Grundprobleme einer lutherischen Kirchenverfassung, in: Historisches Jahrbuch der Görresgesellschaft, 1958, S. 270–297; J. Schöne: Kirche und Kirchenregiment im Wirken und Denken Georg Philipp Eduard Huschkes (= Arbeiten z. Geschichte und Theologie des

Separatismus am Werk, der schon immer den Protestantismus begleitet hat und für die Zukunft auch der Altlutheraner nichts Gutes erwarten läßt[55].

Alles in allem ziehen die Historisch-Politischen Blätter aus dem Kampf für und gegen die Union schließlich den doppelten Schluß: Daß es auf der protestantischen Seite nur Verlierer gibt, indem die große Masse der Gewohnheitslutheraner dem Indifferentismus ausgeliefert und die wenigen bekennenden Lutheraner in den Separatismus abgedrängt worden sind. Daß aber umgekehrt für die katholische Kirche die Zeichen der Zeit auf Sieg gestellt worden sind; weil gerade durch diese Vorgänge „dem Nachdenken jedes Redlichen die Frage nahegerückt (ist): wo denn jetzt die wahre Kirche sei?“[56]

Auf die Dauer werden die Redlichen nicht umhin kommen, sich eingestehen zu müssen, daß diese wahre Kirche, nach der die Herzen sich sehnen, heute immer wieder die römisch-katholische Kirche ist und war. Wer das erkennt, ist in ihrem Schoß willkommen! Er wird mit Freuden aufgenommen![57] Und es wird vielen deutlich werden, daß die gegenwärtige Krisis des Protestantismus, aus einem höheren Gesichtspunkt angesehen, dann doch ihren guten Sinn gehabt hat. Denn, die Frage stellt sich: „Sollte die ewige Liebe nicht gerade diesen Zustand als nothwendigen Durchgangspunkt haben eintreten lassen, um beide Theile, die Indifferentisten wie die Altlutheraner, der *einen*, ewig unveränderlichen Wahrheit näher zu führen?“[58]

Luthertums 23), Berlin und Hamburg 1969; jetzt auch P. Maser: Georg Philipp Eduard Huschke an Hans Ernst von Kottwitz. Eine Untersuchung zum Verhältnis der altlutherischen Opposition in Breslau zur Erweckungsbewegung, in: Kirche im Osten 25, 1982, S. 11–63.

[55] Hist.-Polit. Bl. 13, 1844, S. 51–57.

[56] Ebd. 18, 1846, S. 50.

[57] Vgl. ebd. 6, 1840, S. 80: „Ja, dieß hoffen wir, wir wiederholen es, vom Grunde unsers Herzens; wir wünschen Nichts mehr, als das dasjenige, was sich von der Wahrheit, trotz des Irrthums, bei unsern christlichen Mitbrüdern noch erhalten hat, ihre Seelen ganz erleuchten möge, auf daß sie klar und deutlich sehen, welch unglückliches Mißverständniß ihre Väter von der Quelle der Wahrheit abwendig gemacht, und sie bisher von derselben entfernt gehalten hat. Gerade in jetziger Zeit klopft die Wahrheit mächtig an die Pforte der menschlichen Herzen und mahnt sie, den Irrthum zu fliehen: o könnten wir sie froh willkommen heißen! Dieß wird umso leichter geschehen, je mehr sie sich davon überzeugen, daß wir nicht gegen die Protestanten, sondern nur gegen den Protestantismus, als jenen Irrthum, unduldsam sind. Der Irrthum aber ist eine geistige Krankheit, die man gerade weil man den Kranken liebt, sehnlichst von ihm entfernt wünschen muß.“

[58] Ebd. 18, 1846, S. 50f.

3.

Im Rahmen ihrer Kommentierung wird in den Historisch-Politischen Blättern auch die Frage aufgeworfen, warum gerade Schlesien die preußische Provinz gewesen ist, in der sich die altlutherische Renitenz aufgebaut und dann so stark ausgewirkt hat. Da diese Frage für das Verständnis der schlesischen Kirchengeschichte, wie für das Verständnis des Altluthertums von Bedeutung ist, erscheint es als sinnvoll, ihr am Schluß unserer Darstellung wenigstens noch kurz gesondert nachzugehen.

Nach den Historisch-Politischen Blättern sind es mehrere Gründe, die hier genannt werden müssen: Einmal der Nationalcharakter der Schlesier, für den nach ihrer Meinung Männer wie Kaspar von Schwenckfeld, Jakob Böhme und Friedrich Schleiermacher repräsentativ sind und dessen Wesen darin zu sehen ist, daß diese Provinz „einer religiösen Erregung fähig ist wie kein anderer Theil von Deutschland.“[59]

Zum anderen haben die evangelischen Schlesier zwei Jahrhunderte lang in ecclesia pressa gelebt und in dieser Zeit erfahren, was ihnen ihr lutherischer Gottesdienst und Glaube bedeutet. Dieses bekenntnisgebundene Luthertum hat sich dann auch durch die Aufklärung nicht völlig aufweichen lassen wie in anderen preußischen Provinzen, sondern ist von vielen Gemeinden als Vermächtnis der Väter lebendig bewahrt worden.

Diese beiden Momente haben sich dann drittens mit der natürlichen instinktmäßigen Abneigung gegen Neuerungen aller Art, wie sie besonders einfachen Menschen eigen ist, verbunden. Die Historisch-Politischen Blätter verweisen in diesem Zusammenhang auf den Widerstand der russischen Raskolniken gegen die Einführung neuer Lettern in ihren Kirchenbüchern und erklären, daß solche instinktmäßige Ablehnung des Volkes nicht verachtet werden darf. Es fühlt nicht zu Unrecht, daß ihm durch derartige Neuerungen immer auch etwas Wesentliches genommen wird; in diesem Falle, daß es auch „den letzten Rest des Positiven im Protestantismus aufgeben soll“[60].

Bei der Formulierung des zweiten Grundes tut sich der Verfasser sichtlich schwer. Man spürt ihm den Widerstreit an, in dem er sich befindet, indem er die Not, die die Evangelischen gerade in Schlesien durch die Gegenreformation leiden mußten, auf der einen Seite herausstreichen, auf der anderen Seite aber wieder abschwächen möchte, weil es den Katholizismus als Verursacher dieser Unterdrückung bloßstellt[61]. Im Ganzen ist aber erkennbar, was er dennoch sagen will: Daß die schlesi-

[59] Ebd. 17, 1846, S. 140.

[60] Ebd., S. 141.

[61] Ebd., S. 140: „Schlesien verdankt diesen eigenthümlichen Zug im Charakter seiner Bevölkerung hauptsächlich dem Umstand, daß hier der Protestantismus zwei Jahrhunderte lang, zwar mit sehr ausgedehnten Rechten, aber doch unter einer katholischen Regie-

sche evangelische Kirche durch die jahrhundertelange Leidenszeit entscheidend geprägt worden ist und daß das dann als einer der Gründe dafür anzusehen ist, daß die altlutherische Opposition gerade hier so stark aufgekommen ist.

Dieser Sicht der Historisch-Politischen Blätter werden wir ihre Berechtigung nicht absprechen können. Es hat zwar dann auch in anderen Provinzen Preußens (West- und Ostpreußen, Pommern, Rheinland) und in anderen Landeskirchen eine lutherische Opposition gegen Unionen und Unionstendenzen gegeben, letztere vor allem in Nassau, Baden und Hessen[62]. Aber diese waren doch nicht von der Breitenwirkung und Kraft wie die der Schlesier. Daß die schlesische altlutherische Renitenz ihre Wurzeln aber letztlich in der besonderen Glaubens- und Leidensgeschichte dieser Kirche hatte, ist dann, hundert Jahre nach dem Urteil der Historisch-Politischen Blätter und wohl auch ohne dessen Kenntnis, noch einmal ausdrücklich bestätigt worden durch die Arbeit von Martin Kiunke[63]. Er konnte überzeugend deutlich machen, daß die Aufklärung in Schlesien in die Gemeinden nicht so tief eingedrungen ist wie in den anderen preußischen Provinzen, weil sie an der lebendigen altevangelischen Glaubenshaltung ihren Widerstand fand. Aus dieser altevangelischen Grundhaltung aber ist dann auch der Widerstand der Bekenntnislutheraner herausgewachsen[64].

---

rung, wirklich oder vermeintlich in ecclesia pressa gelebt, und jedenfalls durch die Opposition sich als religiöse Gemeinschaft fühlen gelernt hatte."

[62] Vgl. M. Kiunke (H.-H. Schrey): Art.: Luthertum III B. Altlutheraner, in: RGG^3 4, Sp. 544–546.

[63] Vgl. Anm. 17.

[64] Vgl. auch Chr.-E. Schott: Der Breslauer Kircheninspektor David Gottfried Gerhard als Prediger, in: Jahrbuch für Schlesische Kirchengeschichte 57, 1978, S. 122–132; H. Eberlein: Die schlesische Aufklärung im Urteil bedeutender Zeitgenossen, in: Jahrbuch der Schlesischen Friedrich-Wilhelms-Universität zu Breslau 2, 1957, S. 148–166. Hier wird deutlich, daß auf dem Höhepunkt der Aufklärung die theologische Führungsschicht in Schlesien weit überwiegend rationalistisch eingestellt war, während die lutherische Kirchlichkeit der Gemeinden aber offensichtlich ungebrochen weiterbestand.

Peter Maser

„Um einen Scheibel von außen bittend ..."

Der Breslauer Theologe J. G. Scheibel im Urteil seiner Zeitgenossen

Im Goethe-Jahr 1932 publizierte der spanische Philosoph José Ortega y Gasset in der „Neuen Rundschau" einen Aufsatz unter dem Titel „Um einen Goethe von innen bittend", in dem er eindringlich dafür plädierte, die monumentale Optik vorerst aufzugeben, nicht weiterhin um das „Monument Goethe" herumzuschreiten und den Dichter von außen zu bestaunen: „Ich bitte Sie um einen Goethe von innen."[1] Es ist hier nicht der Platz, die Folgen innerhalb der Goethe-Forschung nachzuzeichnen, die durch diese schlichte Bitte ausgelöst wurden. Das Monument Goethe wurde wohl erst jetzt ganz zum Menschen, zum Weggefährten, zur immer neuen Anfrage an unser je eigenes Menschsein und zu einer lebendig wirkenden Größe von nicht nachlassender Strahlkraft.

Im Scheibel-Jahr 1983, anläßlich des 200. Geburtstags des großen Breslauer Theologen, könnte überlegt werden, ob die Scheibel-Forschung unter Umständen einer ähnlich durchgreifenden Kurskorrektur bedarf wie die Goethe-Forschung vor 50 Jahren. Hierbei frage ich selbstverständlich als Außenstehender, als einer, der nicht der von Scheibel so entscheidend geprägten altlutherischen Kirche angehört, und so könnte ich mich natürlich damit bescheiden zu sagen, daß das alles nicht meine Sache ist und die Dinge ruhig so weiter laufen mögen, wie die davon Betroffenen es für gut und richtig halten. Einer solchen Einstellung gegenüber wirkt nun allerdings das Vorbild Ortegas ermutigend, der in seinem fiktiven „Brief an einen Deutschen" sich einmischte, als Spanier über den Nationaldichter der Deutschen schrieb und vielleicht gerade aus der Position des Außenstehenden manches deutlicher zu sehen vermochte. Um es kurz zu machen, da die Zeit drängt: Ich möchte um einen Scheibel „von außen" bitten!

Bei Durchsicht der ja keineswegs geringfügigen Scheibel-Literatur fällt immer wieder eine gewisse Verengung der Sehweisen, eine Innen- und

[1] Zitiert nach Ch. Schwerin (Hrsg.): Der Goldene Schnitt. Große Essayisten der Neuen Rundschau 1890–1960, Frankfurt/M. 1960, S. 321–437, bes. S. 425.

Binnenschau also, auf, die durchaus historisch verständlich zu machen ist. Wer dogmatisch kontrovers diskutiert, gerät schnell in die Gefahr, die menschlichen Aspekte der Auseinandersetzung zu übersehen. Scheibels „Entweder ganz Heide oder ganz Christ!"[2] gibt da die Richtung an und läßt für Zwischentöne wenig Raum. Wer Märtyrergeschichte schreibt, und die ersten Jahrzehnte der altlutherischen Kirche *müssen* weithin als Geschichte der Verfolgung und der Glaubenstreue beschrieben werden, wird nur zu schnell übersehen, wer eigentlich auf der Gegenseite agierte. Auch hier wird der Raum für Nuancierungen wieder zu knapp, so daß dann der Ausweg einer scheinbar ausschließlich faktenbezogenen Darstellung leicht gewählt ist. Aber was wird damit alles verschwiegen?

Wenn es der rechte Sinn einer Jubiläumsfeier ist, sich erneut darüber zu vergewissern, was der Jubilar uns ist oder doch sein sollte, so wäre der 200. Geburtstag Johann Gottfried Scheibels wohl Anlaß genug, auch nach dem *Menschen* Scheibel zu fragen, der da zu Beginn des 19. Jh.s gegen die vom preußischen König gewünschte Union aufstand. Und in der Tat wird dieser Mensch Scheibel für uns erst wohl dann wieder sichtbar, wenn wir die kontroversen dogmatischen Debatten und die martyrologischen Berichte vorläufig beurlauben und uns gleichsam von außen her darüber informieren lassen, wer das war, dieser Johann Gottfried Scheibel.

Die Sammlung und Bearbeitung der Quellen unter diesem Gesichtspunkt hat kaum begonnen, insofern können hier allenfalls erste Eindrücke und Hinweise mitgeteilt und damit die Hoffnung verbunden werden, daß in Zukunft auf diesem Feld in größerer Breite gesammelt und gesichtet werden möge.

Aus einer Reihe von Urteilen über die Persönlichkeit Scheibels wähle ich dasjenige aus, das *Wilhelm Harnisch* um 1857 niederschrieb. Sein Votum verdient deshalb besonderes Interesse, weil er, der verdiente „Dirigent" des Breslauer Lehrerseminars in den Jahren 1812 bis 1822, Scheibel in den entscheidenden Jahren zwar persönlich gut kannte, der von ihm ausgelösten Bewegung aber nicht wirklich nahe trat. Harnisch bemerkt: „Das ist nicht zu leugnen, Scheibel... hat auf manchen jungen Mann einen gesegneten Einfluß gehabt, und wenn er nicht durch seine Schroffheit und Wunderlichkeiten, wie durch seinen Stolz, der sich seltsam mit einer gewissen Kindlichkeit paarte, Viele abgestoßen und späterhin im Kampfe sich vielfach verbittert hätte, so würde er wol einer gesegneten Wirksamkeit sich zu erfreuen gehabt haben und das auf der Kanzel und dem Katheder zugleich. Seine Predigten wurden von den Gläubigen vielfach besucht; aber seine Schroffheiten und Uebertreibungen auch vielfach getadelt. So sagte Jemand, es gingen die lüderlichen

[2] J. G. Scheibel: Actenmäßige Geschichte der neuesten Unternehmung einer Union zwischen der reformirten und lutherischen Kirche etc., Erster Theil, Leipzig 1834, (künftig: Scheibel, Geschichte) S. 41.

Frauenzimmer gern in seine Predigten, weil er das Laster der Unkeuschheit so grell schilderte, daß dies ein Genuß für sie wäre; so daß er das Gegentheil von dem wirkte, was er beabsichtigte... Scheibels Schroffheiten waren wahrscheinlich in seinem ganzen körperlichen vollen Wesen gegründet und durch seine Erziehung genährt." Im folgenden kolportiert Harnisch die hübsche Geschichte vom Vater Johann Ephraim Scheibel, dem berühmten Mathematikus und Rektor des Breslauer Elisabeth-Gymnasiums, der dem zum Studium nach Halle abgehenden Sohn eine „Karte" des Körpers, überzogen mit Koordinatenlinien, mitgab, die es Johann Gottfried ermöglichen sollte, dem Vater mitzuteilen, er habe beispielsweise Schmerzen im Bereich „A/f", woraus dieser dann unzweifelhaft entnehmen konnte, der Sohn habe sich erkältet und leide an Halsschmerzen. Ein umständliches, aber allen wissenschaftlichen Ansprüchen genügendes Verfahren, fürwahr! Harnisch fährt fort: „Aengstlich war Scheibel; namentlich fürchtete er, es würden seine Augen vertrocknen, während er an dem Andrange des Blutes nach dem Kopf litt. Die damals geltende Psychologie verwarf er ganz, er hatte eine neue, und danach beurtheilte er alle Menschen und litt deshalb öfter an Einbildungen, die er für die entschiedensten Wahrheiten hielt... Doch war er christlich wieder sehr demüthig und man kann ihm das Verdienst nicht absprechen, daß er in einer Zeit, welche Manches in der christlichen Kirche übersah, für eine Sache stritt, die jetzt vielfach anerkannt wird, nämlich das Recht des convessionellen christlichen Lebens. Daß der Kämpfer zu einseitig und allein dastand, führte die Härte des Kampfes herbei... Wenn er [d.i. Scheibel] als Heuchler oder brutaler Kämpfer hin und wieder dargestellt wird, so hat man nicht den ganzen Mann aufgefaßt; der war redlich und nur aus Einbildungen ungerecht; er war demüthig und erschien nur stolz, wenn er glaubte, er handle als ein Kämpfer des Herrn... Eigentliche Freunde hatte er nur wenige... Viele spotteten seiner und dazu gab er hin und wieder Veranlassung; es war aber unter den Stillen im Lande ein Häuflein, das ihn zu würdigen verstand."[3]

Dasjenige, was Harnisch an Scheibel beobachtete, haben auch andere gesehen, in vielen Fällen jedoch nicht so ausgewogen zu beurteilen gewußt. Scheibels „Schroffheit" war derartig bekannt, daß die *Prinzeß Wilhelm von Preußen* z.B. in einem Brief vom 8. 8. 1822 ganz verwirrt notierte: „Er sieht so mild aus und schüchtern, und ist doch gerade das Gegenteil, sagt man."[4] Daß Scheibel ein schwieriger Mensch war, lassen alle auf uns

---

[3] W. Harnisch: Mein Lebensmorgen, hrsg. von H. E. Schmieder, Berlin 1865, S. 246ff.

[4] W. Baur: Prinzeß Wilhelm von Preußen. Ein Lebensbild, Hamburg 1889, S. 308. Scheibels vertrauter Umgang mit den Erweckten Schlesiens ist mehrfach bezeugt. 1823 traf Adolph Zahn in Peterswaldau auf dem Anwesen des Grafen Anton zu Stolberg neben dem Grafen von der Gröben, dem Grafen Reuß und dem Prinzen Wilhelm von Preußen auch den „zuweilen fanatisch aufbrausenden" Scheibel. Vgl. A. Zahn: Meine Jugendzeit, hrsg.

gekommenen Zeugnisse mehr oder weniger deutlich erkennen. Er war genau das, was man impertinent und unflexibel nennt, und er war dieses in Vollendung! Die Härte der Konflikte, die wir heute beklagen mögen, wurde auch durch Scheibels unglückliche Neigung zu überzogener Polemik mitbedingt. Und sprechen wir es doch ruhig aus: Scheibel war ein unangenehmer Zeitgenosse, um den viele nur zu gerne einen weiten Bogen machten[5]. Man lese doch nur einmal einige der Scheibel-Texte,

---

v. A. Zahn (Sohn), Hagen/W. und Leipzig 1882, S. 128 und 133f. Am 16. Okt. 1826 traute Scheibel auf Schloß Wildschütz den Grafen Adelberdt von der Recke von Volmerstein mit der Gräfin Mathilde von Pfeil, nachdem er ganz wesentlich am Zustandekommen dieser Verbindung beteiligt gewesen war. Vgl. K. Schöpff und W. Vogel: Ein Menschenfreund. Adelberdt Graf von der Recke von Volmerstein. Sein Lebensbild und Lebenswerk nach Briefen, Tagebuchblättern und sonstigen Urkunden dargestellt, Gütersloh 1922, S. 196, 205, 215. Am 22. März 1863 schrieb Graf von der Recke an Löhe: „Sie machen sich eine völlig falsche Vorstellung von mir, wenn Sie mich einen Unionsfanatiker schelten. Ich bin ein geborener Lutheraner, habe wohl schon, ehe Sie lebten, gegen die Irrtümer der reformierten Kirche gekämpft. Mein seliger Freund Scheibel (er hat mich getraut) hat nach mir den Kampf fortgesetzt. Meiner Einwirkung bei Friedrich Wilhelm III. – ich sage es ungern – und seinem Minister hat die separierte lutherische Kirche die Aufhebung der Verfolgung zu verdanken, bei Friedrich Wilhelm IV. aber habe ich um die Aufhebung des Unionszwanges gebeten…" (ebd., S. 400)

[5] Um nur noch einige weitere Beispiele namhaft zu machen: vgl. E. L. v. Gerlach: Aufzeichnungen aus seinem Leben und Wirken 1795–1877, hrsg. v. J. v. Gerlach, Bd. 1, Schwerin 1903, S. 195 und 211, wo letztlich positiv Scheibel als „höchst eigenthümlicher Pastor" bezeichnet und von seinen „lutherischen Kraßheiten" gesprochen wird. Vgl. Auch Zahn, Jugendzeit, S. 136f., wo Strauß und Scheibel verglichen werden: „Ich wohnte [1824] in der Pfarre beim Pastor Freyer, dem Schwager des Professor Scheibel, was mich mit dieser streng lutherischen Fraktion in nähere Beziehung führte und bald sollte ich den Führer derselben näher kennen lernen. Wie verschieden waren doch diese beiden Männer, Strauß und Scheibel! Letzterer, der nie aus *Breslau* gekommen war, kannte außer seiner lutherischen Theologie und den mit seinem Beruf genau verbundenen Wissenschaften kirchlich nur *Breslau;* Jener hatte im Wupperthale seine pastorale Ausbildung gewonnen… So schroff auch die reformirte und lutherische Kirche jede an ihrem Sonderbekenntniß hing, war doch dort eine Vermittlung zwischen beiden nicht nur möglich, sondern sie fand wirklich statt. Von alledem wußte Scheibel gar nichts: *Breslau, Breslau* war ihm die Kirche und das Reich Gottes. In einem Gespräche warf er sogar die Aeußerung mir hin: ‚es soll im *Wupperthale* auch gläubige Reformirte geben.' Er hatte eine besondere Gabe, mit Kraft, ja mit Beredtsamkeit vor großen Gemeinden von Christo zu zeugen, aber höher stand mir doch seine noch größere Fähigkeit, aus dem Worte Gottes heraus auf Grund der Rechtfertigungslehre der evangelischen Kirche die Heilsordnung vor mehr christlich durchgebildeten Zuhörern vorzutragen. Er war gut unterrichtet und wer ihm folgen wollte und konnte, hatte freilich einen anderen und mehr bleibenden Genuß, als nach einer Strauß'schen Predigt… Scheibel trat mir auch damals als ein offener, redlicher Mann entgegen, der nach Ueberzeugung handelte. Allein eine fanatische Seite blieb Einem auch nicht verborgen." – Vgl. schließlich auch den Brief Johann Hinrich Wicherns aus Breslau an seine Frau vom 26. 2. 1850, in dem sich der bewußte Lutheraner über die Breslauer Altlutheraner ausläßt: „Mir gefallen die Führer nicht ganz, wiewohl sie meine Freunde sind. Es ist etwas Parteisüchtiges, Bissiges, Zänkisches in ihnen; es fehlt das weite Herz bei dem engen Gewissen–, und ich meinesteils möchte die heilige Sache bewahren, daß sie nicht in Franktionen übergeht und untergeht." Zitiert nach G. Rauterberg: Joh. Hinr. Wichern

damit einem der Mann wieder gegenwärtig wird, dessen 200. Geburtstag es zu feiern gilt[6].

Ein unangenehmer Zeitgenosse für viele, dieser Scheibel, gewiß! Und doch spricht auch Harnisch sehr eindrücklich davon, daß Scheibel „auf manchen jungen Mann einen gesegneten Einfluß gehabt" habe, seine Predigten „von den Gläubigen vielfach besucht" wurden und er vor allem für „das Recht des convessionellen christlichen Lebens" zu einer Zeit eingetreten sei, als dieses in den Kirchen praktisch völlig übersehen wurde. Und wir dürfen hinzusetzen: Scheibel trat ja nicht nur für dieses „Recht des convessionellen Lebens" auf Kanzel und Katheder ein, sondern tat das Seine, um das „convessionelle Leben" in der Kirche seiner Zeit Wirklichkeit werden zu lassen, und dabei muß er überzeugend gewirkt haben!

Woher nahm Scheibel, dieser komplizierte und kaum populäre Mensch, seine Überzeugungskraft? Welches war der Anknüpfungspunkt, den Scheibel benutzen konnte? Welche Schichten in seiner Persönlichkeit und welche Anteile seiner Biographie verbanden Scheibel so mit seiner Gemeinde, daß sie ihm schließlich folgte hinaus aus der Kirche und gegen König und Vaterland? Hier ist uns gerade die *altlutherische* Forschung bisher noch so manche Antwort schuldig geblieben.

Spätestens seit Martin Kiunkes Scheibel-Buch ist die Auffassung verbreitet, in Schlesien habe sich das Refugium eines Luthertums etabliert, „das weder durch die Aufklärung erweicht noch in Orthodoxie erstarrt war"[7]. Dieses Bild ist eine Fiktion, die den geschichtlichen Tatsachen nicht standzuhalten vermag. Gewiß hat die schlesische Kirche während der Habsburgerherrschaft an ihrem Luthertum zäh festgehalten und eigenständige Strukturen ausgebildet, die zu Konflikten mit der preußischen Zentralverwaltung führen konnten. Der Pietismus konnte erst nach 1740, nach dem Ende der habsburgischen Herrschaft, in Schlesien Fuß fassen, zu einem Zeitpunkt also, als er seinen Höhepunkt eigentlich schon überschritten hatte. Auffällig auch bleibt die Tatsache, mit welcher Verspätung die Auseinandersetzung mit Aufklärung und Rationalismus in Schlesien einsetzt. Aber nimmt man alle diese schlesischen Besonderheiten zusammen, so entsteht doch eher der Eindruck, daß zunächst die habsburgischen Pressionen, dann aber auch die preußischen Versuche,

---

und Oberschlesien. Ein soziales und pädagogisches Hilfswerk vor 100 Jahren. Ein Beitrag zur Geschichte der Inneren Mission, Lüchow i. Hann. 1949, S. 13f.

[6] Bedauerlicherweise sind die Schriften Scheibels in den Bibliotheken nur sporadisch nachzuweisen, so daß eine Anthologie der wichtigsten Scheibel-Texte, die auf nachhaltige Kürzungen allerdings nicht verzichten sollte, ein dringendes Desiderat bleibt. Ebenso fehlt eine Ausgabe seiner kaum zu entziffernden Briefe. Die Textabdrucke am Ende dieses Bandes sind selbstverständlich nur ein Notbehelf!

[7] So W. Klän: Die Anfänge der altlutherischen Bewegung in Breslau, in: Kirche im Osten 21/22, 1978/79, S. 141–169, (künftig: Klän, Anfänge) bes. S. 143, Anm. 8.

die neugewonnene Provinz dem Staatskörper möglichst vollständig einzugliedern, in Schlesien den Zustand einer gewissen Lethargie des geistigen Lebens schufen, aus dem heraus eine konservative Grundhaltung geboren wurde, die ihre innere Kraft vorzüglich aus den schmerzlichen Erfahrungen der Vergangenheit bezog. Erst gegen Ende des 18. Jh.s vermochte sich Schlesien wieder voll in die geistigen Entwicklungen der Zeit einzuschalten. Dann beginnt aber auch die Epoche der Erweckungsbewegung, an der Schlesier so bedeutungsvollen Anteil hatten[8]. Scheibel selber charakterisierte die Ausgangslage, die er vorfand, mit deutlichen Worten: „Der Rationalismus, bald klar, bald verborgen, erstorbene Orthodoxie, und vorzüglich viel Leichtsinn, Sinnlichkeit und Vergnügungssucht ward auch in Breslau immer allgemeiner. Aber der Herr ließ, um den Ausdruck des Propheten zu gebrauchen, einen bedeutenden Samen sich übrig."[9]

Im Blick auf Scheibels Biographie wird man urteilen dürfen, daß neben der lebendigen Frömmigkeit, die er im Elternhaus erlebte, vor allem der Hallesche Studienaufenthalt bedeutsam wurde, wo der junge Breslauer Theologe in engere Beziehungen zu Georg Christian Knapp trat, der dem alten Halleschen Pietismus als ein später Ausläufer zuzurechnen ist[10]. Bei Knapp, dem „unvergeßlichen Lehrer"[11], lernte Scheibel die Richtigkeit des Satzes „Theologus in Scripturis nascitur" und damit die Notwendigkeit einer biblisch begründeten Theologie; durch Knapp, der eine sich zwinglianischen Auffassungen nähernde Abendmahlslehre vertrat, wurde Scheibel auf das Abendmahlsproblem und das Phänomen einer „frommen Indifferenz" gegenüber der konfessionellen „Subtilitäten" über dieses Sakrament aufmerksam[12]; bei Knapp erfuhr Scheibel auch: „Die

[8] Vgl. P. Maser: Georg Philipp Eduard Huschke an Hans Ernst von Kottwitz. Eine Untersuchung zum Verhältnis der altlutherischen Opposition in Breslau zur Erweckungsbewegung, in: Kirche im Osten 25, 1982, S. 11–63, (künftig: Maser, Huschke), bes. S. 36ff.; Ders.: Schlesiens Anteil an der Erweckungsbewegung des frühen 19. Jahrhunderts, in: Jb. für Schlesische Kirchengeschichte 63, 1984, S. 45–66.

[9] J. G. Scheibel: Geschichte I, S. 16.

[10] Vgl. M. Kiunke: Johann Gottfried Scheibel und sein Ringen um die Kirche der lutherischen Reformation, Diss. theol. Erlangen 1941 (ND: Göttingen 1985 = Kirche im Osten. Monographienreihe Bd. 19), (künftig: Kiunke) S. 45.

[11] Vgl. J. G. Scheibel: Die evangelische Lehre: der gesegnete Kelch und das gesegnete Brod im heil: Abendmahl sind die Gemeinschaft des Leibes und Blutes Jesu Christi (1. Cor. 10,16), Predigt gehalten am 22. p. trin., den 2. November 1817, Vorwort. Auf Anregung Scheibels wurden auch die „Vorlesungen" Knapps von Carl Thilo aus dem Nachlaß herausgegeben und mit einer „Vorrede" versehen, aus der hervorgeht, wie eng Knapps und Scheibels Verhältnis gesehen werden muß. Hingewiesen sei auch auf J. G. Scheibel: Gedächtniss-Rede auf Georg Christian Knapp... beim Anfang der Winter Vorlesungen (den 31. Oktober 1825), Breslau 1825.

[12] Knapp vertrat die Auffassung, „daß Jesus als Mensch und zugleich als Sohn Gottes wirken und handeln könne, auf welche Art und an welchem Orte er wolle; also könne er auch beim Abendmahl". Vgl. G. Chr. Knapp: Vorlesungen. Teil 2, Halle 1827, S. 505.

Kirchengeschichte lehrt, daß die kleinen Gemeinen ungemein wohlthätig für das Ganze gewesen sind. Sie waren in den Zeiten der Unwissenheit und des Unglaubens die Depositäre des reinen unverfälschten Christentums. Ohne Waldenser, Wiklefiten, Hussiten wäre nie die Reformation erfolgt."[13] Und in die Hallesche Zeit fällt schließlich auch das Erlebnis, das alle Merkmale des Bekehrungserlebnisses an sich trägt. Bei der Lektüre der Apokalypse wird Scheibel sich gewiß, daß der Weg der „Naturphilosophie" ein Irrweg ist: „Meine Intelligenz hatte den allheiligen, lebendigen, außerweltlichen, persönlichen Gott verloren... Das erkannte ich tief. Ich kehrte mit Reue zu meiner Bibel zurück."[14]

Als Scheibel 1804 seine theologischen Studien mit dem ersten theologischen Examen abschloß, verband er in sich eine pietistisch-erweckliche Frömmigkeit mit einem sehr präzisen konfessionellen Bewußtsein. Im Breslauer Ordinationsalbum ist Scheibel unter dem Datum des 5. Sept. 1806 einer der ganz wenigen, der seinen *konfessionellen* Standpunkt in aller Deutlichkeit und mit auffallender Ausführlichkeit schriftlich dargelegt[15]. Wie stark der erweckliche Einschlag bei Scheibel war, läßt sich auch an den intensiven persönlichen Verbindungen ablesen, die dieser zu verschiedenen Gruppierungen der Erweckungsbewegung unterhielt. Ich erinnere hier nur an die Vorgänge um die Berufung Scheibels an die Dorpater Universität, die dieser nicht glaubte annehmen zu dürfen und deshalb nun ausgerechnet Tholuck vorschlug, doch an seiner Stelle nach Dorpat zu gehen: „Wollen Sie nicht des Glaubens wegen in Rußland Licht machen?"[16] Es ließen sich weitere Belege für die engen Verbindungen

---

[13] Vgl. ebd., S. 428.

[14] SCHEIBEL, Geschichte I, S. 25.

[15] J. KONRAD: Das Ordinationsalbum des Breslauer Stadtkonsistoriums (= Beiheft z. Correspondenzblatt d. Vereins f. Geschichte der evangelischen Kirche Schlesiens 13/2), Liegnitz 1913, S. 109f.: „1038. (1028b) 1806, 5. Sept., Joh. Godofredus Scheibel n. Vratisl. 1783, 16. Sept., p. rector et professor gymnasii Elisabethani, Inspector Gerhard fautor incomparabilis. 1801 acad. halensis per triennium (theol Noesselt, Knappius, Nimeyer, Vater, philosoph. Masius, math. Klügel, phys. Gilbert, hebr. et orientalia: Knapp, Vater, Graeca et Latina: Wolf). 1804 lic. concionandi, 1806 substitutus min. generalis Vratisl. ad munus praeconis verbi divini evangelico Lutherani et sacrorum administratoris. Deum triunum supplex imploro, ut me Spiritu suo Sancto in veritate evangelica agnita justa tenorem August. Conf. et librorum Symbolicorum servet et corroboret, in laboribus ecclesiasticis auxilio suo et clementia mihi adsit *πεποιθὼς αὐτὸ τοῦτο, ὅτι ὁ ἐναρξάμενος ἐν ἐμοὶ ἔργον ἀγαθὸν, ἐπιτελέσει ἄχρις ἡμέρας Ιησοῦ Χριστοῦ*. Sit laus, gloria et honor Deo trinuni in omnem aeternitatem!"

[16] Vgl. L. WITTE: Das Leben Dr. Friedrich August Gotttreu Tholuck's, Bd. 1, Bielefeld und Leipzig 1884, S. 164ff. – Übrigens hatte auch Scheibel bereits den jungen Tholuck auf Kottwitz, den er in einem Brief vom 19. Febr. 1819 fast salopp als „Freund Kottwitz" titulierte, nachdrücklich aufmerksam gemacht, wie aus einem unveröffentlichten Brief vom 19. April 1817 im Tholuck-Archiv Naumburg/S. hervorgeht: „Suchen Sie dabei Bekanntschaft, wenn Sie können, mit Hrn. Baron von Kottwitz, ConsistorialRat Neander, Prediger Jänicke, Kaufmann Elsner. Diese sind, soweit ich sie kenne, wahre Freunde des Herrn."

zwischen Scheibel und der Erweckungsbewegung anfügen, wichtiger scheint aber an dieser Stelle der Hinweis darauf, daß die Erweckten ihrerseits Scheibel durchaus als einen Mann sahen, der ihnen nahestand, zugleich doch aber immer auch wieder Vorbehalte geltend machten, die *Kottwitz* auf die geradezu klassische Formulierung brachte: „Der arme Scheibel, da es Gelehrte zwiefach schwer haben sich zur Hertzens Demuth bekehren zu lassen, ist in mehrerem Betracht eine wehthuliche Erscheinung."[17]

„In mehrerem Betracht eine wehthuliche Erscheinung" war Scheibel den Erweckten nicht zuletzt wegen seiner schwierigen Persönlichkeit und seiner oft geradezu barocken Gelehrsamkeit und Polemik, vor allem aber sah man seine konfessionelle Entschiedenheit als problematisch an. Auf Scheibels berühmte Frage vom 2. Nov. 1817 „... ist's unerheblich, was wir beim Abendmahl uns denken?"[18] hätten die sehr stark interkonfessionell organisierten Erweckten wohl geantwortet: „So gefragt, ja!" *Wilhelm von Kügelgen* berichtet in seinem Tagebuch von Sept./Okt. 1836 eine sehr bezeichnende Äußerung *Tholucks:* „Als ich mit Bezug auf die neuen Lutheraner sagte, daß man Leute, die ein Nebending in der evangelischen Wahrheit überschätzten und zur Hauptsache machten, bei ihrer Ansicht lassen sollte, weil sie in diesem Nebending gewöhnlich sehr lebendig wären, und es ihnen doch zum Segen gereiche, nähme man es ihnen aber, so hätten sie gar nichts übrig, bemerkte Tholuck: ‚Der Glaube ist wie ein Leib, und es ist für die Pflege des Leibes keineswegs gleichgültig, ob ich meine, das Leben sitze im kleinen Finger oder im Herzen.'"[19]

Trotz aller solcher Bedenken waren es die Männer der Erweckungsbewegung, die am treuesten und wirksamsten für die Breslauer Lutheraner eintraten, als deren Situation immer schwieriger wurde. *Steffens*, der sich anfänglich von Scheibel so tief beeindruckt gezeigt hatte, änderte seine Stellung rasch, als er 1832 von Breslau nach Berlin kam. Um 1844

---

[17] Original im Tholuck-Archiv Naumburg/S., Teilabdruck des Briefes bei N. BONWETSCH: Aus A. Tholucks Anfängen. Briefe an und von Tholuck. Ein Beitrag zur Geschichte der religiösen Erneuerung im neunzehnten Jahrhundert (= Beiträge z. Förderung christlicher Theologie 2,4), Gütersloh 1922, S. 38, Nr. 54.

[18] KIUNKE, S.98.

[19] Vgl. W. v. KÜGELGEN: Erinnerungen 1802–1867. Bd. 2: Zwischen Jugend und Reife des Alten Mannes 1820–1840, hrsg. von J. Werner, Leipzig 1925, S. 368. Der sächsische Aufenthalt Scheibels bedarf sicherlich noch mancher biographischer Konturierung, so bieten die Kügelgen-Erinnerung noch vielerlei ungenutztes Material. Ich zitiere etwa aus einem Brief Kügelgens an seine Frau Julie vom 10. Juni 1834 (ebd., S. 313), in dem es über Scheibel heißt: „Merkwürdig ist aber, daß dieser tapfere Mann im praktischen Leben so unbeholfen ist wie unser kleiner Gerhard und sich vor jedem rasselnden Blatt und jedem Käfer erschreckt, so daß ganz Hermsdorf über ihn lacht. Er ist originell wie ein Genie, gutmütig wie ein Kind, im Großen tapfer wie ein Held und im Kleinen furchtsam wie ein Hase." Vgl. dazu auch A. H. RÜHLE: David Samuel Roller. Lebensbild eines sächsischen Pfarrers aus der ersten Hälfte dieses Jahrhunderts, Leipzig 1878 S. 173ff.

bezeichnete er Scheibel als einen „seltsamen Mann" und ein „Kind des sechzehnten und siebzehnten Jahrhunderts" und schrieb über die Breslauer: „Wenn nun auf eine solche Weise die Sache der Gemeinde mir innerlich immer fremder ward, so gab es doch auch Gründe, die mich bewogen, mich nicht äußerlich von ihr zu trennen; denn ich mußte gestehen, daß die einseitige und starre Sonderung, wie sie in einer Reihe von zehn bis zwölf Jahren sich unter meinen Augen entwickelt hatte, auch durch die Schuld der Behörden hervorgerufen war... So wie die Sachen vorlagen, konnte ich nie für neutral gelten, und meine Trennung von der Gemeinde würde schon allein als eine Billigung der gegen die Lutheraner ausgesprochenen Maßregeln erklärt worden sein. Mußte ich doch gestehen, daß ein Fortschreiten unmöglich war, so lange die Kirche sich mit aller Anstrengung in einer zweifelhaft defensiven Stellung zu erhalten suchte."[20] Insofern dürfte es kaum richtig sein, Steffens als den „besten Verbindungsmann der Lutheraner in Berlin" zu bezeichnen und seinen Einfluß auf den Kronprinzen in den Angelegenheiten der Breslauer Lutheraner in besonderer Weise herauszustellen[21].

Unter den Erweckten war es insbesondere deren unbestrittener Führer in Berlin, der schlesische Baron *Hans Ernst von Kottwitz*, der trotz mancher Kritik an Scheibel dessen Positionen nachhaltig und vor allem an entscheidender Stelle stützte. Kiunke hat uns zwei Brieffragmente Scheibels überliefert, in denen dieser offensichtlich auf Vorhaltungen eingeht, die Kottwitz ihm gemacht hatte: „Also ein toter Verstandesorthodoxer soll ich sein, indem ich den lutherischen Lehrbegriff für wahr halte und rechtfertige; aber hängt denn nicht dieser Lehrbegriff, und zwar gerade im Abendmahl genau zusammen mit dem Ausspruch des Apostels vom heiligen Abendmahl 1. Kor. 11,26."[22] Oder etwas später dann: „Wie traurig, wie tief schmerzlich muß es also für mich sein, daß Sie meinen: Grübeln und eigenes Denken hielte ich für das Rechte, und dazu verführe mich der Teufel. Ich bitte doch herzlich um des Herrn willen, mich nicht zu richten."[23] Obwohl auf beiden Seiten ganz offensichtlich eine deutliche Sprache geredet wurde, hat Kottwitz jedoch immer wieder zu Gunsten der Lutheraner interveniert und dabei seinen kaum zu überschätzenden Einfluß auf den königlichen Hof eingesetzt.

An dieser Stelle müssen allerdings Stichworte genügen. 1822 trägt Kottwitz dafür Sorge, daß die Vorgänge in Seehof bei Stolp in Pommern durch eine vom König eingesetzte Untersuchungskommission, der auch Leonhard Heubner als Vertrauter von Kottwitz angehört, sorgfältig ge-

---

[20] H. STEFFENS: Was ich erlebte. Aus der Erinnerung niedergeschrieben, Bd. 10, Breslau 1844, S. 208f.

[21] Vgl. KLÄN, Anfänge, S. 160 Anm. 106.

[22] KIUNKE, S. 146.

[23] Ebd.

klärt werden. Die Gebrüder von Below hatten dort religiöse Privatversammlungen ins Leben gerufen, die bald ekstatische und sektiererische Züge annahmen. Da die Dinge in Seehof weiter eskalieren, veranlaßt Kottwitz 1825 Adolph Zahn dazu, als Pfarrer nach Mützenow zu gehen, um von dort aus auf die Belowianer einzuwirken, die sich 1835 an die Breslauer Altlutheraner anschließen und dann 1841 eine „Evangelisch-lutherische separierte Kirchengemeinde" gründen[24].

Aber das kann allenfalls als Präludium angesehen werden. 1832 versuchte König Friedrich Wilhelm III. mit den Breslauer Repräsentanten in direkte Verbindung zu treten. Das hierfür gewählte Verfahren war kompliziert genug. Der König instruierte den General Ludwig Gustav von Thiele, der seinerseits ein vertrauter Freund von Kottwitz war, über seine Absichten. Thiele schrieb daraufhin einen Brief über die königlichen Vorstellungen an Kottwitz, den dieser nach Breslau zu lancieren hatte. Dieses Unternehmen ging gründlich schief. Scheibel desavouierte den König so gut er konnte[25] und überließ im übrigen Huschke die Antwort auf die königlichen Darlegungen. In seinem „Theologischen Votum eines Juristen" von 1832 schoß Huschke nun seinerseits auch eine volle Breitseite gegen die Erweckten ab: „Nachdem der Geist aus der alten Kirche fast überall gewichen war und erst in unsrer Zeit viele einzelne Herzen wieder zu Gott gezogen wurden, konnten sich diese in dem alten morsch gewordenen Gebäude nicht zurecht finden. Sie wurden daher mehr von der allgemeinen christlichen Liebe, als von einem gegen die Irrlehre genau begränzten Glauben bestimmt, ihr Christenthum war mehr häuslich als kirchlich. Jener feste Glaube und die darauf gebaute Kirche erschien ihnen wohl gar als widerwärtige Fessel, als Wortkrämerei, das unverrückte Halten darauf als Mangel an Einfalt und Demuth. Die alte unbeugsame lutherische Kirche dachte man sich kaum ohne einen geheimen Schauder vor ihrer ‚todten Orthodoxie'. Man empfahl dagegen nur Glauben an den Fleischgewordenen Sohn Gottes, alle anderen Differenzen, die doch diesen Glauben schmälern, dahin gestellt seyn lassend."[26]

Kottwitz hat sich durch solche Anwürfe nicht beirren lassen. Am 5. Juli 1833 wandte sich Kottwitz an den König und bat um Schutz für das lutherische Bekenntnis. In der Antwort des Königs, die als überaus sorgfältig gearbeitete Kabinettsordre vom 26. Febr. 1834 erfolgte, wurde dann jedoch der bekannte Standpunkt wiederholt: „...der Beitritt zur Union ist *nur* die faktische Erklärung, daß das in beiden Konfessionen

---

24 Vgl. u.a. H. Laag: Entwicklung der altlutherischen Kirche in Pommern bis zur Mitte des 19. Jahrhunderts, in: Pommersche Jahrbücher 23, 1926, S. 38–108.

25 Vgl. Maser, Huschke, S. 52ff.

26 Ph. E. Huschke: Theologisches Votum eines Juristen in Sachen der K. Preuß. Hof- und Dom-Agende, Nürnberg 1832, S. 27f.

Verschiedene nicht Ausschließen der einen von der Kirchengemeinschaft mit der anderen bedinge..."[27]

Am deutlichsten und eindruckvollsten trat der Führer der Berliner Erweckten für die bedrängten Lutheraner ein kurz vor der weithin Entsetzen auslösenden Dragonade gegen die Gemeinde in Hönigern.

Am 10. Okt. 1834 schreibt Kottwitz seinem König: „Während es gemeint war der rationalistischen Willkühr in dem Gottesdienste Schranken zu setzen, und der Kirche das gläubige Bekenntnis zu bewahren, haben sich zwar die Rationalisten zur Annahme der Agende bequemt, gehen aber damit um, wie ihnen beliebt, und setzen, mit großer Gewandtheit verschleiert, ihr rationalistisches Treiben mit ungestörter Frechheit fort; viele gläubige, fromme Prediger dagegen, welche sich zur treuen Festhaltung ihrer alten Agende in ihrem Gewissen gedrungen fühlen, werden schonungslos bedrängt, verfolgt und abgesetzt. ... Es ist nicht hartnäckiger Widerspruch, nicht ein durch revolutionäre Umtriebe veranlaßter Oppositionsgeist, wie man in böslicher Verleumdung den Lutheranern oft zur Last legen will, sondern wenigstens bei den meisten treue Anhänglichkeit an ihren Glauben, gewissenhaftes Festhalten des ihnen vielfach gesegneten Gottesdienstes, Treue vor Gott. ... Verzeihen Eure Königliche Majestät es einem alten 78jährigen Greise wenn er Allerhöchst dieselbe flehentlich anruft... Eure Königliche Majestät halten mir die Freiheit meiner Sprache zu Gute; die Seufzer und Klagen der aus ihren Kirchen verdrängten Christen lassen mir keine Ruhe. ... Juden, Katholiken und Mennoniten finden Duldung in Preußen; die Lutheraner bitten nur um Gewährung einer *gleichen* Wohltat."[28] Die preußische Ministerialbürokratie wurde durch diesen Appell erheblich verunsichert, Minister Altenstein erklärte die Kottwitzsche Intervention für ein Produkt des Altersstarrsinns, und der schlesische Oberpräsident Merkel verlangte gerichtliche Schritte gegen Kottwitz. Der Kronprinz vertrat so gut als möglich das Kottwitzsche Anliegen bei den damit befaßten Sitzungen des Staatsministeriums, konnte aber doch nur einen Aufschub der Maßnahmen erreichen, am 23. Dez. 1834 mußte er Kottwitz erklären: „Es ist heute ein schwerer Tag für mich; sie lassen die Soldaten wider Hönigern marschieren."[29]

---

[27] Zitiert nach H. Th. Wangemann: Geistliches Regen und Ringen am Ostseestrande. Ein kirchengeschichtliches Lebensbild, Berlin 1861, S. 293.

[28] Zitiert nach F. W. Kantzenbach: Baron H. E. von Kottwitz und die Erweckungsbewegung in Schlesien, Berlin und Pommern (= Quellenhefte z. ostdeutschen und osteuropäischen Kirchengeschichte 11/12, Ulm 1963), S. 52f.

[29] Der ganze Vorgang ist ausführlich bei E. Foerster: Die Entstehung der Preußischen Landeskirche unter der Regierung König Friedrich Wilhelms des Dritten nach den Quellen erzählt, Bd. 2, Tübingen 1907, S. 295ff. geschildert; vgl. auch E. Kellner: Meine anerkannteste, viermal von Andern gedruckte Schutzschrift: die sogenannte Hönigernsche Bauernprotestation von 1834, ohne Ort und Jahr (um 1870, vorhanden in der Bibliothek

Die altlutherische Forschung hat diesen Einsatz von Kottwitz, an dessen Sterbebett die altlutherischen Pfarrer Wermelskirch und Ehlers gestanden haben, praktisch totgeschwiegen. Schon Scheibel hat darüber kein Wort verloren, und auch Steffens, der nach seinem Weggang nach Berlin doch noch gelegentlich zusammen mit Kottwitz zugunsten der schlesischen Lutheraner zu wirken suchte, erwähnt den Namen des Barons in seiner immerhin zehnbändigen Autobiographie an keiner einzigen Stelle.

Kirchengeschichtliche Forschung sollte wohl immer auch darüber nachdenken, wo und wann welche Chancen nicht realisiert wurden. Um die Möglichkeit von Chancen überhaupt zu erkennen, ist es aber immer auch notwendig, gewohnte Sehweisen aufzugeben, sich auf neue Fragestellungen einzulassen und sich auch schwierigen Erkenntnissen nicht von vornherein zu verweigern. Im Blick auf die Geschichte der *altlutherischen* Kirche könnte das bedeuten, die Gestalt Scheibels nicht nur aus sich selbst heraus zu interpretieren, sondern auch darauf zu achten, wie andere, die auf ihre Weise um Kirche und Glauben rangen, Scheibel und seinen Weg sahen und beurteilten. Das Bild Johann Gottfried Scheibels wird deshalb kein grundsätzlich anderes werden, aber es könnte in seinen Farben intensiver werden. In seinen Tischreden hat Luther definiert, „was einen zum Theologen mache", und geantwortet: „1. Gnade des Heiligen Geistes, 2. Anfechtung, 3. Erfahrung, 4. Veranlassung, 5. unermüdliches Lesen (der Bibel), 6. Vertrautheit mit guten Künsten."[30] Aus dieser Liste läßt sich keine Position herausbrechen, nach Luther gehören *alle* sechs dazu, um einen Theologen zu machen. Scheibel wollte *Theologe* sein und er *war* Theologe! Luther gibt uns die Anleitung, wie umfassend wir fragen müssen, wenn wir eine theologische Existenz begreifen wollen, auch die des Johann Gottfried Scheibel!

---

des Deutschen Ostens der Stadt Herne); M.A. Blüher: Neueste kirchliche Ereignisse in Schlesien. Geschichte der lutherischen Parochien Hönigern und Kaulwitz. Mittheilungen der Betheiligten, Nürnberg 1835.

[30] WA TR 3, Weimar 1914, S. 312. Nr. 3425: „Quae faciant theologum: 1. gratia Spiritus; 2. tentatio; 3. experientia; 4. occasio; 5. sedula lectio; 6. bonarum artium cognitio."

J. G. Scheibel

Ausgewählte Texte

Die beigefügte Auswahl Scheibelscher Predigten und Texte soll bei gebotener Kürze einen möglichst umfassenden Eindruck seiner Grundgedanken vermitteln.

Am Beginn steht das inmitten der gedrängten Ereignisse des Jahres 1830 verfaßte, zur Unterrichtung breiterer Kreise bestimmte „Wort brüderlicher Belehrung". Hier hat Scheibel sein kirchlich-theologisches Anliegen in knapper und klarer Weise zur Darstellung gebracht. Die Zeit der Entstehung und die populäre Abzweckung dieser Publikation erklären manche Ungenauigkeiten[1], die Scheibel auch nicht beseitigte, als er die Schrift zur Veröffentlichung im Jahr 1836 leicht überarbeitete. Diesen Mangel mögen seine schwere Krankheit im Jahr 1835 und die im Jahr 1836 erzwungene Übersiedlung von Hermsdorf nach Glauchau wenigstens zu einem Teil entschuldigen[2]. Jedenfalls findet, wer Scheibel in seinem theologischen Ansatz und in seinem kirchlichen Wollen verstehen will, in diesem Dokument eine gründliche Orientierung.

Daß die Wurzeln der kirchlichen Kämpfe Scheibels in seine früheste Amtszeit zurückreichen, belegt die Reformationspredigt aus dem Jahr 1814. Sie zeigt, wie der Diakonus Scheibel bemüht war, seine theologischen Überzeugungen der Gemeinde nahezubringen. Der beigefügte Anhang macht deutlich, daß Scheibel sehr früh auch ein Gespür für die kirchenpolitischen Tendenzen in Preußen hatte und damals schon sich nicht scheute, die Auseinandersetzung selbst mit hohen und höchsten Stellen zu führen.

Mit der Abendmahlspredigt vom 2. 11. 1817 griff Scheibel öffentlich die Unionsfrage auf. Es ist für ihn bezeichnend, daß er gerade den vom König gewünschten Zeitpunkt für den Beginn der Union, nämlich das Reformationsjubiläum, zum Anlaß nahm, die genuin lutherische Abendmahlslehre vor der Gemeinde zu wiederholen. Daher kann auch nicht verwundern, daß diese Predigt eine lange und heftige Kontroverse zwischen Scheibel und seinem Jugendfreund und Uni-

---

[1] Vgl. z.B. S. 16: Calvin „um 1530–60", muß heißen: 1509–1564; S. 22: „der kleine Katechismus von 1527", muß heißen: 1529. Die Gliederung der Schrift ist leicht zu erkennnen: Vorwort (S. III-IV); 1.Teil: Die biblische Gundlegung (S. 5–13), darin: 1. Christi Person und Werk (S. 5), 2. Das hl. Abendmahl – Stifung des Herrn (S. 6–7), 3. Das hl. Abendmahl – wörtlich zu glauben (S. 7–8), 4. Die Kirche (S. 8–11), 5. Kirchliche Einheit und falsche Union (S. 11–13); 2. Teil: Die kirchengeschichtliche Entfaltung (S. 13–20), darin: 6. Die sechs ersten Jahrhunderte (S. 13–15), 7. Die röm.-kath. Kirche (S. 15–16), 8. Die reformierte Kirche und ihre wichtigsten Denominationen (S. 16–21), 9. Die lutherische Kirche (S. 21–25), 10. Die Union-Ansätze und Durchführung (S. 25–28); Nachtrag: Die kirchliche Lage in Sachsen (S. 28–30).

[2] Vgl. Kiunke, S. 394f.; von Brück, S. 110ff.

versitätskollegen David Schulz auslöste, in deren Verlauf die gegensätzlichen Positionen klarer, die Fronten allerdings auch härter wurden[3]. Der letzte Text läßt uns Einblick nehmen in das innige Verhältnis Scheibels zu seiner Personalgemeinde. Aus dem in sehr persönlichem Ton gehaltenen Abschiedswort tritt noch einmal der Seelsorger, Theologe und Kirchenmann Scheibel mit seinem Grundanliegen deutlich hervor.

Den Abschluß bilden Faksimile und Umschrift des bisher unbekannten Bewerbungsschreibens von 1811, aufgrund dessen Scheibel zum außerordentlichen Professor in der Theologischen Fakultät der neu gegründeten Universität Breslau ernannt wurde[4].

W. K.

a) Ein Wort brüderlicher Belehrung über die lutherische Kirche und die unternommene Vereinigung derselben mit der reformirten Kirche zu einer einigen evangelischen Kirche. Für die lutherischen Gemeinen Breslaus 1830 abgefaßt und jetzt auf Wunsch ausländischer Glaubens-Brüder in Druck gegeben, Nürnberg 1837*

Vorwort

Die gegenwärtigen Blätter wurden bereits vor sechs Jahren, als in Breslau gegen die luther. Gemeine dort und gegen mich die Verfolgung begann, auf Wunsch jener Gemeine, in Bezug auf die in jeder Hinsicht so dürftige, damals verbreitete, Schrift der Bresl. unirten Prediger, abgefaßt. Sie ward in achtzig und mehr Abschriften in und außer der Vaterstadt verbreitet, und machte, mit Gottes Hülfe, zuerst in der mit aller hierarchischen Kunst und List verbreiteten Nacht einigen Tag. Daher ich selbst deshalb in strenge Inquisition kam, und die Verbreitung dieses Aufsatzes untersagt ward. Indeß, die Wahrheit war einmal bezeugt, viele Herzen hatten sie erkannt, und bald nach meinem Abgange aus Preußen konnten nun zwei andere Schriften, öffentlich, obwohl im Auslande, gedruckt, die reine biblische Lehre, in Bezug auf die Verfolgungen der reformirten Theologen gegen die Lutheraner in jenem Staate, weiter und segensreich ins Licht stellen. Ich ließ also meine Schrift unbeachtet in meinen Papieren liegen, sie schien ihren Endzweck erreicht zu haben und genügend.

---

[3] Vgl. Kiunke, S. 96 ff.; 109 ff.

[4] Staatsbibliothek Preußischer Kulturbesitz Berlin, Sammlung Darmstaedter: 2 d 1833 (12): J. G. Scheibel, Br. 18. 1. 1811. Der Staatsbibliothek sei für die freundlich erteilte Reproduktionsgenehmigung herzlich gedankt.

* Die Anmerkungen des Originaldrucks sind hier nicht übernommen worden, da sie einer besonderen Kommentierung bedürften.

Aber, noch immer wünschte man fortdauernd eine und zwar allgemeinere, als die in jenen Schriften, mehr nur für die neueste preußische Kirchengeschichte beabsichtigte, Belehrung, insbesonders für die große Masse des Volks, aber auch für Gebildete, die aber nicht mit theologischem Wissen vertraut sind. Mehrmals ward auch von Freunden in Sachsen gegen mich das Bedürfniß einer solchen Schrift geäussert. Die Schrift eines, wie ich höre, schon verstorbenen sächsischen Landpredigers schien ihnen theils schon zu verschollen, theils zu wenig den Zweck, bei allem Lobenswerthen, befriedigend. So ward ich von neuem an meinen Aufsatz erinnert, den ich nun, da die Freunde ihn passend fanden, möglichst sorgfältig durchsah, freilich, denn Bibel und Geschichte bleiben nun einmal, was sie sind, das Wesentliche lassen mußte, wie es war; aber doch Ausdruck und Darstellung feilte und besserte, insbesonders das Lokale und Temporelle von 1830 wegließ, und dafür die neuesten Ereigniße und den Zustand der Kirche, zumal in Sachsen, hinzufügte. Am Schluß schienen in einigen Anmerkungen für wissenschaftliche, zumal theologische Leser, wenigstens litterarisch-kritische Citate nöthig, um zu beweisen, daß ich wichtige Einwürfe nie unberücksichtigt ließ. Der Herr segne nun auch die öffentliche und allgemeinere Bekanntmachung dieser Schrift, wie ihre erstere beschränktere. Glaucha[u], im Erzgebirge, 8. Sept. 1836 J. G. S.

Was seit 1817 und besonders am 300jährigen Feste der Uebergabe unseres ersten Glaubens-Bekenntnisses der Augsburgischen Confession in Preußen durch Einführung einer reformirten Agende unternommen worden, ist allbekannt. Manche nicht unbedeutsame Stimme wünscht aber auch jetzt noch Alles das, was christlichen Lehrbegriff vorzüglich in Beziehung auf die in Rede stehende Angelegenheit, insbesondere das heilige Abendmahl, lutherische und reformirte Confession, Union und Gottesdienst betrifft, im Zusammenhange klar und kurz vor Augen gestellt, damit des Glaubens Grund und unserer Kirchengemeinschaft wahres Wesen klar werden: das soll denn der Inhalt dieser Blätter sein. a)

1. Unser Herr und Heiland war von seinem Vater gesandt, um das Licht der Welt (Joh. 8,12.) zu sein. Er verkündigte die Lehre, die er von seinem Vater empfangen hatte, bestätigte den Glauben von Moses und den Propheten an den Schöpfer Himmels und der Erden, die Lehre von Engeln und gefallenen Geistern, von Sünde und Errettung aller Welt durch Lehre und versöhnendes Sühnopfer des Messias, auf den die Väter Israels gehofft, und der einst wiederkommen werde, die Todten aufzuerwecken und sie zu richten. Dies Alles aber fand er nun in sich, dem Sohne Gottes, vollendet. Er, der in des Vaters Schooß (Joh. 1,18.), sei es, in welchem Gott die Welt also geliebt, daß er ihn gab, auf daß Alle, die an ihn glauben, nicht verloren werden sondern das ewige Leben haben. (Joh. 3,16.) b)

2. Und damit nun die, welche an ihn glauben, auch nach seinem Tode und Hingange zum Vater seiner Lebenskraft, seines mächtigen Beistandes, als des allgegenwärtigen Gottes, gewiß sein könnten, setzte er kurz vor dem Anfange seines Leidens das heilige Abendmahl ein, reichte den Seinigen segnend das beim Ostermahle gewöhnliche ungesäuerte Brod und den Kelch der Danksagung und sprach dabei: das ist mein Leib, das ist mein Blut, solches thut zu meinem Gedächtniß. (Matth. 26,26. f. Marc. 14,22. f. Luc. 22,19.20), in welchem letzteren Evangelisten noch die besondere Worte stehen: das ist der Kelch, das neue Testament in meinem Blute, das für euch vergossen wird. Er ließ seine Apostel in

keinem Zweifel, wie bestimmt die geheimnißvollen Worte: das ist mein Leib, das ist mein Blut, geglaubt werden müßten, indem er schon in einer früheren Rede in der Synagoge zu Capernaum Ungläubigen, die schon damals zweifelten: Wie kann uns dieser sein Fleisch zu essen geben, dieser Sohn Josephs, deß Vater und Mutter wir kennen, wiederholentlich betheuernd gelehrt hatte (Joh. 6,51–58): das Brod, das ich geben werde, ist mein Fleisch, welches ich geben werde für das Leben der Welt. Wahrlich, wahrlich ich sage euch: Werdet ihr nicht essen das Fleisch des Menschen-Sohnes, und trinken sein Blut, so habt ihr kein Leben in euch. Wer mein Fleisch isset und trinkt mein Blut, der hat das ewige Leben und ich werde ihn auferwecken am jüngsten Tage. Denn mein Fleisch ist wahrhaftig Speise und mein Blut ist wahrhaftig Trank. (So nach dem Grundtexte). Wer mein Fleisch isset und trinkt mein Blut, der bleibet in mir und ich in ihm. Wie mich gesandt hat der lebendige Vater, und ich lebe um des Vaters willen, also wer mich isset, derselbige wird auch leben um meinet willen. Den Jüngern aber, die dies ganz thierisch-fleischlich verstanden, entgegnete er (v. 61–63): Aergert euch das? Wie wenn ihr denn sehen werdet des Menschen Sohn auffahren dahin, da er war? Der Geist ists, der da lebendig macht, das Fleisch ist kein nütze. Die Worte, die ich rede, die sind Geist und sind Leben, andeutend im letzten Worte seine Verklärung, wie denn auch Paulus davon sagte (1. Cor. 15,45.47.): der erste Mensch Adam ist gemacht ins natürliche Leben und der letzte Adam ins geistliche Leben. Der erste Mensch ist von der Erde und irdisch, der andere Mensch aber ist der Herr vom Himmel. Und diese Lehre wiederholt nun besonders Paulus (1. Cor. 10,16.): der gesegnete Kelch, welchen wir segnen, ist der nicht die Gemeinschaft des Blutes Christi? das Brod, das wir brechen, ist das nicht die Gemeinschaft des Leibes Christi? c. 11,27. Welcher nun unwürdig von diesem Brod isset oder von dem Kelche des Herrn trinket, der ist schuldig am Leibe und Blute des Herrn; und v. 29: Welcher unwürdig isset und trinket, der ißt und trinkt ihm selber das Gericht, damit, daß er nicht unterscheidet den Leib des Herrn. c) Ihr seht, lieben Brüder, was der Herr, was seine Apostel von dem heiligen Abendmahle lehren und zugleich wie wichtig sie es machen, wie sie es mit dem Glauben an die Person unsers Herrn genau verbinden, wie es seine Testaments-Worte waren.

3. An diese Lehre nun, wie an Alles, was der Herr und dann sein Geist, der seine Apostel in alle Wahrheit führte (Joh. 16,13), diese lehrte, sollen wir ganz so wörtlich und bestimmt mit Ausschließung jedes Anderen und zwar fest glauben, d.i. unbeweglich überzeugt sein, daß, was auch der natürliche Mensch nicht vernimmt, und ihm eine Thorheit ist (1. Cor. 2,14.) doch göttliche Kraft und göttliche Weisheit sei (1. Cor. 1,24). Denn so hatte der Herr gesagt: daß alle, die an ihn glauben, nicht verloren werden, sondern das ewige Leben haben, (Joh. 3,16.) Die Worte, spricht er, die ich rede, sind Geist und sind Leben, (Joh. 6,63.) Wer mich verachtet und nimmt meine Worte nicht auf, der hat schon, der ihn richtet; das Wort, welches ich geredet habe, das wird ihn richten am jüngsten Tag, Joh. 12,48. Wer da glaubet und getauft wird, der wird selig werden, wer aber nicht glaubt, der wird verdammt werden. Mc. 16,16. Und dasselbe wiederholt Paulus: Wir reden nicht mit Worten, welche menschliche Weisheit lehren kann, sondern mit Worten, die der heilige Geist lehrt, 1. Cor. 2,13. Ohne Glauben ists unmöglich Gott gefallen; denn wer zu Gott kommen will, der muß glauben, Ebr. 11,6. d) Dieser Glaube sollte dann auf der einen Seite alle hochmüthige Erkenntniß, alle

Vernunft gefangen nehmen unter dem Gehorsam Christi (2. Cor. 10,5), auf der andern Seite ist er allen irrenden, unsicheren Gefühlen, Mysticismus und Fanatismus, entgegen. Das nennt die Schrift Träumerei (Br. Judä v. 8) und ermahnt: Es ist ein köstlich Ding, daß das Herz vest werde. (Hebr. 13,9.)

4. Diese Gläubigen sollen nun die Kirche, die Gemeine des Herrn bilden, d.i. die Gemeinschaft derer, die in Jesu ihr Heil und ihre ewige Errettung nach seinem Worte erkennen und äußerlich bekennen. Diese Kirche, lehrte nun zwar unser Herr, ist ihrem innern Wesen nach, verborgen im Gemüth der Menschen: Das Reich Gottes, spricht er, kommt nicht mit äußerlichen Geberden, sondern ist es inwendig in euch, (Luc. c. 17,20.) Mein Reich ist nicht von dieser Welt, sagte er zu Pilatus (Joh. 18,36.); doch weil ja auch äußerlich durch Wort, Bekenntniß, Verehrung und heilige Thaten sich der Christ als solcher zeigen muß, so wollte der Herr auch eine sich äußerlich zeigende Gemeine der Seinigen. Er legte daher auf ihre gemeinsame Entscheidung ein großes Gewicht: Sündiget dein Bruder an dir, so gehe hin und strafe ihn zwischen dir und ihm allein. Hört er dich, so hast du deinen Bruder gewonnen. Hört er dich nicht, so nimm noch einen oder zween zu dir, auf daß alle Sache bestehe auf zweier oder dreier Zeugen Munde. Hört er die nicht, so sage es der Gemeine. Hört er die Gemeine nicht, so achte ihn als einen Heiden und Zöllner, (Matth. 18,15–17.) Er ordnete zu ihren ersten Lehrern die zwölf Apostel (Mtth. c. 10), er bestimmte neben und mit dieser Verkündigung der frohen Botschaft von ihm, d.i. des Evangelii, zwei heilige Handlungen: die Taufe (Mtth. 28,19. Mc. 16,16.) und das heilige Abendmahl. Und dasselbe lehrten nun auch die Apostel, namentlich Paulus von der Kirche. Ihren Werth stellt er sehr hoch, indem er sie oft das Haus Gottes, die Gemeine des Herrn, den Tempel des heiligen Geistes nennt; von ihr bezeugt, sie sei Pfeiler und Grundveste der Wahrheit (1. Tim. 3,15.), und von allem irdischen Wesen und irdischer Ordnung gesondert: hier, in ihr, lehrt er, gelte weder Knecht noch Freier, weder Mann noch Weib, sondern, ihr seid allzumal einer in Christo Jesu, (Gal. 3,28, Col. 3,11.) Er gibt ihr geordnete Verwaltungs-Personen, und sagt, welche die Gemeine dazu wählen sollte (1. Tim. 3,5. vergl. 1. Tim. 5,17. Tit. 1,2.) Er ordnete, daß, so wie die Gemeine von den Lehrern das Wort empfinge, so diese von jenen das Aeußere ihres Lebens, (1. Cor. c. 9. 2. Tim. 2,6.) Der Gottesdienst, seine Gebete und Lieder, sollten frei sein, Niemandem Gewissen gemacht werden über Speise, oder über Trank, oder über bestimmte Feiertage, oder Neumonde, oder Sabbathe, Col. 2,16. Doch waren Taufe, Abendmahl und Predigt des göttlichen Worts gehalten und gefeiert, 1. Cor. c. 10,16. ff. 11,20. Tit. 3,5. Auch kamen gewiß schon, nach Art des jüdischen Gottesdienstes, Collecten vor, Bibelsprüche von den Lehrern gesprochen, auf welche die Gemeine mit Amen antwortete, 1. Cor. 14, 16; wobei auch Gesänge der Gemeine erwähnt werden, ja zu ihnen Paulus ermahnt, Ephes. 5,19. Col. 3,16; wozu besonders Psalmen gebraucht wurden, 1. Cor. 14,15.26. Die Gemeine des Herrn sollte endlich auch darin so ganz frei von der Welt und beschlossen für sich sein, daß auch die Lehrer, die Bischöfe (d.h. Lehrer und Aufseher) und Diakonen, (die besonders mit der Lehre auch für Sacraments-Verwaltung, Armen- und Seelsorge bestimmt waren), von den freien Gaben der Gemeine allein erhalten werden sollten, 1. Cor. 9,7.14. vergl. 2. Tim. 2,6. – Von verschiedenen Kirchen, oder Kirchenpartheien wird uns im Sinn der meisten der Art in späterer Zeit Nichts erwähnt, wohl aber von sieben Gemeinen Pauli in

Rom, Korinth, Galatia, Ephesus, Philippi, Colossä und Thessalonich, so wie sieben Gemeinen Johannis, in Ephesus, Smyrna, Pergamum, Thyatira, Sardes, Philadelphia, Laodicea (Offenb. cap. 2. u. 3.), mit Bezug auf die sieben verschiedenen Gaben des heiligen Geistes, Jes. 11,2., und die Gemeine zu Ephesus, an welche Paulus im Briefe an sie einen kurzen Inbegriff der ganzen christlichen Lehre schrieb, besonders heraus gehoben, als die, in welcher der Geist des Herrn sich vorzüglich offenbarte, daher auch für ihre Erhaltung die wichtigsten Ermahnungen im Allgemeinen, Apostelgesch. 20, 17–35., so wie ins besondere an ihren frühesten Lehrer Timotheus in Briefen an denselben, erwähnt sind, worin auch sehr merkwürdige Vorschriften für die späteren (1. Br.cap. 4,1–8. vgl. cap. 6,13.20.), und letztern Zeiten (2. Tim. c. 3,4,5.) nachkommen. e) Beachtungswerth für verschiedene Richtungen in den späteren Zeiten der christlichen Kirche sind offenbar diese verschiedenen, so besonders herausgehobenen, Gemeinen schon in der Apostel-Zeit, und alles das, was der heilige Geist ihnen sagt; denn schon im damaligen Rom, Corinth, Galatia und Kolossä, so wie in den diesen ganz ähnlichen Thyatira, Pergamum, Laodicea und Sardes zeigten sich die Verirrungen, die Irrlehrer und der Abfall, die später in der sogenannten katholischen, reformirten, griechischen und socinianischen Kirchen-Partei so allgemein wurden.

5. Diese Gemeine des Herrn, dieses sein Reich soll nun allerdings auf der ganzen Erde Eines Sinnes sein, Einer Ueberzeugung, also im Glauben eins, nicht im Unglauben. Darauf bezieht sich der so oft mißbrauchte Spruch: Und ich habe noch andre Schaafe, die sind nicht aus diesem Stalle (nicht aus den Juden, sondern aus den Heiden); und dieselbigen muß ich herführen, und sie werden meine Stimme hören, und wird Eine Heerde und ein Hirte werden, Joh. 10,16; also doch nur die Jesu Stimme hören und demnach Gläubige sind. Also auch nur gläubigen Korinthiern ist gesagt: Ich vermahne euch aber, lieben Brüder, durch den Namen unsers Herrn Jesu Christi, daß ihr allzumal einerlei Rede führet und laßt nicht Spaltungen unter euch sein, sondern haltet vest aneinander in einem Sinn und in einerlei Meinung, 1. Cor. 1,10; und eben so die Ermahnung: Zuletzt, lieben Brüder, seid vollkommen, tröstet euch, habt einerlei Sinn, seid friedsam, so wird Gott der Liebe und des Friedens mit euch sein, 2. Cor. 13,11. Und eben so an gläubige Ephesier: Seid fleißig zu halten die Einigkeit im Geist durch das Band des Friedens. Ein Leib und Ein Geist, wie ihr auch berufen seid auf Einerlei Hoffnung eures Berufs. Ein Herr, Ein Glaube, Eine Taufe, Ephes. 4,3.4. Daher ist dagegen alle Gemeinschaft, alle Union mit Ungläubigen auf das Ernsteste verboten und diese Sprüche, Theologen in unsern Tagen so wohl bewußt, sollten doch nicht so ganz wissentlich übergangen werden. Denn, und zwar im Zusammenhange mit der Lehre vom heiligen Abendmahle, sagt Paulus: Es müssen Rotten unter euch sein, auf daß die, so rechtschaffen sind, offenbar unter euch werden, 1. Cor. 11,19. Und nicht blos wider offenbaren Götzendienst, sondern wider allen Götzendienst des Unglaubens sagt er die so furchtbare Warnung: Ziehet nicht am fremden Joch mit den Ungläubigen, denn was hat die Gerechtigkeit für Genieß mit der Ungerechtigkeit? Was hat das Licht für Gemeinschaft mit der Finsterniß? Wie stimmt Christus mit Belial? Oder was für ein Theil hat der Gläubige mit dem Ungläubigen? Was hat der Tempel Gottes für eine Gleiche mit den Götzen? Ihr aber seid der Tempel des lebendigen Gottes, wie denn Gott spricht: Ich will in

ihnen wohnen und in ihnen wandeln und will ihr Gott sein, und sie sollen mein Volk sein. Darum geht aus von ihnen und sondert euch ab, spricht der Herr, und rühret kein Unreines an. So will ich euch annehmen und euer Vater sein, und ihr sollt meine Söhne und Töchter sein, spricht der allmächtige Herr; 2. Cor. 6,14–18. Und an die Ephesier: Lasset euch Niemand verführen mit vergeblichen Worten. Denn um dieser willen kommt der Zorn Gottes über die Kinder des Unglaubens. Darum seid nicht ihre Mitgenossen. (Ephes. 5,6.7.) f)

6. Dieses also ist die Belehrung des heiligen Geistes selbst über die Lehre vom heil. Abendmahle, ihre Wichtigkeit, den bestimmten Glauben, den Christen haben sollen, über die Kirche, ihre Verfassung, ihre einzelnen Theile, und wahre und falsche, verbotene Union.

Laßt uns nun, lieben Brüder, sehen, wie sich dies alles in den verschiedenen Zeiten der christlichen Kirche gestaltete.

In den ersten Jahrhunderten suchte sich die Kirche, durch alle Verfolgungen im Glauben und gegenseitiger Liebe stark geworden, von allen Irrthümern frei zu erhalten, und sonderte sich von mancherlei Irrlehrern, die es schon damals gab. Solche leugneten auch schon in den ersten Zeiten in ihrem Innern die von Gott gekommene menschliche Natur Christi und daher auch, daß Jesu wahrer Leib und wahres Blut ausgetheilt werde, welches die gläubigen Lehrer als ganz unbiblisch erklärten. g) Auch die Kirche selbst blieb in ihrer apostolischen Verfassung dem Wesen nach, und erst später suchte allerlei Irdisches und selbst Priesterherrschaft in ihr Gewalt zu erhalten. Der Gottesdienst war auch wie in der ersten Zeit. Zuerst ward die Predigt des göttlichen Wortes mit Gebet und Gesang gehalten. Darauf folgte das heil. Abendmahl. Zunächst Gebet am Tische des Herrn mit Gesang der Gemeine. Dann Lesen der Einsetzungs-Worte mit dem Gebete des Herrn und Ermahnungs-Gebet. Während desselben Gesang der Gemeine. Am Schlusse desselben Danksagungs-Gebet und Segensspruch, mit welchem der ganze Gottesdienst endigte. In den Gebeten war der Glaube an Jesu wahren Leib und wahres Blut, und dessen wirklichen Genuß ausgesprochen, und dadurch das heil. Abendmahl, dessen äußere Feier sonst allen Opfermahlen anderer Völker glich, als des Herrn Opfermahl dargestellt. h)

Als nun seit dem Römischen Kaiser Constantin das Christenthum allgemeine Religion im Römischen Reiche wurde, und öffentlich Gottesdienst und Kirchen erhielt, da ward der Gottesdienst auch feierlicher und länger. Die allgemeine Begeisterung für die höchste und allein wahre Religion wirkte dafür. Der Gottesdienst begann, wie bisher mit feierlicher sogenannter Collecte und Gesang der Gemeine. Dann folgte die Predigt über die evangelischen und epistolischen Texte, die noch heute in der Kirche statt finden; dann die Feier des heil. Abendmahles; und um diese äußerlich zu erhöhen, kam zuerst der Gesang des Kyrie Eleison, d.i. Herr erbarme dich unser; dann der Gesang: Allein Gott in der Höh sei Ehr, dann: der Herr sei mit euch, worauf das Chor antwortete: Und mit deinem Geiste, und Vorlesen des Evangelii. Hierauf der Glaube; dann der Gesang: Heilig, heilig und die Einsetzungs-Worte. Dann Ermahnungs-Gebet an die Gemeine. Unter dem Liede: O Lamm Gottes unschuldig, dessen lateinischer Text in die frühesten Zeiten der Kirche gehört, wurde dann das heilige Abendmahl gefeiert und, da bei der Menge der Communicanten der ohnehin nur äußere Gebrauch des Brechens für die äußere Feier störend werden konnte, die Form der Hostie und das vor der

Feier geschehene Brechen eingeführt, welches nachher Luther mit weiser Prüfung beibehielt. i)

7. Seit dem siebenten Jahrhunderte aber bildete die Römische Kirche Lehren und Gottesdienst, die Wesentliches der Apostelzeit und Lehre änderte. Die vermeinten Heiligen wurden angebetet, ein irdisches weltliches Reich eingeführt, von dem die Wahlen der Lehrer, die meist eine Masse Reichthümer erhielten, abhängig ward. An die Stelle des allgemeinen Gebrauches der heiligen Schrift die menschlichen Lehren und Satzungen, von verdienstlichen äußern Werken, wohin auch alle gottesdienstlichen Handlungen gerechnet wurden, und Fabeln von Heiligen gesetzt, als wären sie eben so göttliches Wort, und äußerer Gottesdienst und äußere Casteiungen und Werke für vollkommen Sünden tilgend und verdienstlich erklärt, nicht aber die Rechtfertigung durch den Glauben an das einige Verdienst Jesu Christi. Demnach wurde auch das heilige Abendmahl gegen des Herrn Stiftung zu einem Opfer, Messe genannt, gemacht, wodurch erst das doch einig nach Gottes Wort uns versöhnende Opfer unsers Heilandes vollkommen würde, was also der Priester allein feiert, und bei der Communion selbst blos das Brod den Laien gegeben, obgleich der Herr gebot: Trinket alle daraus, indem man meinte: beim Segen würde das Brod ganz in solches Fleisch verwandelt, wie das äußere, und sei also kein besonderes Blut, da jedes Fleisch Blut habe, nöthig. Der Gottesdienst blieb, außer der Predigt in der den Gemeinen fremden, unverständlichen lateinischen Sprache und die Gesänge wurden also fortan blos von den Geistlichen und Mönchen im Chor am Altare gesungen. Bei der Feier des Abendmahls nach der Predigt (das Hochamt genannt) blieb also zwar jenes Kyrie, Gloria (Allein Gott in der Höh, u.s.w.) Collectiren, Epistel- und Evangelium-Vorlesen aus der ältern Kirche; äußerlich, sichtbar und hörbar, wurde Nichts geändert, als daß der Priester das Abendmahl allein feierte. Aber eben durch diesen einzigen neuen Gebrauch wurde die Einsetzung des Herrn, ihrem Wesen nach, aufgehoben und die weitere Aenderung, daß nun der Kelch auch bei der nun ganz für sich gefeierten eigentlichen Communion der Gemeine entzogen wurde, folgte von selbst daraus. So ward im Anfange unvermerkt und in wenigen Gebräuchen beim Gottesdienste doch das Eigentliche Wesentliche des Christenthums in menschlichen Dienst, Verehrung und Vergötterung menschlicher Tugend umgewandelt. k)

8. Als nun aber die Reformation entstand, bildete sich in der Schweiz, später auch in Frankreich, am Rhein, in Westphalen, Holland und England noch eine andere Abweichung vom ursprünglichen Christenthume, von der Lehre des heiligen Geistes. Ulrich Zwingli, gleichzeitig mit Luther Prediger an der Hauptkirche in Zürich, der in der Schweiz die Reformation gegen die römische Kirche, aber mehr äußerlich als innerlich, eingeführt hatte, und bald nach ihm (um 1530–60) Johann Calvin, Prediger an der Hauptkirche in Genf, hatten schon in ihren ersteren, aber lateinisch geschriebenen Büchern eben so gezeigt, wie wenig sie, was doch der heilige Geist durch Paulus eben so, wie die Demuth des Willens, gebietet, die Vernunft gefangen nahmen unter dem Gehorsam des Glaubens, als die römische Kirche verläugnet hatte, daß man ohne des Gesetzes Werke allein durch den Glauben gerecht werden müsse. Korinths Uebertretungen sind nicht weniger zu rügen, als die von Rom nach den Briefen Pauli an beide, und hier kam augenscheinlich der oben erwähnte Irrthum und Unglaube von Irrlehrern in der

korinthischen Gemeine des Apostels wieder auf; es entstand der innerste Keim des neueren Rationalismus. Hiernach also behaupteten Zwingli und Calvin besonders in der Abendmahls-Lehre: Es sei hier unmöglich, was gegen Vernunft und Natur sei; entgegneten gleich jenen Capernaiten: Wie kann uns dieser sein Fleisch zu essen geben? und behaupten: Brod und Wein bedeuteten nur Leib und Blut des Herrn, oder es sei, wie Calvin meinte, eben weil der Geist des Menschen sich nur dazu erhebe, blos eine Seelenspeise, abermals nur bildlicher Ausdruck von Phantasie, wie bei Zwingli von Denken und Erinnerung. Daher meinten sie auch ferner: Christus sei ganz Mensch, wie wir, leugneten also die Folge der übernatürlichen Menschwerdung des Herrn auf die innere Natur seines ganz heiligen Körpers, daß er, wie Paulus lehrt, der zweite Adam, der Herr vom Himmel ist. Und wie wichtig dieser Unglaube sei, lehrt der Apostel Johannes, 1. Br. cap. 4,1 ff. „Ihr Lieben, sagt er, glaubet nicht einem jeglichen Geiste, sondern prüfet die Geister, ob sie von Gott sind. Denn es sind viel falsche Propheten ausgegangen in die Welt. Daran sollt ihr den Geist Gottes erkennen: Ein jeglicher Geist, der da bekennt, daß Jesus Christus ist in das Fleisch gekommen, der ist von Gott. Und ein jeglicher Geist, der da nicht bekennt, daß Jesus Christus ist in das Fleisch gekommen, der ist nicht von Gott. Und das ist der Geist des Widerchrists, von welchem ihr habt gehört, daß er kommen werde, und ist jetzt schon in der Welt. Zwingli, Calvin und ihre Kirche suchten also wenigstens auf seine, versteckte Weise diesen Glauben an die Menschwerdung Jesu Christi zu untergraben. Indem sie mit Worten in ihren Schriften die Erlösung Christi, den Mittelpunkt unsers Glaubens bekannten, untergruben sie fein die Basis desselben, seinen Grund, nämlich den Glauben an die hochheilige Menschwerdung des Herrn. Noch anderer Unglaube war einzeln in ihren Schriften zerstreut. Diesen aber behaupteten sie am öffentlichsten, und dabei die stärksten Lästerungen (sowohl Calvin als Zwingli) über einen geistigen Leib Christi ganz gleich ähnlichen Lästerungen der heutigen Rationalisten. Es fanden sich Zöglinge von ihnen, die diese Lehre lutherischen Gemeinen beibrachten, und sie dazu geneigt machten. So entstand die reformirte Kirche, in deren Bekenntnißschriften jene Meinungen, besonders vom Abendmahle und der Person Christ, wörtlich erwähnt wurden. Sonst machten sie scheinbar mehr oder weniger diese Bekenntniß-Schriften möglichst den unsern ähnlich, um recht zu locken. In ihrer Verfassung nahmen auch sie scheinbar apostolische Kirchen-Aeltesten und Lehrer, in manchen Ländern auch Diakonen an; aber überall erhielt die irdische Einrichtung der Völker die Oberaufsicht und die Sorge auch für die äußere Erhaltung der Lehrer, so daß diese nur ihre geistlichen Beamten wurden. Der Gottesdienst wurde in den meisten reformirten Ländern, besonders Deutschen Gemeinen unter der Rechtfertigung, Alles möglichst einfach zu machen und den Sinnen die möglichst geringste Beschäftigung dabei zu geben, sehr abgekürzt. Ein Morgengebet, ein kurzes Lied vor der Predigt, dann diese selbst und zum Schlusse wenige Verse waren der einzige Inhalt des ganzen Dienstes. Beim Abendmahle blieb, wie überall und dem Zweck gemäß, Sprechen der Einsetzungs-Worte dann Ermahnungs-Gebet, hierauf die Austheilung, dann das Danksagungs-Gebet und der Segen. Aber in diesen Gebeten vor und nach der Feier und oft auch in den Worten bei der Austheilung spricht sich die Meinung dieser Kirchen-Parthei von bloßer Bedeutung und Erinnerung aus. Blos den äußern Gebrauch aus Jesu Zeit, das

Brod-Brechen, führte man wieder ein. In England aber war die Feier ähnlich dem älteren und dann, mit Ausnahme der Messe, römischen Gottesdienst festgesetzt; nur daß diese Collecten und dieses Vorlesen nicht vor dem Abendmahle, sondern vor der Predigt, also zum Anfange des Gottesdienstes statt finden. Nämlich zuerst kommen einige Sprüche der Bibel, oder sogenannte Intonationen, dann Collecten, das Kyrie, Unser Vater, Epistel und Evangelium, das Glaubensbekenntniß, Vorlesen von Abkündigungen, Aufgeboten u.s.w. vor. Dann die Predigt. Ihre Gesangbücher hat die reformirte Kirche, mit Ausnahme der vorhin angeführten Glaubenslehren, fast theils aus den Psalmen gebildet, theils ganz aus unseren Gesangbüchern entlehnt, um sich auch hierin möglichst unserer Kirche ähnlich zu zeigen; denn in den reformirten Ländern wurden sehr wenige geistliche Lieder gefertigt; dagegen aber dort vorzugsweise die neuere weltliche Poesie, besonders das Schauspiel, ausgebildet. Was in den reformirten Ländern von wahrer christlicher Frömmigkeit sich zeigt, ist also, da, wie im Mittelalter mitten in der Nacht des Katholicismus, Gottes Wort nicht vertilgt werden konnte, Wirkung des besonders seit der Reformation, auch ohnerachtet aller ungläubigen Lehre, auf Kanzel, Katheder und Altar nicht mehr zu tilgenden Wortes Gottes, weshalb denn auch der Eingang anderer, mehr auf dieses Wort bei mancherlei Schwächen sonst achtenden, Partheien, wie der Methodisten in England, der Brüder-Gemeine, ja selbst der lutherischen sogenannten Pietisten, in die reformirten Länder nicht abgewehrt werden konnte. l)

Wie also schon in der Korinthischen Gemeine zu Pauli Zeiten es offenbar ungläubige Lehrer gab, ja Apostel der Gerechtigkeit, die das Evangelium nur aufs schrecklichste mißbrauchten, wie denn allerlei Rottengeister, eine große Masse wollüstiger Leichtsinniger, endlich auch eine Anzahl wahrhaft Bekehrter, auch wenn es ihnen an rechter Treue und festen Glauben und tiefer Unterscheidungs-Gabe (vgl. 2. Kor. 6,14. ff.) fehlte: so auch in den reformirten Ländern. Da gab es und gibt es zunächst offenbar an die Testaments-Worte Jesu und an die Vereinigung der Menschheit und Gottheit in ihm ungläubige Lehrer, und deren Lehre ist die eigentliche reformirte Kirchen-Theologie. Dann gibt es Apostel der Gerechtigkeit, die ganz dasselbe bekennen und voll Zelotie gegen unsere Kirche sind, aber doch von lauter Erweckung, Glaube an Rechtfertigung und großer evangelischer Liebe reden und schreiben. Ferner alle Arten von Secten: Latitudinarier und Antilatitudinarier, Supralapsarii und Infralapsarii, Episkopalen, Presbyterianer, Puritaner, Independenten, Conformisten und Nonconformisten, Quäker, Anabaptisten u.s.f. Ferner zeigen der Schweizer Kilgang, die Sitten Frankreichs, Hollands, Englands, nun auch des großen Theils öffentlich und dem Wesen nach schon unirten Deutschlands alte korinthische Leben mehr als zu sehr. Wer aber möchte auch leugnen, daß es Tausende und aber Tausende in reformirten Ländern gibt, die, gleich den Methodisten, im Zustande wahrer Buße sind? Es fehlt ihnen nur an rechter Erkenntniß des ganzen N. Test., an wahrem, gegen alle Menschenfurcht zu Jesu geheiligten, starken Glauben, der Gut, Ehre und Leben für sein Wort und seine Ehre zu lassen bereit ist; endlich am rechten Prüfungs-Geist, um täuschende Apostel der Gerechtigkeit von ehrlichen Lehrern zu unterscheiden. Wer möchte also richten können über die Einzelnen? so wenig als selbst über Tausende innerhalb der katholischen Kirche? Aber die reformirte Kirche und ihre Theologie ist, laut göttlicher heiliger Schrift, zu fliehen, wie gegen jene

Irrlehrer in Korinth der Apostel so ernst warnet. So urtheilt selbst unsre Concordien-Formel nie über die einzelnen Menschen, wohl aber über die Lehren.

9. Als nun aber um dieselbe Zeit unser Luther auftrat, so war es sein einziger Zweck und seine tiefste Absicht, die reine biblische Lehre und Kirche wieder einzuführen. Er sah zuerst die Irrthümer der römischen Kirche ein, und lehrte von 1517 an wiederholentlich, daß der einzige Schatz frommen Verdienstes in der Kirche das hochheilige Verdienst Jesu Christi sei, die Rechtfertigung nur durch den Glauben komme, der Gottesdienst und alle äußeren guten Werke diese Rechtfertigung nicht erlangen können, wenn Gottes Wort und der Glaube nicht dabei sei, daß die Kirche kein weltlich Regiment noch Herrlichkeit, und ihr einiger Herr Jesus Christus sei. Auf gleiche Weise sah er auch seit 1525 die Irrthümer Zwingli's und Calvins ein, enthüllte mit seiner großen Schriftkenntniß die Träumereien und falschen Schriftdeutungen beider, und lehrte fest bis an seinen Tod, (denn die beiden reformirten Theologen Bucer und Capito hatten ihn 1536 bei der sogenannten Wittenberger Concordie blos getäuscht, worüber er sich, als er es nachher wahrnahm, bitter gekränkt fühlte), daß Jesu Gottheit auf seine Menschheit, nach ihrer ewigen Allmacht, von seiner wunderbaren Menschwerdung an stets wesentlichen Einfluß habe, daher seine und unsere dereinstige Verklärung; daß demnach in, mit und unter dem gesegneten Brode und Weine des Herrn wahrer Leib und wahres Blut ausgetheilt werde, und so bezeugte dies auch die Augsburgische Confession. Man müsse also bei den Worten der heiligen Schrift, als göttlichen Worten, stehen bleiben, nicht fortschreiten zur Vernunftvergötterung und mit ganz treuem Herzen, von allen Menschensatzungen entfernt, blos bei der Bibel stehen bleiben, und von allen Ungläubigen sich sondern, wie er denn selbst in Marburg, 1529, wohin beide mit ihren Freunden von Landgraf Philipp von Hessen berufen wurden, keine Union mit Zwingli einging. Mit diesem Glauben, betheuerte er noch kurz vor seinem Tode, wolle er vor den Richterthron seines Herrn und Heilandes treten. Auf diesen Glauben entstand nun durch ihn und seine Schüler eine Kirche, die ganz apostolischen Grund und Lehre hatte.

Frühzeitig bekannten sich viele Fürsten Deutschlands dazu; und auch außer Deutschland Schweden und Dänemark; und zum Zeugnisse dieses Glaubens wurden von Luther und seinem Gehülfen, dem gelehrten D. und Professor Melanchthon in Wittenberg und ihren Schülern die Bekenntnißschriften unserer Kirche verfaßt, die sich vor allen denen aller anderen christlichen Religions-Partheien durch ihr treues Festhalten an der heil. Schrift auszeichnen, nämlich I. der kleine Katechismus von 1527, II. der große Katechismus, für den Prediger zur Erläuterung des erstern bestimmt, 1527. III. Die Augsburgische Confession, 1530 auf dem Reichstage zu A. dem Kaiser und den Ständen Deutschlands übergeben. IV. Die Apologie dieser Confession. V. Die Schmalkaldischen Artikel von 1536. VI. Gegen damalige, besonders heimliche calvinistische Irrlehrer die Concordienformel von 1577, abgefaßt von sieben der gelehrtesten und frömmsten der damaligen Theologen.

Die Verfassungen der Kirche in den einzelnen Ländern, die das lutherische Bekenntniß annahmen, verschmolzen freilich ungeachtet die Symbolischen Bücher geistliches und weltliches Regiment biblisch trennten, mit den Verfassungen des irdischen Staates. Indeß erhielt jede Gemeine wenigstens Vorsteher, die mit den Kirchen-Patronen auch das Wahlrecht hatten; bei größern Gemeinen, wie in Holland, den deutschen Reichsstädten, und Breslau, was bis 1740 das Recht deutscher Reichsstädte ungeschmälert behielt, wurden ähnliche Einrichtungen von Aeltesten, wie zur Apostel-Zeit bestimmt, auch Diakonen, die besonders, wie in dem Briefe an den Timotheus steht, für Armenpflege Sacramentsverwaltung und Seelsorge bedacht sein sollten, so wie für die Lehren mit ihren Pastoren. Die freie Erhaltung der Lehrer durch die Gaben der Gemeine ward ebenfalls beachtet, so daß sie nicht Staatsdiener werden konnten. Es war später nur noch genauerer Verband durch vollkommen apostolische Verfassung, wahrhaft apostolische Synoden, an denen also die Gemeinen auch Antheil nähmen, und apostolischer Briefwechsel und Reisen nöthig. Für den Gottesdienst entwarf Luther 1523 und besonders 26 in zwei Schriften das Nöthige. Er ließ die Ordnung im Gesange wie früher in der römischen Kirche, weil ja auch diese viel Alt-Christliches äußerlich beibehalten. Gerade dieses wußte er genau von allem später hinzugekommenen Römischen auch hierbei zu scheiden. Also in den größeren Kirchen blieben Früh-Amts und Nachmittags-Predigten jeden Sonntag; nur statt der latein. Chor-Gesänge der Geistlichen vor der Predigt, so wie nach der Predigt wurden deutsche Gesänge der Gemeine nach apostol. Vorschrift eingeführt. Auch das Kyrie, Allein Gott in der Höh sei Ehr, jetzt aber als Gesang; dann ein Lied (in den schles. Kirchen sonst Musik, jetzt in den verfolgten Gemeinen, wie in Sachsen, ein Lied) Collecte und Lesen der Epistel und des Evangelii ließ er als Feierlichkeit, nur an offenbar passenderer Stelle, vor der Amts-Predigt, nicht mit dem Abendmahle nachher verbunden. Der Glaube wurde Gesang der Gemeine, was er sein soll. Das Abendmahl wieder Opfer-Mahl, die neugemachte Opferung weggelassen, der Kelch, nach Jesu Gebot, der Gemeine wieder gegeben. So wird also, wie in den ersten Zeiten, zunächst die Einsetzung gesprochen, dann auch sonst in allen Kirchen Breslau's unsers Bekenntnisses, so wie andern lutherischen Gemeinen Schlesiens, jetzt in allen verfolgten lutherischen Gemeinen im Preußischen, ein Glaubensgebet, welches wörtlich das Bekenntniß unserer Kirche enthält. Dann die Austheilung mit den Bekenntniß-Worten abermals: Dein heiliger Leib etc. Während der Austheilung der alte Gesang: „O Lamm Gottes unschuldig. Dann Danksagungsgebet von Luther selbst, worin abermals das Bekenntniß: „Wir danken dir, allmächtiger Gott, daß du uns durch die heilsame Gabe des wahren Leibes und Blutes Deines Sohnes Jesu Christi hast erquicket u.s.f. Darauf der Segen. Das Brodbrechen, wegen Anstoß während der Handlung, wurde vor ihr vorgenommen. Diese Ordnung und Gebete enthielt nun zuerst das erste lutherische, kirchliche Altarbuch oder Agende von Luther selbst, 1523 und 26 herausgegeben, welches späterhin wiederholt aufgelegt wurde. Und selbst die neue Dresdener Agende für das Königreich Sachsen von 1812, so wie das neue Dresdener Gesangbuch, haben doch das Wesentliche in diesem unserm Abendmahls-Bekenntniß, so wie überherhaupt das Wesentliche unsers Bekenntnisses (obwohl auch andere Formulare in der neuen A. stehen) erhalten, indem beide Bücher von zwei noch gläubigen Theologen unserer Kirche, dem Ober-Hofprediger Dr. Reinhard und Superintendenten Dr. Tittmann verfaßt wurden. m)

10. In diesem Glauben gedieh unsere Kirche herrlich. In dieser ihrer bestimmten Ueberzeugung hatte sie, wie Paulus zu den Ephesiern gesagt, (Eph. 4,11) eine

Menge Apostel d.i. Missionarien, Schriftforscher, Hirten und Lehrer, d.h. Seelsorger und Forscher der Lehre, Evangelisten d.h. Kirchengeschichtsforscher und Propheten, d.h. heilige Liederdichter. Jedes Land hatte nach christl. Freiheit seine Agende, d.h. kirchliche Collecten- und Gebet-Bücher, so wie eine Menge Gesangbücher, in denen die Zahl der Lieder bis zu 60,000 stiegen. Frömmigkeit und heiliger Sinn wurde überall durch die Ehrfurcht gefördert, die man vor dem allmächtigen Herrn als lebendigen Gott und dessen Wort hatte. Ihre Bestimmung und ihr Gang zeigte sich ganz dem ähnlich, was die Schrift von der Gemeine von Ephesus sagt. Indeß auch Ephesus Schwäche traf sie. Nach ihrem letzten Kampfe im dreißigjährigen Kriege fieng sie an ihre erste Liebe zum Herrn zu verlassen. Die reformirten Theologen machten also wiederholentlich Pläne zur sogenannten Union d.h. Vereinigung der lutherischen Kirche mit ihr, um unter diesem Namen sie, wie einst Moab Israel, zu ihrer Ansicht zu bringen. Daher wurden Gottesdienst, Inhalt der Bekenntnißschriften und Gesangbücher möglichst den unsern genähert. In Hinsicht nun des Gottesdienstes und der Agende geschah dies, wie wir sahen, schon in England, im sechzehnten Jahrhundert, und daher machten schon 1703 reformirte Prediger in Berlin den Entwurf, ähnlichen Gottesdienst (man nennt dies Liturgie) und Agende, wie in England, auch in den preußischen Staaten bei beiden Confessionen einzuführen, um sie zu vereinigen. Aehnliches entwarf nun der reform. Hofprediger Sack in Berlin 1802 und in besonderer Schrift 1812 wurde nun darauf die Idee einer allgemeinen evangelischen Kirche gegründet (die aber engverschmolzen mit dem Wesen der Welt, jeden Glauben in ihr als erlaubt, also als gleichgültig darstellt.) darauf ist nun auch die neue preußische Agende gegründet, die zuerst 1821 für die reformirte Domkirche in Berlin gemacht worden ist, und mehrfach geändert und vermehrt, 1830 auch für Schlesien und jede preußische Provinz, um sie desto annehmlicher zu machen, seit 1829 besonders gestaltet worden ist. Was nun der König von Preußen aus guter Meinung, indem man ihn von Jugend auf, und späterhin besonders die Bischöfe Eylert und Neander, ein paar Nachfolger von Sack, belehrten, daß diese Union Bibellehre sei, versucht hatte, war aber eigentlich, wie sie selbst gestanden, der innigste, feurigste Wunsch der Masse deutscher gelehrter Theologen und Prediger seit langer Zeit in allen Ländern des Vaterlandes. Denn, leider, war seit der zweiten Hälfte des vorigen Jahrhunderts die Herabwürdigung der heiligen Schrift als bloßen Juden-Buches, deren Lehren man erst nach der göttlich geachteten Vernunft in uns prüfen müsse, da diese allein Alles zu prüfen verstehe, von Deutschlands Kathedern und tausend und abertausend Kanzeln bald offener bald versteckter allgemein gelehrt; und dies als höhere Dogmatik und Fortschritt des Christenthums zur Welt-Religion, namentlich im Vaterlande der Reformation, verbreitet. Sehr natürlich sahen solche Lehrer die Union als das bequemste Mittel an, die ihnen so fatalen lutherischen Bekenntnisse und lutherische Kirche zunächst in den feinen, mehr versteckten Vernunft-Dienst der reformirten Kirche zu bringen, damit so nach und nach der weitere vermeinte Fortschritt zu der Ansicht, die eigentlich das Pabstthum von der hohen Würde der Menschheit zuerst angedeutet habe, möglich wurde. Todtenfeste wurden schon seit Jahren in evangelisch-lutherischer Kirche eingeführt, die längst tiefblickende Jesuiten, hohnlächelnd, dem Feste aller Seelen verglichen. Mit diesen offenen Rationalisten kamen vermeintlich erweckte gläubige reformirte Theologen an heftigem

Eifern für die Union und gegen die Kirche, die Gottes Wort am lautersten bekennt, überein (2. Kor. 11,13. ff. wohl zu erwägen). Mit Freuden reisten einige Häupter der neuen Theologie, Ammon, Bretschneider und Röhr nach Genf zum dortigen Reformations-Jubiläum der Schweizer-Reformirten, und genau mit diesen verbunden, ward bald nach ihrer Rückkehr von der Kanzel und in Büchern alles für diese Union aufgeboten, um dazu zu locken; ein lutherischer, in Dresden's Haupt-Stadtkirche vom Superintendenten Seltenreich, auf Anordnung des lutherischen Consistorii, für die reformirte Gemeine dort als Hülfsprediger ordinirt; wenige Monate nachher, im Mai 1836, theilte ein Leipziger lutherischer Stadt-Prediger zugleich mit dem reformirten in der Leipziger reformirten Gemeine das Abendmahl aus nach reformirtem Ritus. In den öffentlichen Blättern Sachsens ward von Freunden jener neuern Theologie dies laut gerühmt und anempfohlen, wie schön dieser Anfang zur Annäherung der von ihnen dafür ausgegebenen Schwester-Kirchen wären. Aehnliche Stimmen erschallten fast durchaus auch in andern, dem Namen nach lutherischen, Gegenden Deutschlands. Ueberall in Sachsen wurde auf diese Theologie theils geschwiegen, theils durch sie der Druck von Schriften untersagt, theils derselbe geschmälert, damit ja nicht Tag würde durch Schriften, die die reine Bibel-Lehre gegen den Abfall der Zeit vertheidigten, so wie solche in unsern Bekenntnißbüchern enthalten ist, ja, diese Bekenntnißschriften, so wie die heilige Schrift selbst aufs schmählichste herabgewürdigt.

So sehr indeß außerhalb Sachsens, seit Einführung jener Berliner Agende, die Masse der theologischen Feinde unserer Kirche alles aufboten, um durch die ausgesuchte Verfolgung, Absetzen, dann Einkerkern oder Verbannen der Lehrer, während man von lauter evangelischer Liebe sprach, so wie durch Geldstrafen, Auspfänden bis zum Bettelstabe der Gemeine-Glieder, die lutherischen Gottesdienst und Sacrament sich und den Ihrigen erhalten wollten, die lutherische Kirche im Preußischen zu vernichten; so machte doch, da im Anfange nur nächst der Breslauischen Gemeine drei Parochien treu geblieben waren, gerade diese Verfolgung, so wie in den ersten Jahrhunderten, in und außer Deutschland Tausende aufmerksam, besonders, seit am Weihnachts-heiligen Abend 1834 sogar ein unirter Consistorial-Rath mit Infanterie und Cavallerie eine Landkirche in Schlesien der um sie herum angstvoll betenden und singenden Gemeine wegnehmen ließ; es machte dieß Alles, weil es die reformirte Theologie klar zeigte, soviel Eindruck, daß nun in ganz Preußen fast Gemeinen lutherischen Bekenntnisses wieder aufstanden, um sich zu gemeinsamer alter Kirche ihrer Väter wieder auf Gottes Wort, nach ihren Bekenntnißschriften, alten unverfälschten Kirchenbüchern und Gesangbüchern vor Jesu und seinem heiligen Geiste der Wahrheit zu verbinden.

Ja, auch in Sachsen haben bereits achtungswürdige Prediger und Candidaten, die dem Lande Luthers und Melanchthons durch Besinnung und gelehrte Kenntnisse wahrhaft Ehre machen, offen und freimüthig, seit die Unionspläne klar sich zeigten, herrliche Zeugnisse abgelegt. War es doch ihr Vaterland, welches zuerst die Schlauheit und Tücke der reformirten Kirche erfahren mußte, als Pfaffentrug einst sogar den frommen August umgarnte, ihn und Sachsens Mutter Anna selbst, der schnöden Genossenschaft preiß gab, Sachsens Hochschulen von treuen Theologen leerte, 111 treue lutherische Geistliche in wenig Tagen ins Elend wandern hieß, die Kryptocalvinisten über Mitbürger, Mitchristen triumphirten, binnen zehn Jahren unsägliches Unglück im Lande angerichtet war. War es doch Sachsen, welches, während des schwachen Christians Regierung abermals die vorgebliche Schwesterlichkeit der reformirten Kirche noch bitterer erfahren mußte; als reformirte Prediger sich abermals zum Nutzen und Frommen ihrer vermeinten Kirche des Staatsruders geradewegs zu bemächtigen wußten, ihre „allgemeine christliche Liebe", die eidliche Verpflichtung auf die von August nach jenen bitteren Erfahrungen veranlaßte Concordienformel sogleich aufhob, die Lehrfreiheit auf den Kanzeln durch Interdicte zu beseitigen trachtete, die freie theologische Beurtheilung, ja Erzählung durch Censur und Schriftverbote wie auch in unsern Tagen abermals zu vernichten suchte, ja, nach Eingriffen auch in den Gottesdienst, gegen die ihrer Kirche treuen Diener Einkerkerung, Absetzung und Verjagung ins Elend folgen ließ. Und auch noch heut ist im Munde des Volkes der Ruf jener Predigerfrau, als ihr Mann auf reformirtes Gebot den Exorcismus bei der Taufe zu unterlassen schwankte: „Ach Herre, lieber Herre, schreibt, daß ihr bei der Pfarre bleibt," – als ein bleibendes Andenken.

Es gilt jetzt wieder das hochheilige Testament unsers Herrn und Heilandes Jesu Christi, es gilt den hochwichtigen Grund unsers Glaubens an ihn und unsere Hoffnung zu ihm, die Lehre von seiner Person und der wahren ungetrennten Vereinigung der göttlichen und menschlichen Natur Jesu Christi; es gilt das theure Mahl, was Jesus kurz vor seinem uns ewig erlösenden Leiden und Sterben eingesetzt hat, von dem er sagte: Mich hat herzlich verlangt (Worte die er sonst nie gebrauchte) – mich hat herzlich verlangt, dies Osterlamm mit Euch zu essen, ehe denn ich leide; – es gilt endlich das theuerste, herrlichste Kleinod des Vaterlandes der Reformation, die Erneuerung der Lehre des göttlichen Worts und darauf allein gegründete Kirche, den wichtigsten und köstlichsten Besitz Sachsens, ja ganz Deutschlands. Schon sind Gemeinen in der Lausitz mit ihren Lehrern, schon da und dort in den Erblanden schon theuere Bewohner der Hauptstadt im Erwachen, schon betrachten, stärken sie sich in Gottes Wort und Gebet. Auch in Lutherslande ist Gottes Reich erwacht. n)

Auch sie werden den guten Kampf des Glaubens kämpfen und der Anfänger und Vollender dieses Kampfes wird ihn segnen mit der Allmacht seines Geistes, wie seit 1816 und 1830. Sein Wille geschehe, sein Reich komme. Amen!

b) Die wahre Würde der evangelisch-lutherischen Kirche. Predigt, am Reformations-Feste 1814 in der Barbara-Kirche in Breslau gehalten; und mit einigen Bekenntnissen für die in Berlin vereinte geistliche Commission zur Anordnung des evangelischen Cultus herausgegeben, Breslau 1816

Hochwürdige!

Verzeihen Sie, daß Freundes Wunsch mich vermochte, einige nur in stiller Gemeine von Herz zu Herz und des Gewissens wegen gesprochne Worte, mit einigen Wünschen begleitet, Ihnen öffentlich zu überreichen. Verhallen sie auch als Worte eines einzelnen lutherischen Predigers unter ungleich würdigerer Mitsprache anderer bey der wichtigen Angelegenheit, für die Sie im Nahmen des Herrn vereint sind, so entschuldigt mich vielleicht Ihre eigne ächtevangelische Aufforderung, daß jeder Prediger, wer es sey, sein Scherflein Meinung beytragen könne.

Zunächst vergönnen Sie mir die Frage: Sollte das Verderben der evangelisch-lutherischen, zum Theil auch der evangelisch-reformirten Kirche, nur von unserm Cultus ausgehen? Lag in ihm, im bloßen Ritus, der Keim ihres Unglücks? Ihnen darf ich es nicht erst sagen. Von dem Unglauben evangelisch-lutherischer Theologen selbst gegen Daupt-Dogmen [sic] des Christenthums, von Dreyen in der Gottheit (mag denn das Wort *ὑποσταοις* und persona bleiben, was selbst Athenasius lassen wollte, wenn man nur der heil. Schrift glaube,) von Versöhnungs-Opfer-Tod, von Geistes-Wirkung, Engeln, Auferstehung, Gericht, ewiger Strafe und Freude, vom Leugnen dieser Haupt-Wahrheiten der Schrift, davon ging das Uebel aus. Die Schuld, und fast einzige Schuld, tragen Deutschlands protestantische Universitäten und ihre Schriftsteller. Mit dem unbedingten, uneingeschränktesten Glauben an die Bibel von Gen. I bis Apol. XXII. steht und fällt die evangelische Kirche. Das wissen noch alle wahren Lutheraner, das selbst in Deutschland noch Lehrer, wie Döring, I. F. Flatt, Knapp, Köthe, Schnurrer, Schäfer, Steudel, Süßkind, und mit ihnen manche andre sind. Wie also mit Wort und Schrift Luther dem Worte Gottes durch die Kraft dessen, der es gab, Bahn machte, so kann nur mündlich und in wahrhaft lutherischen gelehrt-theologischen Schriften, wie einst gegen Arianer und Socinianer, so gegen ihre Nachfolger, die schlau die evangelische Lehr-Freyheit in unevangelische Lehr-Frechheit umwandelten, die Wahrheit wieder Macht gewinnen. Jeder wahrhaft lutherische Theolog muß vor allem andern auf Canzel und Cathedern unaufhörlich zu beweisen streben, daß die Bibel alle Angriffe des Verstandes aushalten könne, daß sie nicht bloß das frömmste, sondern, und eben darum, auch das weiseste aller Bücher sey. Daß in der Neologie und nur hierin das Verderben der evangelischen Kirche lag und liegen mußte, das ist im Wesen der Kirche selbst und in der Geschichte ihres Verfalls hinreichend klar.

Die prostestantische Theologie geht nicht, wie uns neuerlich ein protestantischer Theolog unterrichten wollte[1], vom Glauben im allgemeinen, (dann wäre ja Glaube an Schellings Philosophie auch evangelisch), sondern vom Glauben an das Eine bestimmte Object, vom Glauben an die Offenbarung der Bibel aus. Klarheit des Verstandes nicht nur, wie uns jener Verfasser (S. 16) sagt, sondern Glauben an die Bibel, dies ist evangelischer Sinn, und nur weil Klarheit des Verstandes mit dem Glauben an das weiseste aller Bücher sehr natürlich verbunden ist, (I. Cor. I,30; Col. 2,3, Röm. 11,33.) so ist freylich Klarheit des Verstandes mit dem Protestantismus vereint.

Indem nun der Glaube an die Bibel Princip der lutherischen, der evangelischen Kirche, so ist dieser Glaube ganz natürlich Glaube an den buchstäblichen Inhalt der Bibel. Es ist also immer bloße Sprache der Aufklärer, wenn uns der Verfasser jener Schrift mit schlauer List sagt: So wie die Ausbildung des Verstandes

---

[1] Die neue Kirche. 1815, 8.

fortschreitet, so ändert sich auch (nehmlich in der evangelischen Kirche) die religiöse Ueberzeugung. Nichts weniger als dieß. Die protestantische Kirche kann als solche nur unbedingt bey dem Wort der Schrift verharren; sie kann nur, wie sie da ist, im A. und N. T. drey in der Gottheit, Messias, Versöhnungslehre u.s.w. finden; und jene künstliche, nichts weniger als wahrhaft philologische Exegese die seit Teller bis auf Heinrich, Pott, Bertholdt, Krause, Eichhorn, Löffler, Rosenmüller, Paulus, Gabler und de Wette etwas anderes darin finden will, erkennt sie für Arianismus und Socinianismus, den die Verfasser in den Bibeltext hinein künstelten, weil sie selbst nur, stolz genug auf ihre Tugend, und (obgleich nicht consequent) auf ihren Verstand, nicht glauben wollten; als Theologen aber des Amts wegen doch nicht laut sagen mochten: Uns gefällt ein philosophisches Heydenthum besser.

Diesem natürlichen Heydenthum sind offenbar jetzt noch die meisten Universitäts-Theologen im evangelischen Deutschland, so wie die meisten Prediger zugethan. Der Verfasser jener Schrift selbst (S. 5–8) nennt nur falsche Aufklärung, wenn man zu wenig schlau dem Volk seine höheren Einsichten geben wolle. Er misbraucht dazu, boshaft genug, mit ächt aufgeklärter Exegese 1. Cor. 2,6–14.

Niemand der das Zeitalter unbefangen prüft, wird dem Verfasser beypflichten (S. 18 folg.), daß das Zeitalter der bösen Aufklärung vorüber sey. Noch immer suchen vermeinte Theologen uns die Bibel wegzudeuten. Kein Unbefangener wird auch die neue politische Begeisterung Deutschlands von etwas anders als natürlichem Freiheitsgefühl herleiten; und wie vielfach auch darüber gepredigt ward, die studirenden Jünglinge Deutschlands sind viel zu griechisch und frivol, als daß sie durch Religion begeistert werden konnten.

Allerdings hält man das Moralisiren auf der Kanzel (S. 27) nicht mehr für das Einzige, aber an dessen Stelle ist nicht Bibel-Religion (wie viel Prediger wissen denn viel in der Bibel? lesen in ihr täglich?) sondern eine poetische Beredsamkeit getreten, und weder 1816 noch 1790 ward mehr viel von Gottheit oder Versöhnungs-Opfer Jesu auf den Kanzeln gehört. Die meisten Prediger sehen nur auf schöne deutsche Sprache, und Göthe und Schiller dünken ihnen unentbehrlichere Lectüre, als Johannes und Paulus. Welcher Frevel also gegen die fromme Religion Jesu, wenn man uns wohl gar Göthe und Schiller als weckend einen bessern Glauben darstellen will (S. 19), oder jene heydnische Litteratur der Griechen und Römer, oder jene abergläubische alte deutsche Poesie (S. 21). Das alles hat für die Religion Jesu nur Stolz, Wollust und Katholicismus gewürckt.

Kein Unbefangener sieht also seit 1800 oder 1812 wesentliche Besserung. Der Streit zwischen Rationalismus und Supernaturalismus, den Reinhards Geständniße verursachten, und der natürlich noch dauert, was ists er anders, als der alte Streit zwischen Offenbarungsglaube und bloßem vernünftigen Heydenthum? Kein consequenter Denker wird sich durch Tschzirners und Schotts Sophismen täuschen lassen, die im Grunde mit Löfflern (Entbehrlichkeit der Offenbarung, Magazin – für Prediger!!! 1814) auf Einem Wege sind. Aber eben dieser Streit zeigt denn auch, daß weder die jetzt gewöhnliche Bibel-Exegese die richtige Deutung aus dem Sprachgebrauche von Männern, wie Knapp, Flatt, Storr, noch die consequente Ansicht des evangelischen Glaubens bey Männern wie Flatt, Süskind, Steudel und andern unterdrückt hat. Viel zu weise ist der Glaube, den Euler, Newton und Kästner annahmen, als daß jemand, der nur einiges vom

Geist jener Männer weiß, glauben könnte, unsre Koryphäen der Neologie wären verständiger.

So viel über jene Schrift.

Ich gestehe also, für mich, und gewiß für jeden wahren evangelischen Christen, ist es ungleich gleichgültiger, ob 5 oder 10 Lieder, 2 vor oder 2 nach der Predigt gesungen, 10 oder 12 Zeilen collectirt werden. Ist aber ja von größerer Aenderung des Cultus die Rede; dann wäre allerdings doch zu wünschen:

1) daß jener Unhold, der als Beichtwesen seit drey Jahrhunderten die Kirche beeinträchtigte, eine bessere Gestalt nähme. Aber das Wie? dünkt sehr schwierig zu seyn. Die Meinung vieler: alles als festes Salarium zu bestimmen, hat ihre großen Mängel, sobald ein Prediger blos nach Gerechtigkeit früge, (und auf diesen Fall muß man doch in sublunarischer Welt Rücksicht nehmen), und bey weit mehr gehäufter Arbeit als andre sich nicht besser als andere belohnt sähe. Rathsamer wäre es vielleicht, daß Sonnabends, wie ich selbst in Halle fand, der Prediger, der die Woche den Cultus zu pflegen hätte, die Abendmals-Vorbereitung hielte; ein jeder besonderer aber, der wahre Reue fühlte, äußere dem Lehrer des Worts, dem er sein Zutrauen schenkt, zu Hause, seine Herzensangelegenheit und dieß sey mit keiner ärgerlichen Taxe verbunden. Immer aber wäre es gar heilsam, in Collegien über Pastoraltheologie der Habsucht das nöthige zu sagen. Merkwürdig ist es, daß an eine Aufhebung der ganzen Beichte weder je eine Versammlung, noch Synode, noch selbst Henke, Wegscheider, und de Wette gedacht haben. Das war von je her der liebste Glaubensartikel; und Christus würde längst in evangelischen Kirchen nicht mehr genannt, wenn er nicht so viel Geld gäbe.

2) Möchten Processionen, Räuchern u.s.w. wohl mit Recht der Römischen Kirche manche Aufforderung zum Lächeln geben. Das hieße denn doch: sich römisch formen, und nicht römisch seyn wollen.

3) Die Confirmation als Sacrament zu weihen, und Taufe und Abendmahl gleich zu setzen, wäre ganz gegen das Evangelium; und verriethe traurige Ursachen. Schon nennen Römisch-Katholische Lehrer die Firmelung Confirmation. Nach den Ausgaben des N.T., die ich kenne, ist nur die Taufe Einweihung zum Christenthum; und die Confirmation darf nichts als erhöhte Bußermahnung seyn. Neue Sacramente dürfte kein evangelischer Christ annehmen.

4) Hoffen wir Lutheraner namentlich von Ihrer Mitwirkung, hochwürdiger H. Bischof Sack, daß Ihre bekannte Achtung gegen Gewissens-Freyheit den Werth auch lutherischer Gewissens-Freyheit gewiß bewahren werde. Brüderlich reicht jeder evangelisch-lutherische Prediger dem evangelisch-reformirten die Hand, wenn er vollends im Geist der so achtungswerthen Haager Gesellschaft denkt und wirkt, und, wie er ihm seine Ueberzeugung ungestört zu lassen für heilige Pflicht achtet, so hofft er von ihm dieselbe wahre evangelische Toleranz; Ein Herr, Ein Glaube, Eine Taufe. Sind aber viele lutherische Lehrer, sind die meisten jetzt offenbar schon der Meinung Zwinglis, so würde, käme es auf die Mehrheit der Stimmen nur an, ja selbst die Folge seyn, daß wir alle römisch-katholisch werden müßten, denn von 100 Millionen Europäer, sind wenigstens 90 römisch-katholisch. Jede neue gesetzliche Entscheidung über das Abendmahl also, die natürlich, wie die Geistlichen jetzt sind, wahrscheinlich zum Nachtheil von Luthers Ueberzeugung vom Abendmahl ausfallen würde, wäre härter als der Beschluß

von Nicäa, wo man erst nach siegender Widerlegung, nicht Kirchengesellschaft vernichtete, sondern die Unwürdigen ausschloß. Nein! wir hoffen, während selbst Rom den Häretikern Ablaß biethet, von evangelischen Consistorien keine Anathemata, wie dieß: daß ein jeder lutherischer Prediger reformirt werden müsse; denn daß sie reformirte Communionhandlung gebieten, lutherischen Sinn aber erlauben würden, (was ohnehin Bullenfrey ist), das werden nicht deutsche Männer, das vielweniger christliche Theologen.

Sollten Sie nur, und wer möchte dies nicht von Ihnen hoffen? und wie würde dies ein jeder wahrer Christ aufnehmen, sollten Sie für alle wahre evangelische Gesinnung, deren Grund die unbeschränkte Liebe gegen Jesum ist, wirken; wie wünschen und hoffen wir dies! dann wissen Sie ja; Hochwürdige, den Preis und Lohn von dem, der leidende Bekenner stets nur um so herrlicher verklärte, dessen Allmacht und Weisheit sie nie verläßt; und der also auch alle beglückt, die jene in ihrem Wandel schützen und fördern.

Aber man will ja doch[2] alles Ernstes Concilien, Synoden wider aufbringen. Ja, diese sollen sogar neue symbolische Bücher einführen können, neue Lehrbücher constituiren u.s.f. – es, wird uns sogar (vollends ganz unevangelisch) mit einem Kirchen-Fürsten[3]) gedroht. Glauben Sie nicht, Hochwürdige, daß wahre Lutheraner nicht wissen sollten, wohin das abzweckt. Sehr wohl wissen wir, daß diese Synoden meist aus Neologen bestehen würden; wissen also, daß wir wenigstens ein unbiblisches Mittelding zwischen dem Rakauschen Catechismus und der ächtbiblischen Confessio Augustana zu erwarten haben; und dieses After-Glaubensbekenntniß würde dann commandirt. Wir sehen bestimmt im Voraus, daß ein solcher Kirchen-Fürsten nichts anders als neologische Grundsätze haben würde; denn wir kennen den Glauben der meisten Constituenten, und der mit ihnen vereinten theologischen Schriftsteller.

Gegen diese papistischen Kunstgriffe der Neologie muß sich jeder wahre Lutheraner entschieden erklären. Alle Synoden, und ihr Befehl, alle fürstliche Würde, alles neue Symbol-Commando ist völlig unevangelisch; und es ist allerdings zu tadeln, daß selbst Augsburgsche Confessionen und Concordien-Formeln, wie ungleich biblischer sie auch waren, als alle jetzige ausfallen möchten, zu Befehlen gemacht worden sind. Alle Lutheraner haben Ein Glaubens-Buch: Die Bibel; kein andres; und zwar die Bibel, in welcher unser einziger Ober-Bischoff gesagt hat: Ihr sollt euch nicht Meister nennen lassen; denn Einer ist Euer Meister, Christus.

Aber, sagte man, wie würde es dann um die Kirchen-Einheit stehen, da die Bibel ja von jedem anders exegesirt wird?

Hierauf muß jeder wahrhaft lutherische Lehrer antworten:

1) Es giebt nur Eine Exegese, d. h. die, die in der Bibel die Bibellehren findet, und diese sind laut allen griechischen Lexicis: die Lehre vom Vater, Sohn und Geist, vom Opfer-Versöhnungs-Tode, von Inspiration u.s.w.

2) Das kümmert uns gar nicht, wie groß oder wie geringe die Menge der Lutheraner ist. Trenne sich jede neologische Facultät, jeder neologische Prediger

---

[2] Vgl. die Schrift dreier brandenburgischen Consistoial-Räthe. Berlin 1815.8.

[3] S. des Spinozisten, D. Schleyermachers theologische Encyclopädie und die Aphorismen über das kirchliche Leben.

mit seiner Gemeine von der evangelischen Kirche; wie ja dies längst die Socinianer thaten. Immerhin kann dann ⅔ der preußischen Prediger und Gemeinen Socinianer seyn; und für sich Päbste, Fürsten, Synoden und weiß Gott was, bilden. Nur uns Lutheraner, die wir (so wie im wesentlichen Storr, Reinhard, Knapp Eins sind) in der Bibel Eins sind, wollen und mögen dies alles nicht. Wir haben nur Einen Pabst, Christus; nur Eine Synode: Johannes, Petrus, Paulus, Judas, Jacobus; nur Ein befehlendes Buch: die Bibel, die wir bey unsern Gemeinden, weil nur Luther ihren Geist traf, aus gelehrten Gründen nach seiner Uebersetzung brauchen.

Bestimmen Sie also, Hochwürdige, was Sie wollen, und es werde befohlen, was Sie wünschen; sobald neue symbolische Bücher, irgend ein neues Sacrament, oder auch nur Eine eben so feyerliche Handlung als Taufe und Abendmahl, sobald endlich Glauben constituirende Synoden eingeführt werden, so müssen wir wahre Lutheraner, so wahr Christus Ihr und unser Richter ist, und sein Apostel in seinem Namen sagt:

So jemand euch ein anderes Evangelium lehrt, denn das ich Euch gelehrt habe, der sey verflucht, von allem Gehorsam gegen Ihre Verfügung loßsagen.

Werde dann die ecclesia Lutheri zu Einer ecclesiola. Die erste ecclesia bestand gar nur aus 12; und Mennoniten, Herrnhuter u.s.f. sind auch ecclesiolae.

Doch wir hoffen als Lutheraner auf Sie, Hochwürdige! Wir richten ja unsre Bitte an deutsche Männer; wir richten sie an solche, die doch berufen sind, die Lehre Jesu Christi zu verkündigen.

Beurtheilen Sie unsre Bitte und Wünsche, und auch die folgende Predigt, nach seinem Wort. Wir Lutheraner (denn welcher Freund von Luthers Glauben stimmt nicht mir mir überein,) hoffen auf Ihre christliche Liebe, auf Ihren Sinn für Bibel und Ihre Wahrheit; auf ihre Ehrfurcht gegen Jesum; wir hoffen auf den Monarchen, der, obwohl von Zwinglis Exegese überzeugt, doch, ohne unchristliche Schmeicheley, von jedem seiner Unterthanen als Verehrer Jesu Christi erkannt ist; wir wissen was ihm Europas Fürsten, und allen Dienern des Staats der Glaube an das Wort ohne Zweifel seyn muß, was nicht nur den Unterthanen von Preußens König, sondern sogar einst Neros Unterthanen sagte: „Seyd unterthan aller menschlichen Obrigkeit um des Herrn willen."

Unser Monarch weiß: Sein und unser Jesus spricht für unsre Geistesfreyheit. Die Lutheraner werden zu leiden verstehen, um Jesu willen; doch unser König wird diese Leiden nicht verhängen.

Wir vertrauen seinem Christenthum, wir vertrauen dem Herrn, der sein Herz leitet. Amen!

Predigt

Wenn ich auch sonst, m. Fr. vor Euch an diesem Tage gesprochen habe, so habe ich doch nie in früheren Betrachtungen mit dem Trauergefühl zu euch geredet, mit dem ich jetzt erfüllt bin, da ich das drittemal, und weil es der Herr will, das letztemal an diesem Tage Euch ermahnen soll. Mit düstrem Blick, wie in den jüngsten Andachten, müssen wir heut unsre Aufmerksamkeit auf die Kirche richten, die ach! so tief von ihrer ersten Würde und ihrem Glanz herabgesunken ist; und womit könnte ich heut meine Betrachtung mehr beginnen, als mit dem Zuruf, mit dem uns gestern der Apostel in unserm epistolischen Text erheben wollte: Zuletzt, meine Brüder, seyd stark in dem Herrn und in der Macht seiner Stärke.

Ja! sie ist gesunken die Kirche, daß Werk unsers Luthers, ihr werdet mich verstehen, ganz verstehen, m. Fr., ach! sie ist tief gesunken durch die Sünde des Ischarioten, der einst den Herrn verrieth; durch den Stolz des Saulus, der nicht eher abließ die Gemeine Gottes zu verfolgen, als bis der Herr mit dem Licht seiner Herrlichkeit seine stolzen Augen verdunkelte; sie ist aus einer herrlichen, herrschenden Kirche, eine gedrückte, eine gewissermaßen ins stille Dunkel zurückgezogene zerstreute Gemeine worden. Doch, m. Fr., sie ist nicht verlohren, sie kann, laut den Verheißungen Jesu nicht verlohren seyn. Wie er die Kranken heilte, und errettete, und nicht untergehen ließ in den Tagen seiner Erniedrigung, nur, weil sie an ihn glaubten; so wie er Israel errettete und erretten wird um Abrahams Glauben willen, so wird er auch seine sündigenden kranken Nachkommen um des Glaubens ihres christlichen Abrahams nicht verlassen, noch versäumen. Laßt uns mit froher Erhebung an die Würde unsrer Kirche denken; und unser Glaube wird stark werden.

Text: Offenbarung Cap. 14. v. 6,7.

Die vorgelesenen Worte aus der Offenbarung des großen Evangelisten – wir wollen nicht Erklärer der Heil. Schrift unsrer Kirche, wir wollen nicht Erklärer fragen, die mit schwärmerischer Einbildungs-Kraft ihre Lieblings-Meynungen in der Offenbarung lesen; nein! wir wollen Zeugniß aus der Kirche selbst hohlen, die der unsern am meisten entgegen ist, sie mag uns sagen, was wir in ihnen zu lesen haben. Es war im siebzehnten Jahrhundert, als durch Versehen ein Buchdrucker in Wittenberg, in jenem Bekenntniß gebohren und gebildet, wohl unterrichtet, wie schlagend deutlich jene Worte, weissagend Luthern betrafen, statt: ich sahe einen Engel im Himmel, der ein ewig Evangelium hatte, übersetzte: der ein neu Evangelium hatte. Wir dürfen nicht erst weiter forschen; ist irgend ein Wort in der Offenbarung entschieden, so ist es dies; also Luther wird der Engel genannt, der die Ehre Jesu verkündigt, weil er sein Wort, weil er dessen Würde und also die Würde des wahren Reichs Gottes verkündigt. Darum: die

wahre Würde der Evangelisch-Lutherischen Kirche,

dies sey der Gegenstand unsrer heutigen Andacht!

Gieb uns denn, o Jesu, den Geist deiner Weisheit, den Geist deiner Erkenntniß. Laß uns nichts höher achten, als den Glauben an dich und an deine Wahrheit! Ja erfülle unser ganzes Herz; mit dem sehnlichsten Wunsche, dem seligsten Eifer, daß wir nicht Meister, nicht Lehrer, suchen mehr, den [sic!] Dich Jesum Christum mit rechtem Glauben und dir aus ganzer Macht vertrauen. Amen!

Die wahre Würde unsrer Kirche zu erkennen, ist leicht, Fr., wenn wir an ihren Ursprung, wenn wir daran, was Luther wollte, wenn wir an den Geist derselben überhaupt denken.

Laßt es uns frey, laßt es uns zuerst mit klarer ruhiger Besonnenheit bekennen: Sie allein hat die wahre christliche Weisheit. Die christliche Weisheit, sie ist nur da, wo der Glaube ist; und je größer, je tiefer, je umfassender der Glaube ist, desto größer ist die christliche Weisheit. Es ist aber, im Geist der reinen, wahren Lehre Jesu, nur vom Glauben an die heil. Schrift die Rede. Wo also dieser vorhanden war, da war sie im Herzen lebendig. Und wie klar, wie schon vernünftig gewiß. Die höchste Erkenntniß, das sagen selbst alle Heyden, ist die Erkenntniß Gottes. Wenn also in ihr dem Geist gehorcht wird, der Gott selbst ist, wenn dem heil. Geist gehorcht, seine Lehre, angenommen wird, dann ist der Glaube die höchste Weisheit; denn jeder unreine Geist ist in irgend einer Hinsicht, und in der Religion am meisten, ein thörichter Geist. Und mit was trat nun Luther dem Unglauben und zugleich dem Aberglauben seiner Zeit entgegen? mit nichts, als dem Worte dieses heiligen Geistes. Er wollte nichts als dies, und glaubte nichts, als dies. Es war nicht eine weitgesuchte Gelehrsamkeit; es waren nicht Bändereiche Sammlungen von Kirchenschriftstellern und Kirchengesetzen, mit denen er, wie seine Feinde ihm, wieder entgegentrat. Er antwortete mit nichts, als mit dem einfachen und im Wesentlichen so sonnenklaren Buchstaben des göttlichen Worts. Dieser Geist der Weisheit ist fortdauernd der Geist der lutherischen Kirche, da, wo ihre Bekenner noch wahre Bekenner des Evangelii sind, wahre Lutheraner sind. Mit ruhigen heiterm Blick können sie also auf alle Verirrungen im Christenthum und alle Verkehrungen des Christenthums hinblicken; ruhig erwarten, ob auch der größte und weiseste Verstand der Menschen weiser sich zeigen werde in der Erkenntniß Gottes, als der Verstand Gottes selbst; denn das allheilige Gebot der Schrift[4] sagt, daß der allheilige Geist, daß Gott in ihr redet. Das Gewissen führt zu Gottes Weisheit am besten.

Aber mit eben so freudigem Sinne müssen wir weiter hinzufügen: der Geist der evangelischen Freyheit sagt die Würde und die Größe unsrer Kirche. Ja! in ihr ist die göttliche Verheißung noch täglich erfüllt: Redet die Wahrheit und die Wahrheit wird euch frey machen.

Völker des alten Heydenthums! Als Sclaven ihrer betrügenden Priester mußten sie gehorchen und glauben, was ihnen die schändliche List der Bosheit verschwatzte [sic]. Selbst Israel zu Jesu Zeiten hörte auf seine heuchlerischen Pharisäer. Jesus hat es frey gemacht. Was aber in den Tagen seiner ersten Apostel so göttlich schön im 17. C. der Apostelgeschichte Lucas von Beröas Einwohnern erzählt wird, das ward in den Tagen unsers Luthers erneut. Wie dort der gelehrteste, wenn hier von irrdischer Gelehrsamkeit die Rede seyn darf, wie dort der gelehrteste der Apostel, Paulus, es dulden mußte, laut der Ehre des Evangelii, daß seine, des neutestamentalischen Apostels, Worte, von diesem Volk nach der Schrift des A. T. geprüft wurden, so m. Fr. ist es, – Heil, ewig Heil Luthern! – jeder christlichen Gemeine erlaubt und Pflicht, in ihrer deutschen Bibelübersetzung, der besten aller deutschen Bibelübersetzungen, das Wort des Religionslehrers und jeden Vortrag desselben zu prüfen; ob seine Aeußerung mit dem Worte Gottes übereinstimme? Denn, was auch noch Luther in einzelnen geringern Worten irrte; die Hauptsache und die höchste Weisheit des Christenthums: die

[4] Joh. 7, 17 hat Jesus den größten Beweis des Christenthums ausgesprochen. Nur Sünder lästern die Bibel, „In ihren Früchten sollt ihr sie erkennen".

Lehren von der Gottheit Jesu, von der Dreyeinigkeit also im göttlichen Wesen, die Lehren von guten und bösen Geistern, von dem versöhnenden Opfertode Jesu Christi, von den Gnadenwirkungen des heil. Geistes, von Taufe, von der wahren Lehre vom Abendmal, nach wörtlichem Sinn der Lehre Jesu und Pauli, die Zwingli misverstand; von unsern Hoffnungen der Unsterblichkeit, Auferstehung, Gericht und Ewigkeit, diese sind klar und deutlich und wiederholt in den Schriften des A. wie des N. B., von der ersten bis zur letzten dargestellt. O wohl uns! wohl uns allen, m. Fr.; in so viel andern Dingen müssen wir freylich der Gewalt und dem Verstande der Menschen unterworfen seyn; im höchsten und ewigen aller Erkenntniß und aller Macht, da sind wir alle, frey und ewig frey, der klügste, wie der einfältigste, der vornehmste, wie der geringste, nur unserm Jesu, nur unserm Jesu unterworfen.

Aber auch der Gottesdienst unserer Kirchengemeinschaft verkündigt uns ihre Würde. Sie allein vereinigt in ihm Reinheit mit Würde. Durch das Aeußere, durch die Ceremonie im Gottesdienst, wo diese das meiste und vorzüglichste desselben oder nicht ist, dadurch verkündigt sich das Wesen des Gottesdienstes selbst, ob er dem wahren Gott gewidmet oder heydnisch ist. Denn wo das Aeußere, die bloß sinnlichen Gebräuche vorwalten, da wird dem Sinnlichen, dem eitlen Götzen gedient; da also ist Heydenthum – nicht Gottesdienst, sondern Götzendienst vorhanden. Der sinnliche Mensch sucht den Götzen, der geistige den wahren Gott. Wie wahrhaft heilig, wie dem erhabnen Christenthum ganz gemäß, in seinem innersten Geiste wirkend, zeigt sich auch hier unsre Kirche. Nur Taufe und Abendmahl achtet sie für die wesentliche Ceremonie des Gottesdienstes, und selbst diese nur durch das Wort Gottes, wie Luther sehr richtig und wahr in seinem Catechismus sagt. Die Predigt des göttlichen Worts achtet sie für das erste und vorzüglichste; ganz der Lehre Jesu und der Apostel gemäß. Der ganz freye Christ kann eben so Brodt und Wein in seinem Hause und ein Wasserbecken, zur Reinigung, gebrauchen. Nur das Wort Jesu darf er nicht dabey sprechen, ohne zu entheiligen. Ist ja doch auch der ganze sinnliche Gottesdienst nur wegen unsrer Schwäche angeordnet. Geister ohne Körper bedürfen sein nie. Und stets muß das Wort Gottes, das geistige, über das sinnliche im Gottesdienst herrschen, wie selbst erst der Unsterblichkeit unsers Geistes die Verklärung des Leibes nachfolgt. Mit vielem Recht würde auch sonst der Verständige, Geistige Ungläubige des Christenthums spotten, als blos für die Einfalt geeignet. „Ja! da sehe man, eine solche Ceremonienreiche Religion gehöre freylich für die geistlose Menge.“ Das wahre Christenthum hat auf diesen Einwurf nichts weiter zu antworten. Das Wort Gottes ist sein erster Gottesdienst; die Lehre desselben das wesentliche in ihm; sein Werth also für alle Menschen ist entschieden. Falsch also war es selbst, wenn jener Prediger in Pommern auch nur die Beichthandlung zu einem Hauptstück in der Reihe von Taufe und Abendmahl erhob. Nur jene von Christo selbst so bedeutend ausgezeichneten konnten es seyn. –

Aber eben so sehr zeichnet sich auch unser Gottesdienst durch wahre Erhabenheit aus, durch wahre Würde. Manche andere evangelische Gemeinen haben das Einfache, oder das Rührende, das Gefühlvolle der christlichen Feyer sehr wohl zu erkennen vermocht. Aber daß Jesus Christus der Herr sey zur Ehre Gottes des Vaters; das kann nirgends so sehr wie in unsrer Kirche erkannt werden; und es kommt alles darauf an, es auch selbst im Gefühl nicht zu vermissen, daß Jesus vorzüglich oft im N.T. der Herr genannt wird, daß selbst der vorzügliche Jünger seiner Liebe, daß selbst Johannes im tiefsten Gefühl der zärtlichsten Gesinnung Jesum nur so fragte: Herr wer ist's? Denken wir nur an unsers Luthers erhabne Gesänge: an sein „Herr Gott dich loben wir"; denken wir an die Größe jener acht lutherischen Choräle: „O Wohlfahrt über alle" – „Schaut ihr Sünder", oder an das leider vernachlässigte: „Mein Jesus der ist tod", oder an jene köstliche Gesänge: „Theuerster Jesu, wohin bist du kommen" – „Jesus meine Zuversicht, und mein Heiland ist im Leben" – „Lacht der finstern Erdenkluft, lacht des Todes und der Höllen – und es bedarf keine weiteren Beweises: Ein Charfreitag, ein Ostertag, ein Himmelfahrtstag, ein Pfingsttag, und selbst ein Fest der Geburt Jesu, kann nur in einer lutherischen Kirche würdig gefeiert werden. Oder versetzen wir uns im Geist an einen Tag, wo Luther entweder mit seiner Gemeine als Christ das Abendmal feierte, oder ihr als ihr Lehrer es austheilte, da war Erhabenheit, da war Würde des Gottesdienstes.

Aber nun, m. Fr., kommen wir leider zu einem Geständniß, was an sich schmerzlich genug, aber doch der Wahrheit wegen nothwendig ist. Wir können sagen, aber wir können auch nur dieß sagen: In unsrer Kirche liegt das Vermögen zur reinsten Frömmigkeit. Das beweist unser frommer Luther, das so viele andre Freunde seines Glaubens von je her. Möglich ist dem Glauben zuletzt ja alles, was nur Gott fordert. Vergeblich hat man versucht, das ungeheuchelte thätige Christenthum des glaubenvollen Mannes herabzusetzen. Auch sein Leben sagte: Fürchtet Gott, und gebet ihm die Ehre. Betet an den, der Himmel und Erde gemacht hat. (Offenb. 14,7.). Aber die Wahrheit verlangt es zu gestehen, der ausgezeichnetste Lehrer des Evangelii seit der Apostelzeit war doch ein Mensch; und, wenn auch nur im Einzelnen, ein schwacher Mensch. Wünschenswerth wäre es allerdings, wenn manche seiner Tischreden Luther nicht gesprochen hätte. Freilich sprach er nur so leicht, obwohl er so fromm wandelte. Aber es verrieth doch, daß der gute, christliche, deutsche Mann nicht die Gefahr der Sinnlichkeit vollendet kannte, indem er allerdings sie nicht zu fürchten hatte. Daher seine wohl etwas zu irdisch frohe Ansicht von manchem sich vielen Freunden seines Glaubens ungeahnet mittheilte, ihm selbst ganz ungeahndet manches sittliche Verderben einschlich; und wenn auch nicht das sittliche Verderben des Mittelalters, doch eine oft zu frohe Ansicht sinnlicher Freuden sehr natürlich die allzugroße Sucht nach irdischen Gütern herbeiführen mußte.

Eine andere, wir wollen nicht einmal sagen, Schwäche des großen, frommen Mannes war freylich bey ihm nicht nur zu verzeihen, sondern an und für sich Lob und dringende Nothwendigkeit, daß – warum dürfte ich es verschweigen – Luther Gelehrter war. Damals freylich konnte er nur dadurch die heilige Schrift zuerst erkennen, er las sie das erstemal in gelehrter Sprache; damals war sie ihm in jeder Hinsicht nothwendig; ja noch jetzt kann kein Theolog ohne sie in seinen Wissenschaften Fortschritte machen, oder auch nur wissen, was er glaubt; aber es war und bleibt eine gefährlicher Weg für die Frömmigkeit und den Glauben. Griechisch und Lateinisch wird aus heydnischen Büchern erlernt. Mit heydnischen Schriftstellern kommen auch heydnische Gedanken ins Herz, und je lieber man sie liest, mit desto unangenehmern Gefühl die Bibel. Geschah dies nun auch nicht bey Luthern, der glaubensvoll und fromm von den heydnischen Gedanken, seit er die Bibel las, nicht berührtt wurde; ja schon früher mehr die Worte als

Gedanken auffaßte; so zeigte sich doch darum in ihm eine in der That nicht zu leugnende Schwäche. Er, der größte Held im Glauben, der vor Pabst und der ganzen Macht der römischen Kirche nicht erzitterte, der vor Deutschlands Kaiser und allen seinen Fürsten auf dem Reichstage so frey bekannte, war betroffen, wenn der schwache Melanchton in der Kirche war, während er dort lehrte; und nur darum, warum dürfte es verschwiegen werden? weil dieser eine Anzahl griechischer Wörter mehr wußte, obgleich Luther in den Geist der hebräischen Sprache, der wichtigsten unter allen, weit tiefer, als sein Freund, eingedrungen war, und dieser selbst seine höhere Kraft bescheiden erkannte. Hierdurch blieb nach ihm, dem guten treuen Freunde des göttlichen Wortes, eine viel zu große Achtung gegen weltliche Gelehrsamkeit in seiner Kirche zurück. Man glaubte nun, daß nur durch diese äußere Kenntnisse der Sinn und Geist der heiligen Schriften erkannt werden könne. Man erlaubte sich nun später oft auf ihren Lehranstalten und in Büchern von daher über sie zu urtheilen; und daher endlich jener wissenschaftliche Stolz, der endlich ganz den Glauben an das höchste und weiseste aller Bücher zu erschüttern und zu vernichten bemüht war.

Aber laßt uns ja nicht verurtheilen, oder auch nur absprechen über den außerordentlichen Mann Gottes. Fest bleibe sein großer christlicher Ruhm in unserer aller Herzen. Er war und bleibt der glaubensvollste treuste Diener des Herrn, den Deutschland, den Europa erzeugt hat. Was bey ihm eine sehr verzeihliche, zu übersehende Schwäche war, daß ward erst in andern Laster und Frevel. Nie werde es vergessen, daß seltene Reinheit des Herzens, vom Jüngling und selbst noch vom Manne bewahrt, ihn fähig machte noch im Jahr 1522 auf Wartburg, frey von den Banden des Irdischen zu vollenden, was freylich noch 1525 so nicht mehr ganz möglich gewesen wäre. Das ist das Erbtheil der Evangelisch-Lutherischen Kirche, was sie vor mancher späteren kleinern evangelischen Parthey voraus hat, daß ihr allein, in ihren wahren Bekennern, jene Züchtigkeit Charakter ist; die selbst zur Offenbarung Johannis ohne Wahn und ohne schwärmerische Einbildungskraft, die bloße Erzeugniß der Wollust, nahen kann. Wer aber die sittliche Ehre bewahrt, eure christliche Weisheit, Freunde, wird mich verstehen, und also die Tugend ausübt, die vorzüglich zu Gott dem Vater führt, dem ist endlich doch auch möglich, die Liebe zu üben, die von der Habsucht, der vollen Geburt des wahren Hasses hinwegführt und zu Gott dem Sohne führt, und zuletzt von des Satans Sünde, dem Stolz, zur Tugend zu gelangen, die den heiligen Geist offenbart, zur Demuth. Und so ist es möglich; und nach der Gnade Gottes, die den Glauben ansieht, zu hoffen, daß einst Luthers Kirche, wenn sie genug wird gelitten haben, wie die Märtyrer, gereinigt und geläutert, Christo wohlgefällig, am Tage seiner Erscheinung vollende. Aber es war ja leider auch Habsucht, die wir als die andre so oft wiederkehrende Sünde mitten in der Gemeine der Lutheraner herrschen sehn; und auch auf diese Mangelhaftigkeit unserer Kirche muß ich Euch, Freunde, aufmerksam machen. Freylich konnte Luther nur eine arme Kirche gründen; freylich durfte er nicht Ehelosigkeit gebieten, denn Gott hatte sie nicht geboten, aber beydes war und ist für so viele Lehrer unserer Kirche keine Entschuldigung, daß sie, wie es leider heute noch so oft geschieht, das Wort Jesu auf sich laden: Mein Haus ist ein Bethhaus, ihr aber habt es gemacht zur räuberischen Wucherhöle, daß sie meynen „Gottseligkeit sey ein Gewerbe". Daher jenes oft so herrschende Vorziehen der Reichen vor den

Armen in der lutherischen Kirche, wobey so ganz vergessen wird, daß Judas Jesum verrieht. Daher war und ist die Beichthandlung so oft das wertheste des Amts; daher oft schon gewissenlose Lehrer die Confirmation feierlich als ein Sacrament wünschten, und den Gottesdienst mit fast katholischen Ceremonien überhäuften. Wahrlich! wenn alles thätige Christenthum in der lutherischen Kirche so selten gefunden wird, urtheilt selbst, meine Freunde, die Habsucht vieler ihrer Lehrer war Hauptursache. Der größte Theil der Kirche vergaß: der Geitz ist die Wurzel alles Uebels. Man sprach nicht zu den Reichen, sondern zu den Armen mit dem vollen Ernst des Evangelii; man suchte nicht die Seelen für Christo, sondern ihre Güter für sich zu gewinnen.

Der Gegenstand war zu reichhaltig. Nur wenige Worte der Ermahnung sind mir also jetzt noch möglich.

Aber zuerst laßt uns doch auf's ernsteste prüfen, ob auch wir wahre Lutheraner gewesen sind? Erkannten wir, so weit es jeder von uns konnte, die Belehrung des heiligen Geistes? sahen wir, so weit wir es nur vermochten, daß die Schrift und ihre Wahrheiten nicht nur das frömmste, sondern auch das weiseste bey aller Weisheit waren? Erkannten wir den ganzen Werth unsrer evangelischen Freyheit? Kreuzigten wir so sehr in der Stunde der Andacht unsre sinnlichen Gefühle, daß das göttliche Wort uns im Dienst des Herrn, in seinem Heiligthume, uns das wichtigste war? Müssen wir aber nicht demuthsvoll erkennen, daß jene Schwächen des stets zu Verehrenden, als theures Werkzeug Gottes hochzuschätzenden, bey uns in wahre Sünden ausarteten? ward nie die nöthige Sorge für das Unsre zur begierigen Sucht nach mehr, als nöthig ist? oder zur allzuängstlichen Sorge? war nie jener Stolz unsre Versuchung, der den menschlichen Verstand höher achtend als das Gewissen, erst fragte und aufmerkte, ob auch dieser menschliche Verstand den göttlichen anerkenne?

Freunde! es betrift unsre Seligkeit, die euch niemand geben, niemand rauben kann, wenn ihr nicht wollt. Um dieser Heiligkeit willen, um des Gerichts willen, vergeßt nie die Ehrfurcht und den Glauben, der Gottes Wort mehr, als allem Wort der Sünder gebührt. Duldet, duldet als Christen; aber laßt euch dies Wort und seine Lehre nicht rauben. Dies Wort gebietet Euch, Jesus Christus gebietet Euch: Taufe und Abendmahl allein als Sacrament anzunehmen. Nur sie gebot er; nur sie begleitet das Wort seiner Verheißung. Und damit Euer Glaube fest bleibe, fesselt die Sinnlichkeit, so wie es jedem sein Maaß des Glaubens vergönnt. Uebt hier Pauli so weise Ermahnungen. Sinnlichkeit ist nicht sogleich Sünde; aber ohne sie durch Gottes Gesetz zu heiligen, ist sie stets Sünde. Und so wird es Euch möglich seyn, es nie zu vergessen, daß unsers Luthers, unsers nicht blos glaubensvollen, sondern so frommen, so sehr frommen Luthers heldenmuthiger Kampf vom Streit gegen Tezels Wucher ausging; und er selbst Melanchthon, wenn es den Glauben betraf, nie nachgab. Die Kraft die mit Luther war, ist mit Euch, der Segen, der ihn begleitete, begleitet Euch.

Ja sie ist unzerstörbar, sie ist, laut Jesu Verheißung, unzerstörbar, die Kirche, die der Vater der Gläubigen der spätern Zeit gegründet hat. Hat sie auch durch Schwachheit und Sünde viel gelitten, stehn ihr bevor Tage schwerer Duldung; daß Dulden ist Gnade. Der Herr will sie läutern. Warlich! der Segen, den Gott Abraham um des Glaubens gab: er und sein Same solle nicht verlassen seyn noch vergessen; er ruht auf dem Glauben unsers hochgeliebten Luthers und auf allen den Kindern, die er durch den Geist im Glauben erzeugt hat; und bis ans Ende der Tage erzeugen wird. Wenn dann der Herr richten wird, dann wird er die Gemeine, die seiner Treue nie vergaß, zur Rechten seiner Herrlichkeit mit ewiger Gnade und mit unvergänglichem Heil lohnen.

Das Wort sie sollen lassen stahn
Und keinen Dank dazu haben;
Er ist bey uns wohl auf dem Plan,
Mit seinem Geist und Gaben;
Nehmen sie uns den Leib,
Gut, Ehre, Kind und Weib,
Laß fahren dahin, sie habens kein Gewinn;
Das Reich Gottes muß uns bleiben. Amen!

c) Die evangelische Lehre: der gesegnete Kelch und das gesegnete Brodt im heil. Abendmahl sind die Gemeinschaft des Leibes und Blutes Jesu Christi. (1. Cor. 10,16.) Predigt, gehalten in der Morgenstunde am 22sten Sonntag nach Trinitatis, den 2ten November 1817, und auf Verlangen in Druck gegeben, Breslau (1817)

Kann irgend ein tröstendes und ermahnendes Wort Jesu den Glauben, der aus der Liebe gegen ihn entstehen muß, stärken und erheben, so ist es gewiß jene Verheißung (im 8. Cap. d. Ev. Joh.): So ihr bleiben werdet in meiner Rede, so seid ihr meine rechten Jünger, und werdet die Wahrheit erkennen, und die Wahrheit wird Euch frei machen. Was der Heiland mit diesen Worten wünsche, das ist in ihnen selbst klar; aber wir können nie uns genug sagen, wie nothwendig es sey, im Wechsel der menschlichen Meinungen über Gott dieser Ermahnung treu zu seyn. Sagt uns die Stimme unseres Gewissens, sagt uns die Geschichte der menschlichen Weisheit das Geistvolle der christlichen Lehre: Gott hat die Welt gemacht und Alles was darinnen ist, wie erhaben also unsere Religion sey, so können wir nicht anders, als dieser Ermahnung folgen; denn mit jener Wahrheit trat Paulus in der weisesten Stadt des Alterthums, in der Stadt auf, von welcher aus alle Gelehrsamkeit entstanden. Und nun waren widerlegt sieben Jahrhunderte griechischer Vernunft-Forschung; klargeworden, was alle spätere Geschichte der Vernunft-Forschung bestätiget: die Religion der Liebe sey geistvoller, als alle menschliche Vernunft; denn die Vernunft, die dem Verstande seine Richtung giebt, kann nie über die Ewigkeit und Nothwendigkeit der körperlichen Welt hinaus. Für diese Ermahnung spricht die Gewißheit der Auferstehungs-Geschichte Jesu, die durch redliche und scharfe Prüfung der Zeugniße von ihr unerschütterlich gewiß ist. Dafür spricht die Stimme unseres Gewissens, die vergeßne, ach, und wohl gar verlorne Liebe, die mit demüthiger Weisheit ihr Unvermögen erkennend, allein in dem wirklich geschehnen Tode Jesu ihren Gott und ihren Himmel wiedergefunden sieht. So sagt uns alles: wir müßen bey der Lehre des Herrn verweilen; ja bei jedem seiner Worte stehn bleiben; denn die Worte, die Er redete, sind, wie er selbst sagt: Geist und Leben.

Aber, wie um so wichtiger ist doch diese Ermahnung des Herrn, meine Freunde, uns namentlich in der gegenwärtigen Zeit. Ach leider! haben wir heute Ursach, mit Thränen der Wehmuth auf das Grab unseres Luthers, nach jenem Heiligthum, hinzublicken; wohl vergötterte ihn die spätere Zeit; die Bekenner des wahren Evangelii nannten ihre Kirchengemeinschaft nach ihm: die Lutherische und vergaßen dabey, wovor schon Paulus die Korinthische Gemeine warnte: sich nicht nach Apollo, oder Kephas, oder Paulus zu nennen. Aber zu Marburg war doch der treue Diener des Herrn am treuesten.

Gern gestehe ich euch, daß auch ich selbst, als Jüngling, der Ueberzeugung Zwinglis war. Irre geleitet durch falschen Unterricht, meinte ich seine Ueberzeugung in der Schrift zu finden, und dann selbst, aber zu flüchtig, das Neue Testament prüfend, fand ich selbst sie darinn. Keine Ermahnung meines Vaters, keine Warnung, nicht die Menge gelehrter Schriften, die er mir empfahl, mich zu unterrichten, half: den auf sein Wissen stolzen Jüngling zu beugen; so daß die väterliche Liebe zuletzt nichts konnte, als mich der Barmherzigkeit Gottes empfehlen. Und der väterliche Seegen blieb nicht unerhört. Die ewige Gnade des Herrn nahm sich des Sünders unaussprechlich an. Was aber die eigentliche tiefe Ursache meines Unglaubens, sollt ihr nachher erfahren.

So ward die Wahrheit nur durch erneuetes Forschen, welches die Gnade leitete, erkannt.

Je mehr nun aber der Glaube verschieden, je mehr Zeit uns darauf hinleitet, um so nothwendiger ist es, Euch über die Lehre vom Abendmahl des Herrn, nach den bloßen Worten der Schrift, einfach zu belehren. Wir könnten nicht angemeßner die Feyer des unvergeßlichen Festes beschließen, da überdieß der Fortgang unserer Sonntäglichen Frühandachten uns auf diese Betrachtung hinleitet.

Der Herr selbst erhalte uns in dem Wort seiner Wahrheit.

Text: Luth. Catech: 6. Hauptstück

Es ist Euch bekannt, meine Freunde, daß in der christlichen Welt drey verschiedene Meinungen über das Abendmahl des Herrn, über das Wichtigste dabey, den Geist und Sinn desselben, obwalten. Nach der Einen wird das Brodt und der Wein, indem sie geweiht werden, in wahrhaftes Fleisch und Blut verwandelt; nach der andern ist beim Abendmahl nur Erinnerung des Geistes an Jesum, wie an einen abwesenden Freund; nach der dritten ist das gesegnete Brodt und der gesegnete Wein Gemeinschaft mit dem Leibe und Blute des Herrn.

Bei dieser Verschiedenheit der Ueberzeugung ist es nothwendig, daß wir als Christen, bloß bey dem Worte Jesu und dem, nach seinem eignen Wort, durch seinen und des Vaters Geist erleuchteter, Apostel, bleiben; nach diesem prüfen.

Wir finden aber zur Entscheidung für unsern Glauben die klarste Stelle in Paulus 1. B. 10,16 an die Corinthier: Der gesegnete Kelch welchen wir segnen, ist das nicht die Gemeinschaft des Blutes Christi? Das Brodt, was wir brechen, ist das nicht die Gemeinschaft des Leibes Christi? Genau nach diesen Worten laßt uns also in dieser dem Herrn geweihten Stunde bey der

Lehre des Evangelii von der Gemeinschaft des gesegneten Brodts und Weins im Abendmahl mit dem Leibe und Blute Jesu Christi verweilen.

Laßt uns zuerst diese Lehre nach den Worten der Schrift untersuchen; und mit der genannten Stelle Pauli die übrigen des Neuen Testaments vergleichen.

Denn aber uns auch an die entscheidenden Gelübde und Verpflichtungen erinnern, zu denen uns jene Wahrheit auffordert.

Herr aller Gnade! wie Du sonst auf unsere Väter und Mütter in diesem Heiligthum hörtest vom Thron deiner Herrlichkeit, wie Du vernahmst mit Erbarmen alle demüthigen herzlichen Gebete, die in diesem Deinem Hause zu Dir aufstiegen, wie Du gesegnet hast das Wort treuer Lehrer, so sey mit uns, um Deines Todes willen, mit der Macht und Liebe Deines Geistes, jetzt, stets, in Ewigkeit. Amen!

Nach der heiligen Schrift, meine geliebten Freunde, die Abendmahlslehre zu betrachten, erfordert, wie bey jeder andern ihrer Lehren, daß wir, der Ordnung des Heils Jesu gemäß, zunächst seine eigenen Worte, dann die seiner Apostel, erwägen.

Vom heiligen Abendmahl sind nun offenbar vorzüglich die Einsetzungs-Worte des Herrn selbst zu betrachten. Es ist aber außerdem noch Ein Abschnitt in den Evangelisten, der unverkennbar von dem Abendmahl Jesu handelt; obwohl neuere, auch sehr christliche Erklärer, es nicht vermögen. Es ist dies der Abschnitt, den einer der sprachkundigen Freunde Zwinglis damals in der Untersuchung gegen Luther die eherne Mauer seines Lehrbegriffs nannte, und von der ich, eben so wie vorhin, gestehen muß, wie ich bey ihr noch vor zwei Jahren so schwankend ward, daß ich schon an die Möglichkeit dachte, nach meinem Gewissen, dieß Heiligthum verlassen und als Lehrer zu einer andern Kirche übergehen zu müßen. Um so nothwendiger ist es, da dieser Abschnitt so schwierig, daß selbst Luther ihn zuletzt aufgab, und sich überredete, er handle nur vom geistigen Genuße der Lehre Jesu, – bey ihm mit möglichst fester Treue, durch die Gnade des heiligen Geistes, zu verweilen. Es ist der zweite Theil des 6ten Capitels Johannis, von dem hier die Rede seyn muß.

Jesus hatte so eben, nach dem Anfang des Capitels, am See Tiberias in Galiläa das Wunder der Speisung von 5000 Mann vollbracht. Er war hierauf mit seinen Aposteln am Abend des Tages über den See hinüber gefahren auf das jenseitige Ufer. Die Galiläer aber eilten am Morgen des andern Tages ihm auch dahin nach. Jesus wußte ihre Gedanken, und sagte ihnen: (v. 26.) Wahrlich, wahrlich, ich sage euch, ihr suchet mich nicht darum, daß ihr Zeichen gesehen habt, sondern daß ihr Brodt gegessen habt und seid satt worden. Wirket Speise, die nicht vergänglich ist, und nun stellt er sich als das wahre lebendige Brodt dar. Ich bin das Brodt des Lebens, fährt er fort (v. 35.) wer zu mir kommt, den wird nicht hungern, und wer an mich glaubt, den wird nimmermehr dürsten, und erklärt weiter die Seeligkeit derer (v. 36.f.), die ihm der Vater gegeben habe, derer die zu ihm kommen und die er nicht hinausgestoßen werde, die ihn sehn und an ihn glauben. Der Unglaube der Juden murrte darüber, (v. 41.f.); und sagte: Ist dieser nicht Jesus, des Josephs Sohn, deß Vater und Mutter wir kennen? Wie spricht er denn: Ich bin vom Himmel gekommen? Hierauf warnt der Herr sie deshalb, und sagt: Es könne niemand zu ihm kommen: Es sey denn, daß ihn ziehe der Vater (v. 44.) alle würden von Gott belehrt (v. 45.) Niemand sehe den Vater, denn der, der vom Vater gekommen sey, wer an ihn glaube, der habe das ewige Leben; wobei schon das sehr merkwürdig, daß er dreimal wiederholt: der, der zu ihm komme, und ihn glaube, den werde er auferwecken am jüngsten Tage. Offenbar mußte es dem Herrn sehr wichtig seyn, dieß so oft zu wiederholen, denn bei ihm ist ja kein Wort umsonst. Er setzt hierauf wieder hinzu: Dies ist das Brodt (v. 50.) das vom Himmel kommt, auf daß, wer davon ißet, nicht sterbe. Man sieht, Jesus gebraucht hier Worte, welche die ganze Theilnahme an ihm, das ganze Leben mit ihm bezeichnen: ihn genießen, essen, zu ihm kommen, an ihn glauben. Das sieht man aber am deutlichsten aus dem wichtigen 57. Vers: Wie mich gesandt hat der lebendige Vater, und ich lebe durch den Vater; also wer mich isset, derselbe wird leben durch mich. Es heißt nehmlich in der eigentlichen Sprache des Evangelisten nicht, wie Luther übersetzte: um des Vaters willen, sondern durch den Vater, und eben so nachher: durch mich; nicht um meinetwillen. Wie also, sagt Jesus, ich nach meinem ganzen Wesen, ich, der allein gebohrne Sohn Gottes, der Sohn des Geistes vom Vater, lebe durch den Vater, also lebt der, der mich genießt, ganz durch mich; er empfängt mein Wesen, wie ich vom Vater, so er von mir. Jesus spricht also hier ganz allgemein von sich, von seinem ganzen Wesen.

Von diesem 57. Vers müssen wir zum 51. Vers zurückkehren, indem wir den 51. bloß der Erläuterung wegen, was das glauben, kommen, genießen Jesu sey, hinzufügen mußten.

Nachdem also der Herr jene Worte: Ich bin das Brodt des Lebens geäußert hatte, sagte er, offenbar hinzusetzend; (v. 51.) Und das Brodt, daß ich geben werde, ist mein Fleisch, welches ich geben werde für das Leben der Welt. Hier unterscheidet der Herr sich, das Brodt des Lebens, vom Himmel – von dem Brodt, was Er, das Brodt des Himmels geben werde, sein Fleisch, was doch nicht vom Himmel gekommen, und gegeben werden solle für das Leben der Welt. Die Juden bemerken auch dieß ganz richtig. Bisher haben sie nichts eingewendet. Jetzt heißt es: (v. 52.) Sie zankten untereinander, und sprachen: Wie kann dieser uns sein Fleisch zu essen geben? Und was antwortet ihnen nun Jesus?

Daß dies nun folgende, so wie v. 51. vom heiligen Abendmahl handelt, bedarf keines Beweises. Er spricht vom Essen seines Fleisches, vom Trinken seines Blutes, wie in den Einsetzungs-Worten; aber was diese Worte in ihrem inneren Sinne besagen, was sie vom heiligen Abendmahl lehren, das ist uns noch zu prüfen. Er bleibt, so äußerst merkwürdig, bey den Worten (v. 51.) stehen, ja er wiederholt sie viermal und ganz denselben Ausdruck: Jesus sprach zu ihnen, heißt es (v. 52.–56.) Wahrlich, wahrlich, ich sage euch: Werdet ihr nicht essen das Fleisch des Menschen Sohnes, und trinken sein Blut, so habt ihr kein Leben in euch. Wer mein Fleisch isset, und trinket mein Blut, der hat das ewige Leben, und ich werde ihn am jüngsten Tage auferwecken. Denn mein Fleisch ist wahrhaftig Speise (so in der eignen Sprache des Evangelisten,) und mein Blut ist wahrhaftig Trank. Wer mein Fleisch isset, und trinket mein Blut, der bleibt in mir, und ich in ihm. Ist es nicht entschieden; wie wichtig Jesus die einzelnen so oft wiederholten Worte vom Essen und Trinken gewesen? wie er sie wörtlich verstanden wissen wollte? Und nun fügt er noch sogleich das vollends Erklärende Wort hinzu, (v. 57.) was bereits erwähnt ist. Darauf (v. 58.) geht er, den ganzen Zusammenhang des allgemeinen und besonderen Genußes anzudeuten, zu den ersten Worten zurück: Dieß ist das Brodt, das vom Himmel gekommen ist, nicht, wie euer Väter Manna in der Wüste gegessen haben, und sind gestorben. Wer dieß Brodt isset, der wird leben in Ewigkeit. Solches fügt Johannes hinzu, sagte er in der Synagoge, da er lehrete zu Capernaum. Die Jünger sahen nun (v. 60.), daß er auf den Worten bestand, nahmen sie aber, wie die Juden, ganz fleischlich, und äußerten: Das ist eine harte Rede, wer kann sie hören. Da Jesus dieß (v. 61.) in sich, nach seiner Allwissenheit, bemerkte, frug er sie: Aergert euch das? nehmet ihr daran Anstoß? (v. 62.) Wie, wenn ihr dann sehen werdet des Menschen Sohn auffahren, da er vor war? Sie sollten also bey jener Rede zugleich an seine künftige Himmelfahrt denken; an den Ort, wo er vorhin schon, als Gott, war. Und nun fügte er hinzu: Aber der Geist ist's der da lebendig macht, das Fleisch hat keinen Nutzen. Scheinbare Wiederlegung des vorigen. Aber sollte Jesus sich wirklich hier widersprochen haben? Ja, wenn er gesagt hätte: mein Fleisch hat keinen Nutzen. Er erklärt ja aber nur: das Fleisch hat keinen Nutzen. Vielmehr meint er, verglichen mit dem vorhergehenden: Das Fleisch, was für sich todt, sey nichts nütze, aber sein mit dem Geist verbundnes Fleisch; ihm, der allein lebendig machen könne, also nun durch sein Fleisch auch die, die es genießen; von diesem gehe das ganze heilbringende des Genußes, den er allerdings befohlen, aus. Und nun setzt er noch hinzu: Die Worte, die ich rede, sind Geist und sind Leben. Diese können also auch nicht heissen: Ich habe eigentlich gar nicht mein Fleisch und gar nicht das Essen desselben gemeint. Da hätte sich Jesus auch abermals widersprochen. Ueberdies Er erklärte sonst stets bildliche Ausdrücke, die er gegen das Volk gebrauchte, seinen Jüngern, wenn sie diesen dunkel geblieben waren. Auch setzt er hinzu: Die Worte, die ich rede, sind Leben. Er will sie also vom Geist, er will sie aber auch vom Leben verstanden wißen. Leben kann aber auch auf ein Leben des Fleisches Jesu bezogen werden. Also Jesus widersprach sich nicht. Genossen soll werden sein Fleisch; aber er will daß dieß mit Geist; er will, daß dieß mit Leben eingesehen werde. Beydes soll hier tief erwogen werden. Viele nun seiner Jünger, die hier gewiß Widerspruch fanden, verließen ihn, und Jesus sagte zu den Zwölfen: wollt ihr auch weggehen. Da antwortete aber Petrus: Herr, wohin sollen wir gehen: Du hast Worte des ewigen Lebens. Und wir haben erkannt und geglaubt; daß du bist Christus der Sohn des lebendigen Gottes. Er hatte richtig verstanden.

Lange mußten wir, meine geliebten Freunde, bey diesen Worten verweilen. Denn eben dieser 63. Vers ist es, den der talentvolle, scharfsinnige, sprachkundige Gelehrte der andern Parthey hohnlächelnd in jenen Verhandlungen im 16. Jahrhunderte gegen Luthern die eherne Mauer für ihren Lehrbegriff nannte. Sie ist nieder, diese Mauer; die Gnade des Herrn sey gepriesen; dahin durch das treue kindliche halten, bleiben, bleiben an Jesu Rede, wie es Kindern geziemt, Kindern, die durch den heiligen Geist wiedergebohren sind; dahin durch die Gottheit Jesu, die in jenen Worten: wie ich gesandt bin vom Vater und ich lebe durch den Vater, allein geistvoll, als das Wort, wodurch der heilige Geist selbst, alles erklärt.

So werden nun die wichtigsten Worte der Einsetzung, nehmlich: Das ist mein Leib; das ist mein Blut, nur noch klarer werden. Jesus sagt hier nicht einmal: Das ist mein Fleisch; das ist mein Blut; sondern: das ist mein Leib. Ist denn aber jeder Leib Fleisch, ist nicht genauere Bestimmung und Unterschied da? Daß es aber nicht bildlich heißen könne: Das bedeutet mein Leib; das sieht man aus den Worten Jesu selbst: Er sagte ja einst zu seinen Jüngern: Euch ist gegeben zu wissen das Geheimniß des Reiches Gottes; den andern aber in Gleichnissen. Hier aber redete er zu den Aposteln; wobey dann für die folgende Zeit des Christenthums auch wieder der Befehl Jesu zu merken: Was ich euch sage verborgen, das redet offenbar. (Matth. 10,27.).

Schon also sehen wir: der Herr selbst spricht von einem wirklichen Genuße seines Leibes und Blutes.

Das erklärt uns nun aber Paulus vollkommen klar. Die Gemeine zu Korinth habe zum Theil das Abendmahl als Gelegenheit zur Ueppigkeit gebraucht. Sie hatten selbst am Götzenmahle Theil genommen. Deshalb warnt er sie im 10. Cap. (v. 16.); und das sind eben die Worte, aus welchen wir, als die deutliche, klarste Erklärung vom heiligen Abendmahl, die Inhalts-Worte unsrer Betrachtung entlehnten: Der gesegnete Kelch, sagt der Apostel, welchen wir segnen, ist der nicht die Gemeinschaft des Blutes Christi? Das Brodt, das wir brechen, ist das nicht die Gemeinschaft des Leibes Christi? Hier ist nicht von Verwandlung, nicht von Bedeutung oder Erinnerung die Rede, sondern von Gemeinschaft, nicht bloß überhaupt der Gläubigen mit Jesu; sondern ganz besonders bestimmt: des für die Gläubigen gesegneten Brodts und Weins mit dem Leib und dem Blute Jesu. Und der Apostel fügt auch noch, ganz klar, hinzu: (V. 17 und 20.) Denn Ein Brodt ists, so sind wir viele Ein Leib, dieweil wir alle Eines Brodtes theilhaftig sind. Sehet an den Israel, das jüdische Volk, nach dem Fleisch. Welche die Opfer aßen, sind die nicht in der Gemeinschaft des Altars? Was soll ich denn nun sagen? Soll ich sagen, daß der Götze etwas sey? Oder, daß das Götzenopfer etwas sey? Aber ich sage, daß die Heiden, was sie opfern, das opfern sie den Teufeln und nicht Gott. Nun will ich nicht, daß ihr in der Teufel Gemeinschaft seyn sollt. Es ist dieß aus den Alterthümern jener Zeit zu erläutern. Mit jedem Opfer nehmlich waren Opfermahlzeiten verbunden, und Paulus vergleicht also das Abendmahl mit Opfermahlzeiten; indem es sich auch auf das einige in Ewigkeit vollendete Opfer Jesu am Creutz bezieht. Wie man nun bei den Juden und Heiden das Andere nicht zu opfernde von dem auf den Altären geweihten Opferleibe bei den Mahlzeiten aß; also dieses Leibliche bei den Mahlzeiten mit jenem Leiblichen der Opfer Gemeinschaft hatte; und nun Heiden dadurch selbst mit den Götzen, die sie (in der heiligen Schrift aber die Teufel,) in leiblicher Gestalt annahmen, durch diese Mahlzeit, deren Speise ihn von Natur also ähnlich, in Verbindung kamen, so kommen wir, sagt Paulus nach dieser Stelle, durch die Opfermahlzeit, aber nicht Opfer selbst, des heiligen Abendmahls mit dem würklichen Opferleibe Jesu noch jetzt in Verbindung; welcher Opferleib aber nicht verbrannt, sondern nur gebrochen; dann aber auferweckt worden, also noch derselbe Opferleib da ist. Daher kann auch nicht thierisches Fleisch beym Abendmahl genoßen werden; denn Jesu Leib ist nicht thierisch.

Scharf müßen wir die Worte der Apostel, meine geliebten Freunde, betrachten; denn der heilige Geist, der sie geredet, hat den gelehrtesten Scharfsinn; da er (I. Cor. 2.) sogar die Tiefen der Gottheit erforscht; und wir können es, da der Leib der Christen sein Tempel seyn soll.

So erwähnt nun noch einmal Paulus das heilige Abendmahl mit tiefem Ernst im II. Cap. dieses Briefes; indem er hier dringend zum würdigen Genuße desselben auffordert; und selbst, nachdem er die Einsetzungs-Worte als selbst vom Herrn empfangen angeführt hat, die furchtbaren Worte sagt: Welcher nun unwürdig von diesem Brodt isset, oder von dem Kelch des Herrn trinket, der ist schuldig an dem Leibe und Blute des Herrn. Was kann entscheidender seyn, als diese Worte? Wie konnte er den unwüdig Genießenden schuldig am Leibe und Blute des Herrn nennen, ohne nicht im Abendmahl jene genaue Gemeinschaft mit Leib und Blut Jesu selbst zu erkennen?

So ist die Lehre Jesu und seiner Apostel vom heiligen Abendmahl entschieden. Der nicht ohne Sünde weg zu deutende Inhalt ihrer Worte ist: nicht irrdisches, thierisches Fleisch, wie unser Körper hat, empfangen wir im Abendmahl, nicht bloße Erinnerung ist es, die wir dabey in unserm Geist haben sollen; sondern wir empfangen den Leib Jesu; indem unsre Opfermahlzeit; – aber keineswegs Opfer selbst (das hieße Jesu in Ewigkeit vollendetes Opfer aufheben) – indem diese den Leib uns giebt, der mit dem am wirklichen Opferaltar auf Golgatha gebrochenen Leibe in Gemeinschaft ist.

Doch, fragt nun die alles, wo möglich, außer sich selbst, prüfende, aber lieblose, also keine Gemeinschaft, wollende Vernunft: kann wohl diese Lehre als möglich angenommen werden? Wie konnte der bey den Aposteln menschlich, leiblich vorhandene Heiland vom Brodt sagen: Das ist mein Leib? Laßt uns nicht vollkommen erklären wollen, was die Liebe zu Jesu auf Erden nur ahnden kann. Aber dies letztere dürfen wir doch, im Namen des Herrn, wagen.

Wie also? Wäre denn nichts ähnliches, nichts wesentlich gemeinschaftliches zwischen dem Brodt und dem Leib Jesu? Ist nicht jenes und dieser, beyde aus Erde; also ursprünglich von Einem Wesen. Sind nicht selbst der verklärter Leib Jesu, so wie die künftigen verklärten Leiber der Seinigen, die nur Frucht aus dem Saamenkorn unsers Staubes, (1. Cor. 15.) ursprünglich aus reiner Erde? Nicht ohne diese Ursache brauchte daher auch Jesus ungesäuertes Brodt. Ist nicht das wesentliche des Weins mit einem vom thierischen gesonderten Blut Gemeinschaftlichen Wesens? Konnte also nicht Jesus im tiefen Sinn innrer Naturforschung; Er, das Wort, durch welches alle Dinge, alle also kennend, sagen: Das ist mein Leib; dieses mein ungesäuertes, mit meinem Wort, einst mit andrer, aber auch vom Geist Gottes, von seinem Wort, geweihte Brodt? Dieser eben so geweihte Kelch? Ist nicht also Brodt und Wein so wahre Gemeinschaft mit Jesu Leib und Blut, jenem reinen, jetzt überdies Verklärten? Die wahre Andeutung des Unsichtbaren?

So weit also Erde und Himmel; so weit sündiger Staub und Verklärung nicht nur verschieden, sondern vollkommen einander entgegengesetzt sind, so weit ist die Lehre Jesu und seines Apostels von der Fleischlichen, thierisch sinnlichen, Gegenwart verschieden.

Wer aber vom sinnlichen Körper nicht hinweg kann, der kann auch in der geistvollsten Erinnerung nur zum menschlichen Geiste kommen. Dagegen: wer Verklärung glauben kann, kann auch den Geist eines Engels, kann Gott selbst – denn die Herrlichkeit des Vaters hat ihn verklärt – glauben. Alle unsre Gedanken gehn vom leiblichen aus. Nur also durch diesen Glauben an die Verklärung Jesu gelangen wir auch zum festen wahren Glauben an die Gottheit Jesu.

So erhebe sich denn, geliebten Freunde, unser Glaube zum Himmel des Heilandes. Mütter, die ihr einst die reinste Liebe in eurem Herzen geahndet habt;

Jungfrauen, die ihr jetzt oder künftig ahndet im irrdischen Seyn das allein Ewige; Jünglinge, die ihr beym ersten Genuß des heiligen Mahls nur Eine Sehnsucht fühltet nach dem Herzen, der Liebe des Heilandes; Väter, denen dies heilige Erinnerung, ihr werdet es verstehen: hier, im Abendmahl wird die schon auf Erden verklärte Gemeine des Heilandes die Braut des Lammes. (Offenb. Joh. 19,21.22.) Eins mit Ihrem zur Rechten des Vaters verklärten Bräutigam. (Matth. 25.) Es ist tief ausgesprochen in jedes geheiligte, der sinnlichen thierischen Welt entnommne Herz, ausgesprochen schon im Abendmahl des Herrn: (Hos. 2.) Ich will mich mir dir verloben in Ewigkeit; ich will mich mit dir vertrauen in Gerechtigkeit und Gericht. Ja im Glauben will ich mich mit dir verloben; und – erhebet, Freunde, die Herzen, wie wir am Tisch des Herrn singen – erhebet sie im heiligen Namen Jesu Christi – und du wirst den Herrn erkennen. Ohne Verwandlung, von allem Irrdischen durch des Himmels Andacht geschieden, sind wir nun Glieder seines Leibes, von seinem Fleisch und von seinen Gebeinen. (Ephes. 5.) Und wer mag sich wundern, daß den ersten Christen dieß Abendmahl ein so heiliges Geheimniß war. Nur Geweihte Jesu Christi verstehen, die Wonne der Engel: Ganz Eins zu seyn mit dem, der in der Herrlichkeit des Allmächtigen, des Seligen.

So laßt uns denn halten, Freunde, am Bekenntnisse der Wahrheit, so laßt uns bleiben in seiner Rede, damit wir seine rechten Jünger sind und bleiben. Nur aus der Liebe kommt die Treue. Kann aber die Liebe ohne Glauben sein? Kann die Religion der Liebe, der Gottes, der Menschen Liebe, ohne Glauben seyn? Ach wir wissen wohl, daß viele Miterlößten andrer Meinung; aber können wir Menschen mehr lieben als Gott? Mehr ihrem Irrthum, als die Wahrheit des Vaters, die Wahrheit des Heilandes, die Wahrheit der ewigen Erbarmung? Lieben wir denn unsern Nächsten, wenn wir seine Sünde lieben? Oder liebten wir nicht die Wahrheit des Heilandes? Wir haben ja doch, durch seine Gnade, nicht gewagt zu deuten, zu klügeln. Wir haben bloß redlich in der Schrift gelesen; und den Geist der Wahrheit um diese Redlichkeit, kennend die Schwachheit unsers Herzens, (Röm. 3,4.) angefleht. Dürfen wir also das reine Wort Jesu lassen? Oder ist's unerheblich, was wir beim Abendmahl uns denken? Kann ein Zeitalter, was sich so geistvoll rühmt, Gedanken für unerheblich achten? Ist bloße Erinnerung an den Menschen Jesus von Nazareth? oder ein Opfer statt seines Einigen zu meynen? oder mit dem verklärten Sohn Gottes Eins seyn? gleichgültiger Unterschied? O, laßt uns mit der herzlichsten Liebe für jede flehen, die dieß zu wähnen wagen wollten. Ach! wir sahen ja, es ist aus nichts anderem jener Lehrbegriff einst entstanden, als aus gewandter Vernunft, die den Stolz ihres Willens hinter freundliche Erinnerung verbarg, wie der andere aus thierischer Sinnlichkeit, die sich hinter den Wunsch: Jesum schon auf Erden zu sehen, verbarg. Aber wo ist da Jesu Lehre, wo sein Herz, wo seine Liebe, wo sein Willen, wo man den Willen des Fleisches und der Vernunft folgt, beyde ohne Liebe? (Ephes. 2.) Dabey sagt also immer auch noch das Christenthum: Und reicht dar in der brüderlichen Liebe die Liebe (2. Pet. 1,7.) Fern, ewig fern also sey es von uns: Irrende, die oft überdieß den wahren Ursprung und das Wesen des Lehrbegriffs der bloßen Erinnerung nicht kennen, zu hassen, oder gar ihrem Wohl entgegen zu seyn. Welche Heucheley der Hölle wohnte da in unsrer Brust! Da wären wir, über alles andere, schuldig am Leibe und Blute des Herrn, genössen es zum Gericht! Jesus ist nur da, wo

Liebe ist; sein Wille ist Liebe, sein Ursprung Liebe, seine Herrlichkeit Liebe. Darum laßt uns aber auch die Weisheit der Liebe[1] nicht nicht versäumen. Wohl also können beym Abendmahl in beiden Gemeinen die Einsetzungs-Worte des Herrn bei der Weihung; während des Genußes dieselben gesprochen werden; aber wird auch das Gebet vor der Communionandacht, wenn nicht jetzt, vielleicht lange nicht, nicht früher oder später, die Lehre der Vernunft, wenn nicht verkündigen, doch ahnden lassen? Einen gelehrten Lehrbegriff läßt man nicht so leicht, auch wenn der Friede Gottes höher ist denn alle menschliche Vernunft, (Phil. 2.) und dieser allein Herzen und Sinn bewahrt in Christo Jesu. Er hat zu viel reitzendes für die menschliche Vernunft, und diese ist ein in der Religion schwer zu überwindender Götze. Also nach Gebet und Bekenntnißschriften, die nicht für irrig, für Jesu Wort entgegen, erklärt worden, laßt uns fragen. Und es ist uns ja überdieß Gewissensfreiheit verstattet. Doch wäre es nicht und möchte jemahls uns geboten werden, wir können uns nur halten an Jesu Wort: Wer micht verleugnet vor den Menschen, den will ich auch verleugnen vor meinem himmlischen Vater.

Aber ist es, meine Freunde, ist es hinreichend zu glauben? Man liebt nur den Herrn, wenn das ganze Herz von ihm erfüllt ist, und wenn man seinen Willen thut. Leicht sind die Pflichten der Erinnerung an den Menschen Jesus, schwer, sehr schwer dem ungebesserten die Pflichten der Gemeinschaft mit dem Gottmenschen Jesus; die Braut des Heilandes muß seinem Willen ihren Willen, seinem Gedanken ihre Gedanken, seinem Gefühl ihr Gefühl, aufgeopfert haben. Sie muß ganz Ihm gehören. Der Mensch aber prüfe sich selbst und also esse er von diesem Brodte, und trinke von diesem Kelch. Der Welt müssen wir absterben; nur Christo leben. Sterben muß unser Eigenwille, sterben unser Stolz, sterben unser Eigennutz, sterben unsere Wollust. Ach! – noch Einmal, meine Freunde, wer unwürdig isset und trinket, der isset und trinket ihm selbst das Gericht, damit, daß er nicht unterscheidet den Leib des Herrn. Eins mit dem Sohn zur Rechten des allmächtigen Vaters kann nur der würdig seyn, der ihn über alles liebt. Nicht ich, sondern Christus lebt in mir, sagt mit dem Apostel die Gemeine des verklärten Heilandes. Wer zu ihr gehören will, muß es ihr nachsagen können.

Und wo zeigt sich dieser Sinn, dieses Leben, als abermahls in der Liebe, aber nun thätigen Liebe gegen den Nächsten. Mütter! Töchter! kann eine Braut hassen? kann sie verfolgen? Niemand also kann und soll so seine Miterlößten, Alle Alle durch Jesu Blut erkauft, so lieben wie das Herz, welches mit Jesu Geist und Seele und Leib und Blut im Abendmahl Eins ist. Nur der ist mit dem Gekreuzigten in Gemeinschaft, der beten kann, wie Jesus am Kreuz betete. Als Stephanus flehte: Herr behalte ihnen die Sünde nicht; da gehörte sein Herz nicht mehr der Erde an; da gehörte es ans Herz Jesu Christi; da ward er aufgenommen zum Abendmahl des großen Gottes. (Offenb. Cap. 19.)

Darum, darum laßt uns flehen, danach verlangen durch die Kraft seines Geistes. Und wo wir nicht Einen Glauben sehen, obwohl Ein Herr und Eine Taufe zu seyn scheinen, und des Wortes trösten: Es müßen Rotten unter euch seyn, auf daß die, so rechtschaffen sind, offenbar werden.

Mit solchem Herzen laßt uns bleiben in seiner Rede! Wählt, Freunde, was ihr

---

[1] Evang. Joh. 1, 1. nach dem Grundtext.

wollt; prüft meine Worte; aber nur nach Jesu Worten. Die Gräber Eurer Väter und Mütter unter Euren Füßen; auf jenem Gottesacker, vor den Thoren der Vaterstadt, mahnen an ihre Bekenntniße; Euer Tod, Eure Seligkeit verkünden die Wahrheit. Wählt! Doch – der Allwissende kennt die Herzen – und ich die Meinen; durch die Gnade Jesu Christi – ich und die Meinen wollen dem Herrn dienen. Wisset aber auch das Wort des Apostels, dem Jesus als Richter zur rechten Hand Gottes erschienen: Gehorchet eurem Lehrer und folget ihm, denn er wacht über Eure Seelen, als der da Rechenschaft dafür geben soll; auf daß er das mit Freuden thue und nicht mit Seufzen, denn das ist Euch nicht gut.

Und auch das vergönnt die unaussprechliche Gnade Jesu Christo diesem Apostel nachzusprechen (I. Cor. 7.):

Wir aber meynen, wir haben auch den Geist Gottes. Halleluja! Amen!

Vorlesung des Evangelii[2] *Den XXII. Sonnt. nach Trinit.*

Nahe an unsre bisherige Betrachtung, meine geliebten Freunde, grenzt der Inhalt des heutigen evangelischen Textes. Als dem Könige aller Könige, sagt der Herr, sollte der Mensch seine Sünde, als gehäufte Pflichtschuld leisten, aber er empfängt Gnade. Ist es nicht eben dieß, wozu uns das heilige Abendmahl auffordert? Sollen wir nicht als Tiefschuldige, bedürftig der ewigen Gnade, zum Altar des Herrn nahn? Nicht allein an demselben in der Erbarmung des Heilandes Heil suchen, und finden?

So laßt uns nun, so oft wir zu diesem Mahl kommen, als mühselig Beladene, als Elende, als Arme achten, die nur des Trostes, der Kraft, des Lebens bedürfen. Vergessen sey alle eigne Gerechtigkeit, die nicht die Erbarmung will; im Licht Jesu Christi laßt uns dagegen erkennen: Ein jeder bedarf nur Gnade. Laßt uns fühlen: wir bedürfen unsers Gottes, wir bedürfen des verlohrnen Vaters.

Nur so können wir nach Jesum uns sehnen, nur so den Heiland erlangen. Es ist ja für reuevolle Sünder nur ein Verlangen: die Gnade Gotes, und sie sey unser Verlangen – nur Ein Gebet: Jesu Gnade – und sie sey unser Gebet.

Und der am Kreutz Erbarmung erwarb; er wird uns nicht verlassen. Das Verlangen der Elenden höret der Herr; ihr Herz ist gewiß, daß sein Ohr darauf merket. Jesus wird in uns seyn, er wird uns Kraft, er uns Heil geben; er himmlisches Leben wirken, was das schwache sterbliche Herz, im Tode befangen, nicht zu erreichen vermag.

Und so schließen wir denn auch mit Freuden das Herz gegen die Brüder auf. Wenig, gar wenig Schuld ist die ihre, wie so wahr der Herr im Evangelium sagt, gegen die unsere. Begnadigte aber sollten nicht verzeihen? Erlösete nicht

---

[2] Es ist nehmlich nach der Liturgie in den Breslauischen evangelischen Pfarrkirchen bestimmt, daß jeder Sonntags-Frühpredigt über das Evangel. einige Worte beigefügt werden.

vergeben? Ja! unser Stolz, unsere Habsucht, unsre Wollust siegt, verlangt Vergebung, Erbarmen allen, die durch Stolz, Habsucht, Wollust gegen uns fehlten, und Liebe, die Jesus uns giebt, Liebe müßen wir allen geben.

So ist der Himmel auf Erden unser. So sind wir im Herzen Jesu Christi; so haben wir seinen Geist, seine Freude, seinen Frieden. Und bestanden wird aller Jammer, und aller Schmerz der Sünde in seinem Blute getilgt; und alles irrdische Leiden – in allem überwinden wir durch den, der uns mächtig macht, Christus. Nur größer, und herrlicher, und inniger wird der Wunsch, endlich vollkommen bei ihm zu seyn; nur das ist unser letztes Flehen:

Nun, Jesu, mein Vergnügen
Komm, hole mich zu Dir;
An Deiner Brust[3] zu liegen;
Komm, komm, der Seelen Zier,
Und setze mich aus Gnaden
In Deine Feudenstadt.
So kann mir niemand schaden,
So bin ich reich und satt. Amen!

d) Die letzten Worte des scheidenden Lehrers. Gesprochen zur lutherischen Gemeine in Breslau, am Abend vor seiner Abreise aus dem Vaterlande, den 14. April 1832, Dresden (1832)

An die lutherische Gemeine in Breslau

Als ich, begleitet von Euern Segenswünschen und Thränen, theure, geliebte Brüder und Schwestern im Herrn, am Palmsonntage früh noch einmal an die Stelle trat, wo die Hülle des Vaters, der Schwiegermutter, des Kindes ruhte, da kam mir Einer von Euch, Ihr Treuen, entgegen, und forderte mich zum Druck dieser Blätter auf. Eure Repräsentanten äußerten denselben Wunsch gegen mich beim letzten Lebewohl; ich vernahm ähnliches durch Briefe. Wenn solcher Wunsch, wie in diesem Fall, der Ausdruck einfacher Liebe ist, so darf ihn der Lehrer wohl nicht ausschlagen. Und hier galt es ja auch noch ein Andenken, was ich so gern Euch noch, wie eine Summe meines ganzen Lehr- und Seelsorger-Amts bei Euch, zurücklassen wollte.

Aber erst jetzt habe ich die Mußestunden in meinem neuen Wohnsitz finden können, um aufzuschreiben, was ich vor nun schon 10 Tagen zu Euch bloß aus der Fülle meines Gefühls, ohne irgend eine Vorbereitungs-Zeit dazu finden zu können, am Schluß der letzten, mit Geschäft überhäuften, Tage in Breslau redete. Für die einzelnen Worte, Darstellungsweisen u. s. f. kann ich daher nicht mehr

[3] So, nach dem wahren Ausdruck der Schrift. – Anderes für gelehrte Leser; z. B. über d. Aram. Verb. auxil. Matth. 26, an einem andern Orte.

Bürgschaft leisten. Wohl aber hoffe ich, werdet Ihr denselben Ideen-Gang finden; und das ist Euch gewiß das Wesentliche.

Der Herr segne in Euren Herzen das schriftliche Wort, wie, als ich es sprach, das mündliche. Als der Apostel von den Ephesiern Abschied genommen, vergaß er sie doch nie. So darf nie die Gemeine in Breslau, die Gott mir zuführte, bis an meinen letzten Hauch von mir versäumt werden. Der Herr stärke unsern Bund, und seiner Leiden und Auferstehung Kraft sey Euch Kraft in Euern harten Bedrängnissen und Verfolgungen.

Dresden, am 3ten Osterfeiertage 1832

Allmächtiger Vater! Herr, unser Heiland! So ist sie denn gekommen, die schwere, bange Stunde, die längst von mir gefürchtete, geahndete, die zwar der eigne Geist wie eine dunkle mitternächtliche Gestalt gern von sich entfernt hätte; doch seit neun Monathen nur zu ernst und wahr vor mich treten mußte. Ich müßte sie mit dem bangsten, geängstetsten Gefühle tragen, die große Trauerstunde meines Lebens, meines Wirkens, wenn ich nicht Deinen Ruf, o Jesu, Deine Fügung, mein Herr, mein König, mein Hort, erkennte; wenn nicht klar und unzweifelhaft mich Dein Wort darauf führte: So sey es Dein Wille: Du wollest Dein Reich und Deine Erbarmung in ihm und in Deinen Knechten verherrlichen durch Leiden, wie Du einst nach dem weisen Rathschluß Deines Vaters dadurch verklärt wurdest. So segne dann auch diese meine letzten Worte an die Gemeine, die Du mir seit 23 Jahren anvertrautest, wie Deine unverdiente Barmherzigkeit unter tausend Schwachheiten und Kämpfen, innern und äußern, daß unvollkommene Wort an ihren Herzen nicht verlohren gehen ließ. Und wenn ich nicht mehr leiblich bei ihnen seyn kann, so sey Du bei ihnen, Dein allheiliger, allweisender Geist, bei und in ihnen. Laß mein Flehen erhört werden, um Deines Namens willen! Amen!

Also das letzte Wort, die letzte Ermahnung zum Abschiede von Euch, meine theuern Brüder und Schwestern in Christo, in ihm meine geliebten Kinder, soll ich nun zu Euch sprechen. Schwere, furchtbar schwere Pflicht! Unmöglich zu bestehen, zu ertragen ist dieser Abend, wenn nicht so bestimmt, so klar der Herr mir den Weg und seinen Rathschluß zeigte; wenn Er nicht, wie einst schon bei seinem großen Apostel, zuließ, daß Leiden über mich hereinbrechen sollten, welche prüfen und läutern, und daß seine Wahrheit leuchte, dienen sollten.

So nicht durch mich, durch meinen Willen, sondern durch Trübsal, die ich nicht abwenden konnte, von Euch gedrängt, habe ich nun noch Einmal auf dreiundzwanzigjähriges Lehramt bei Euch zurückzublicken, und das letzte Wort herzlicher Ermahnung Euch zurück zu lassen.

Worinn dieß aber bestehen soll? das kann doch nichts sicherer und entschieden richtiger bestimmen, als Eure religiöse Lage, als die Lage überhaupt des Reiches Gottes.

Wir sollen darnach fragen. Dieß gebeut die heilige Schrift; denn wozu wären sonst in ihr so viele Verkündigungen von der Zukunft, von den späteren Schicksalen der christlichen Kirche, in den Reden Jesu selbst, wie in den Briefen seiner Apostel, namentlich Pauli, (ohne noch erst an das ganze Weissagungsbuch des großen Evangelisten und Lieblings-Jüngers Jesu zu denken), enthalten, wenn nicht der Blick seiner Bekenner auch darauf gerichtet seyn sollte? Sagt doch der

Herr selbst von diesen seinen Belehrungen über die zukünftige Kirchengeschichte: Wenn nun aber dies Alles anfängt zu geschehen, darum, daß sich Eure Erlösung nahet.

Und fragen wir nun alle, nicht von unsern eignen Meinungen, sondern vom unzweideutig klaren Worte Gottes geleitet: welche Zeit ist es im Reiche Gottes, so lehrt Paulus deutlich eine doppelte Veränderung in den spätern Zeiten des Reiches Gottes: die eines doppelten Abfalls; der eine, pharisäischartig zu menschlichen Fabeln, im vierten Cap. des erst. Tim. Briefes[1]; den andern noch spätern, zu eigentlichem Unglauben mit der verschlagendsten, täuschendsten Verführung desselben verbunden, im dritten des zweiten Briefes an ebendenselben ersten Lehrer von Ephesus; nach welchem weitern Abfall dann ganz offenbar werden soll der Mensch der Sünde und das Kind des Verderbens, der sich selbst in dem Tempel Gottes setzet, und meint: er sey Gott (2 Thess. 2,3ff.).

Vergleichen wir nun die Kirchen-Geschichte mit diesen Verkündigungen, so begann jener erste Abfall entschiedener im Anfange des Mittelalters; die Darstellung des zweiten aber im angeführten dritten Capitel des zweiten Timotheus Briefes liefert so Zug für Zug die Charakteristick und Geschichte unsrer Tage, wie ich Euch oft darauf schon früher hinweisen mußte, daß wir nur einfach betrachten dürfen, um die Wahrheit zu erkennen.

Und was zeigt nun diese Charakteristick? Was die Erfahrung der Reichsgenossen Jesu. Soll überhaupt die Gemeine des Herrn in der großen Reihe der letztern Zeiten kommen zum vollkommenen Alter Christi, ihres Herrn (Ephes. 4,13.): so sind es auch seine Leiden, in denen sie nachfolgen soll. Und auch Er litt, als diese zuletzt begannen, den furchtbarsten Abfall. Sein Reich soll also gleichen Oelberg erfahren. Die Schilderung jenes Capitels besagt es deutlich; die Geschichte unsrer Zeit bestätigt es aufs klarste: Es sind Leiden des Oelbergs, die die Gemeine Christi ihm nach zu dulden hat.

Und Ihr wißt, meine Theuern, den Kuß und was damit verbunden, Ihr kennt die Bande, Ihr wißt die Stunde und die Macht der Finsterniß; alle Schwäche, alle Untreue auch von dem, was sonst das Bewährteste schien, wie dort bei den Jüngern Jesu: alles Verkennen des Rathes Gottes, alles Schlafen, wo es doch wahrhaftig Zeit ist zu wachen; Eure Herzen kennen seit lange die Nothwendigkeit, dem Heilande in solcher tiefen Nacht nachzuflehen: Abba! mein Vater! ist's möglich, so gehe dieser Kelch vorüber! Doch nicht mein Wille, sondern Dein Wille geschehe.

Und was könnte ich Euch also, Geliebten, noch am Ende meines Lehrens und Ermahnens bei Euch, zuzurufen, als die treue Warnung des Heilandes, dessen Lebenszeit wir ja eben jetzt wieder feiern, an seine Jünger:

Wachet und betet, daß ihr nicht in Anfechtung fallet; der Geist ist willig, aber das Fleisch ist schwach.

Sie war zunächst, diese Warnung, ihnen nöthig, seinen Aposteln, an die sie zuerst gerichtet.

Sie sollten wachen; dieß bedurfte ihre Erkenntniß, ihr Gefühl, ihr Wille.

Wachen über ihren Gedanken und Vorstellungen. Denn der Traum eines

---

[1] Die Deutung von Eßenern und ähnliche möchte sich, am wenigsten für Ephesus, irgendwo geschichtlich begründen lassen.

irrdischen messianischen Reiches lebte ja noch immer in ihnen. Von ihm getäuscht, hatten sie noch wenige Tage vorher ihrem Meister, nach morgenländischer Sitte, einen König feierlich einzuholen, Palmen vor den Thoren Zions gestreut, und mit dem von gleichem Wahn beseelten Volke, ihm das Messias Hosianna entgegengerufen. Von diesem Irrthum umfangen, war längst schon, wenn der Erlöser ihnen von seinen Leiden verkündigte, die Rede vor ihnen verborgen, und sie wußten nicht, was gesagt war, (Luc. 18,34.).

Wachen mußten sie über ihren Gefühlen. Denn wie groß und treu auch ihre Liebe gegen Jesum war, so war sie doch noch immer mit Selbstsucht und Selbstverblendung verbunden. Sie wußten nicht, und selbst wenn es ihnen der Herr sagte, beachteten sie nicht, wie sie nur auf zukünftige zeitliche Herrlichkeit in seinem Messias Reiche sahen; wie die verzagte Seite ihres Herzens ihnen verborgen blieb vor der trotzigen, die sie voll Muth, Glaubensstärke und unbeweglicher Treue meinten: Es sagte ja nicht nur Paulus, sondern auch alle Jünger mit ihm: Und wenn wir mit Dir sterben müßten, wollten wir Dich nicht verleugnen. Weder die Unvorsichtigkeit und Härte des natürlichen Feuers, so wie die Sorglosigkeit der natürlichen Langsamkeit und Trägheit, noch der Leichtsinn des fröhlichen und die Bangigkeit des schwermüthigen Gefühls war ihnen deutlich.

Wachen mußten sie also auch endlich selbst über ihrem tiefsten und innersten Willen. Denn mochte er, den Einen, Judas ausgenommen, noch so wahr und redlich dem Herrn ergeben seyn: die eigne Herrschsucht, Gewinnsucht, irrdische Freudenlust, mit der ja selbst einst Johannes zur Rechten seines irrdischen Reiches sitzen wollte, kannten sie nicht; diese Leidenschaften beschlichen sie in den freudigsten, seelenvollsten Bekenntnissen für den Herrn.

Wo wir sie betrachteten, sie, die Erstgebornen selbst des Reiches Jesu, sie mußten wachen.

Und darum doch auch beten. Denn, was konnte sie stärken, wenn ihre Thorheit, ihr Irrthum, das Irrdische ihres Gefühls, das Entgegengesetzte ihrer natürlichem Empfindungen, das eitle Streben ihres Willens sie mächtig ergriff? Wo waren die Freunde und Freundinnen Jesu, die stärker waren, als Sie? Von den Feinden – das ist von selbst klar – konnten sie nur die gewaltigste Förderung ihrer geistigen Verirrungen erwarten. Nur also bei Gott, nur bei ihm, zu dem auch David verlassen und im tiefsten Glaubens-Kampfe, rief: Herr, mein Fels, mein Erretter, mein Gott, mein Hort, auf den ich traue, mein Schild und Horn meines Heils und mein Schutz (Ps. 18,2.3.); nur zu dem konnten sie ihr Zuflucht nehmen; nur von ihm sie erwarten.

Denn die Anfechtung ihres Glaubens war ja groß. Der Tag war dahin, wo ganz Jerusalem ihrem Meister entgegeneilte, wo selbst die Kinder im Tempel das Hosianna der Väter und Mütter wiederhohlten. Schon bereiteten Zions hoher Rath und alle Priester das „Kreuzige" ihm in den Herzen des sonst ihn so verehrenden Volkes; und Einer selbst aus ihrer Mitte hatte ja mit vollem Hohne ihnen gezeigt: wie alles Vertrauen auf Weisheit und Wahrheit ihres Lehrers so ganz ein verfehltes sey. Alle ihre Erwartungen waren dahin. In dem, den sie als den Sohn Gottes erkannt hatten, sahen sie Nichts als einen Leidenden, der sich wohl ganz über sich selbst und seinen Zweck und die Mittel dazu getäuscht habe.

War also auch ihr Geist willig; wollte er Wahrheit, Glauben, Treue gegen den Herrn, die Liebe, die heiligste gegen ihn, bewahren; sterben mit ihm, ehe sie ihn verleugneten; wie zeigte sich doch das Fleisch so schwach, daß Petri harte, feurige Kühnheit den Knecht des Hohenpriesters verwundete; und doch bald darauf er und alle seine Mitapostel den Herrn verließen und flohen; sogar die Frage einer Sclavin gnügend war, den muthvollen Helden zum kleinmüthigsten Verleugner zu machen.

So sehr, meine Theuren, bedurften die Apostel des Herrn die Ermahung: Wachet und betet!

Und nicht auch wir sollten sie in so ähnlicher Glaubens-Noth, nicht auch Eure Herzen sie bedürfen?

Ja wohl! meine Freunde, Wachet, ruft auch uns, ruft auch Euch der Heiland zu.

Wachet über Eurem Erkennen; über Euren Ueberzeugungen. Wohl habe ich gesehen, seit zwei Jahren erfahren – und kann ich unserm Herrn genug dafür danken? – Euer treues, redliches Festhalten an Gottes Wort, an den tiefen, ins Innerste des Reiches Gottes führenden Lehren desselben. Aber wie? wenn nun dasselbe Wort Gottes große, schwere Trübsal den Reichsgenossen Jesu verkündigte, wenn da der Herr, wie damals dem fröhlich hoffenden Jacobus und Johannes, den Seinigen zuruft: Könnet ihr den Kelch trinken, den mir mein Vater gegeben hat? wenn der Geist Gottes nicht nur dem Lehrer, Pauli Wort an seinen Timotheus: Du bist nachgefolgt meinen Verfolgungen in Antiochien, Iconium und Lystra, theuer macht, sondern auch der Gemeine Gottes das daran geknüpfte: Alle, die gottselig leben wollen, müssen Verfolgungen leiden; und diese Verfolgung die ganze Bedingung des äußern Wohls sorgenvoller Familien betrifft; wie leicht sucht dann bei solchen Aeußerungen des göttlichen Worts der menschliche Geist, der heitre, fröhliche, leichte Sinn in den Mitbürgern meines Vaterlandes einen andern Gang der Vorsehung, und andre Bahn des Reiches Gottes, eine ruhigere und gefahrlosere, als sie Gottes Geist selbst verkündigt und die Erfahrung bestätigt. Wie leicht kann da die einige Waffe gegen Unglauben und Verführung, das göttliche Wort, wie leicht das einige Schild, was auslöschen kann alle feurige Pfeile des Bösewichts, aus den Händen gewunden werden. Dringend für Eure Seligkeit, meine Brüder und Schwestern, ist' die Ermahnung: Wachet; haltet Euch stets die Weissagung des Apostels vor, stets alle seine Belehrungen.

Aber sie ist es auch, wie bei den Jüngern des Herrn, für Euer Gefühl. Das Herz bleibt nun einmal das trotzige und verzagte Ding; bald vom feurigen und festen, (so scheint es), Muth bis zum Himmel gehoben; bald in schwacher Gewandtheit oder tiefer Furcht, entweder flüchtend vom ewigen Licht hinweg, oder zur Erde geworfen. Wohl zeigen mir denn also, meine Theuren, und wie sollte ich nicht dem Herrn seines Reichs dafür danken, Eure brennenden Herzen jetzt, die Treue Eurer Thränen, wie jede Seele unter Euch zum Herrn spricht: Ich laß Dich nicht, Du mußt mein Jesus bleiben, mich reißt das Grab nicht von Dir ab; aber wie leicht birgt sich hinter dem Muthe stolzer eigner Wille und noch viel verschlagenere und lügenhaftere Selbstgerechtigkeit, die jedes Bekenntnisses, jeder Entsagung, jedes Duldens sich rühmt; wie leicht hinter Liebe, Wohlwollen und scheinbarer Weisheit, Schwäche des Glaubens, Furcht vor Leiden, Verehrung der Macht der Welt, auf Kosten der Verehrung Christi, Liebe zum Irrdischen, Mangel an allem Vertrauen. So nothwendig ist also auch hier das Wachen; nichts so nüchtern, so unbefangen, als das eigne Herz zu prüfen; Muth und Selbstvertrauen durch die Geschichte Petri und Pauli, die gleiche Gefahren bestanden, durch die Briefe derselben, durch die des letztern an die eben so feurigen, starken, selbstgerechten Römer und Galater zu bessern, zu läutern und zu heiligen; eben so aber auch alle Gewandheit und irrdischen Tiefsinn durch die Briefe an die Korinthier und Kolosser, durch Beispiele und Briefe der diesem Geist verwandten Apostel Johannes und Juda, zu bekehren.

Wachet, ruft Euch endlich der Herr, auch für Euren Willen, meine Geliebten, zu. Denn wie heilig, wie gereinigt, wie allein auf den Himmel gerichtet; wie demüthig und allein Jesu Willen ergeben und unterworfen er auch jetzt Euch erscheinen mag; ja durch des Herrn Gnade auch noch in dieser Stunde wohl ist; trauet nicht. Umgeben, stets umgeben von Fleisch und Blut, versucht bald von der Stärke, bald von der Sinnlichkeit derselben; in einer Welt, die bald durch die Herrlichkeit ihrer Macht, bald durch das Ungestörte und die Fülle ihres Genusses lockt; da bedarf es stets, da bedarf es täglich, ja stündlich des Andenkens an das Wort, welches auf allen seinen Blättern verkündigt: Gott widerstehet den Hoffärtigen, aber den Demüthigen giebt er Gnade. Wollen wir dem Herrn trotzen? Sind wir stärker, denn Er? Fleischlich gesinnt seyn, ist Feindschaft gegen Gott.

Doch auch das Wachen genügt nicht. Ein stets lebendiger, immer das Eine, was allein Noth ist, vor Augen habender Geist, ist erforderlich, um diese Pflicht unaufhörlich zu beachten. Aber unser Geist ist ein menschlicher. Er ermüdet in der Betrachtung des Höchsten, Heiligen, Ewigen, Tiefsten; tausend Angelegenheiten des irrdischen Lebens; die zeitlichen Arbeiten, Sorgen, Mühen, Zerstreuungen, Sehen, Betrachten und Verbindung mit der Welt, das leibliche Daseyn und seine Bedürfnisse ziehen ihn vom Wichtigsten und dem Einen, was zur Seligkeit leitet, ab. Was kann da retten, was da noch halten, als das Flehen, das innbrünstige Gebet zu dem, der versucht ist allenthalben, wie wir, doch ohne Sünde. Schüttet nur, meine Theuern, dann also, wenn die Seele im Glaubenskampfe müde und laß werden will, Euer ganzes Herz vor ihm aus, wie das Wort Gottes sagt; legt all' Eure Noth, Eure Schwachheit, Eure Sünde, Eure Gefahr mit dem offensten, kindlichen Herzen, mit vollster, kindlicher Zuversicht an's Herz Eures Heilandes, wie das verlassene schwache Kind zum Herzen der Mutter fleht – (Der Herr ist ja das Wort, durch welches alle Dinge) – daß Ihr zu ihm bittet, Herr, wie du willst, so schick's mit mir im Leben und im Sterben; allein zu Dir steht mein Begier; Herr! laß mich nicht verderben; erhalt mich nur in Deiner Huld, sonst, wie Du willst, gieb nur Geduld; Dein Wille, der ist der beste! und indem ihr noch betet; und sey Euer Herz betrübt, und in tiefer Angst bis zum Tode, wie Euer Heiland am Oelberge, Ihr werdet den Engel erfahren, der vom Himmel kommt, und Euch stärket; ja er selbst und sein Geist werden mit göttlicher Liebes-Kraft bei Euch seyn.

Das, das ist nothwendig, unentbehrlich, meine Geliebten, auf daß Ihr nicht in Anfechtung fallet. Schon habe ich sie Euch angedeutet, diese Anfechtung, aber denkt mit mir noch genauer an ihre Größe. Von jeher waren die Reichsgenossen Jesu, wie er selbst ihnen auch in diesen Leiden vorausging, mancherlei Versuchungen ausgesetzt. Doch wenn so sehr, so furchtbar gefährlich, wie in unsern Tagen? War die Verführung je so sehr in den Schein des gottseligen Wesens gehüllt, während man doch seine Kraft verleugnete (2 Tim. 3,6.), wie heut? Jemals so sehr der Unglaube in Schein und Darstellung des Glaubens verborgen?

Jemals die Sinnlichkeit mehr in die Form und das Wort der Liebe und des erlaubten Lebensgenusses? Die irrdische Habsucht, die auch die Entehrung des Heiligsten nicht scheut, mehr hinter das Werk des Apostels verborgen: Alles allen zu seyn und mit gerechtem Pflichtgefühl für die Seinigen zu sorgen? Jemals so die Wahrheit aufs geflissentlichste verdunkelt, das Licht gescheuet? alle Strafe Gottes mit schnöderm Leichtsinn, gegen die klarsten Zeugnisse seines Wortes, geleugnet? dieses frecher und listiger entstellt? alle Kunst dafür aufgeboten? Dem empörendsten Stolz schaamloser gefröhnt? Die heiligsten Gelübde gegen Gott, Eltern, Lehrer, Gemeine des Herrn kühner übertreten? Wenn war seit der Versuchung des Herrn der Satan selbst je so scheinbar Engel des Lichts (2 Kor. 6.11,14.), der oft den Glauben sogar und sein Bekenntniß nur lockerer und loser gemacht, wohl wissend, daß ein Gebäude, dessen Stützen genommen sind, dahinsinkt – wenn je so in Lichtgewand der Sprache der Liebe, der Wahrheit, der Frömmigkeit, des Geistes Jesu gehüllt? Ja, meine Brüder und Schwestern, erkennet die Noth, die Größe der Anfechtung, die Euch umgiebt, desto mehr die Menschen überhaupt umgiebt, je öfterer der Feind geleugnet wird, dessen tiefster und innerster Wille ist: das Reich Christi zu zerstören: und also, indem man gar nicht glaubt, daß er da sey, desto ungestörter die Geister verführen kann.

Denn auch Euch, und wie viel mehr Euch, da selbst die Apostel diese Belehrung traf, sagt der Herr: Der Geist ist willig, aber das Fleisch ist schwach.

Ja gewiß! willig ist der Geist; willig auch Euer Geist. Ihr erkennet, wie der Glaube die unentbehrliche Bedingung der Seligkeit; wie ohne ihn Niemand Gott gefallen kann; Ihr erkennet, wie auch das Bekenntniß unentbehrlich; weil Gottes Wort saget: So man von Herzen glaubt, so wird man gerecht; so man aber mit dem Munde bekennt, sodann erst wird man selig. Wie leicht, wie frey fühlt sich nun der Geist allerdings von allen Banden der Welt, wenn er einmal seiner Kraft sich bewußt ist. Wie ist er am Morgen, nachdem er sich im Gebet zu Jesu durch den höchsten Beistand gestärkt hat, durch das Gefühl des erneueten Lebens, was in alle Adern und Nerven ausgegossen ist, mächtig gehoben; und indem er, wie neu geboren, in das Wirken des Tages tritt, da erheben sich in ihm die heiligsten Entschließungen; da will er ganz dem Herrn sich ergeben; da will er nichts sonst wollen, nichts sonst thun, als in seiner Liebe ruhn; diese Liebe, durchdrungen von seiner Gnade, ergreift alle Gefühle, die sonst Freude oder Jammer, Muth oder Furcht, Liebe oder Haß, Wahrheit oder Irrthum in sich tragen; ihm dem Herrn, will der treue Glaube Alles opfern, um seinetwillen Alles tragen, und alle Gründe für die ewige Wahrheit und das unvergängliche Wort Gottes, sie treten gegen alle Scheingründe irrdischer Weisheit, gegen alle Künste verschlagener Lüge siegend vor die Seele, und muthig will die Heldenkraft des in der Liebe zu Jesu tief wurzelnden Glaubens, der keinen Hort als ihn kennt, in Haus und Beruf, im Amt und im gewöhnlichen Umgange, den ganzen Tag, das ganze Leben hindurch kämpfen gegen den Unglauben, ringen gegen jede Sünde, Ungerechtigkeit, Unheiligkeit, Weltlust. –

Aber vergeßt es nie, geliebte Brüder und Schwestern: das Fleisch ist schwach: Der lange Lauf des Tages führt eine Menge Sorgen, Mühen, weltliche Arbeiten herbei; verflicht in das Irrdische und all' sein Wesen und Bestrebungen. Der Geist ermattet, von den Banden des Sichtbaren gehalten. Die Nervenkraft sinkt, indem der Abend naht; alles Leben wird schwächer. Das war die Zeit, in der schon jene Jünger, die mit Jesu nach Emahus wandelten, nicht mit Unrecht sagten: Bleibe bei uns, denn es will Abend werden. Schwach werden da alle Vorsätze, die Gewalt der Erde und ihrer Nacht dringt herein. Von der Schwerkraft des Leiblichen wird der Geist hinabgezogen. Das waren die Stunden, in denen der Erlöser selbst zum Fels der Gemeine, zu Petrus, wie zu Jacobus und Johannes, sagen mußte: Vermöget Ihr nicht, eine Stunde mit mir zu wachen? Das war die Zeit, da sie ihn alle verließen und flohen; und endlich selbst Petrus ihn offen und kühn verleugnete. Die Erfahrung von uns allen wird es bestätigen, wie sehr es des Wachens und Betens bedarf, da der Geist so schwach ist.

Dieß Wort also Eures Herrn, Theuere, Geliebte, bewahrt es unbeweglich; dieß lasse ich Euch als das letzte, indem des Herrn ernster, aber tiefer Rathschluß mich von Euch führt. Ach! bleibet, bleibet, Kindlein – so darf ich Euch ja mit Johannes anreden – bei ihm, auf daß Ihr Freudigkeit habt am Tage seiner Zukunft. Ihr werdet neue, erhöhete, sehr erhöhete Trübsal, der Geist bezeugt es deutlich in seinem Wort, zu bestehen haben; Euer Glaube immer mehr geprüft werden – und es wird Euch, wie bisher oft, noch dringender vorgehalten werden: es sey bloß meine Meinung, meine Deutung göttlicher Lehre, zu der ich Euch verpflichtet hatte. Darum vernehmet mein freiestes Geständniß: Versteht Ihr auch nicht die gelehrten Gründe und Beweise der Lehre, so hat doch allen Gemeinen der Herr ein Prüfungs-Wort gegeben: An ihren Früchten sollt Ihr sie erkennen. Wie gewiß ich nun Euch vor meinem Herrn sagen muß, indem ich heut ein so langgeführtes Lehramt in seine Hand zurücklege: Ich bin nicht werth, daß ich sein Diener heiße; so kann ich doch auch durch seine Erbarmung hinzufügen: Durch seine Gnade bin ich das, was ich etwa bin; und nach unverdienter Barmherzigkeit ist doch nicht seine Gnade an mir ganz vergeblich gewesen. Sollet Ihr aber das nicht finden, hinfort nicht vernehmen, meine geliebten Brüder und Schwestern, dann vergesset mich; und solltet Ihr mit dem lautern und klaren Wort Gottes, was einst schon, wie Ihr wißt, ein sehr treuer Knecht Gottes Euch übersetzte, meine Lehre nicht übereinstimmend finden, prüft nach dem Beispiel der Beroenser (Ap. Gesch. 12,11.), und im Namen Jesu Christi, unsers Herrn, betheuere ich Euch, verlaßt sie, verlaßt sie als Menschen-Satzung; solltet Ihr aber das Gegentheil finden, treue Lehre nach Gottes Gebot, dann betheuere ich Euch mit den Worten, mit denen ich vor elf Jahren mein offenstes Zeugnis über das heilige Abendmahl vor Euch ablegte: Gehorchet Eurem Lehrer; denn er wacht über Eure Seele, als der da Rechenschaft davon geben muß, auf daß er das mit Freuden thue und nicht mit Seufzen; denn das wäre Euch nicht gut.

Sehen wir uns dann – es sey Gott anheim gestellt – auch hier nicht mehr im heiligen Bunde vor Gott vereint; wachet, betet; der Geist unsers Herrn Jesu Christi walte und bleibe in Euch, damit wir Alle offenbar werden vor dem Richterthrone Christi, und ich von Euch insbesondere, wenn der Herr Euch von mir fordern wird: bezeugen kann: Herr, hier bin ich und die, die du mir gegeben hast.

Und so, Herr unser Heiland, Hirt Deiner Heerde, übergebe ich in Deine Hände, die Du mir so lange anvertrautest. Vergieb alle Schwachheit, alle Fehler Deines Knechtes, Alles Versäumen in Deinem Dienst. In Deinen Armen sind sie ja am sichersten bewahrt; Du, dessen Herz brach, um auch sie wieder zu gebähren zum ewigen Leben. Strafe, ermahne, erwecke, stärke, tröste sie, wie, wann und wo sie es nöthig haben. Rette sie aus aller Angst, Noth, Gefahr zum Triumph des Glaubens, zu Deiner Herrlichkeit. Ist dann mein schwacher Mund von ihnen hinweg genommen; Dein Odem des lebendigen Gottes, Dein allmächtiges Wort und seine Gnade bleibt bei ihnen, in ihnen. Du hast es verheißen: Meine Gemeine sollen auch die Pforten der Hölle nicht überwältigen. Lamm Gottes! Heiliger Herr und Gott, nimm an die Bitte von unsrer Noth; Erbarm Dich unsrer aller. Amen! Amen!

– Vater Unser. – Segen.

e) Faksimile und Umschrift des Bewerbungsschreibens Scheibels von 1811.

acc. Darmst. 1912.236

Hochwohlgebohrener, gnädiger Herr
Höchstzuverehrender Herr geheimer Staatsrath
u[nd] Chef des Departements

Verzeihen Sie gnädigst, daß, obwohl ich nicht das Glück u[nd] die Ehre habe, Ihnen | persönlich bekannt zu seyn, ein Wunsch mich so kühn macht, Ew Hochwohlgebohren | mit diesen Zeilen zu belästigen, indem Dero geneigte Ueberzeugung von selbigem mich | für seine Erfüllung würde hoffen machen. Schon früh fühlte ich eine besondere Neigung | zum akademischen Leben; indeß Verhältniße und die nächsten Pflichten mußten diese | Vorliebe beschränken. Desto inniger wurde sie von neuem durch Verlegung der Akade- | mie zu Frankfurt an hiesigen Ort rege, da Privatstunden in Elementarkenntnißen, | die meine äußere Lage bey einem spärlichen Amte forderte, bisher mehr fähig waren, mei- | ne Studien zu hindern als zu fördern. Sehr würdige und vorzüglich gelehrte | Männer werden nun bald für alle Fächer der Wißenschaft sich hier versammlen, | aber vielleicht war es nicht bloß ein anmaßender Wahn, wenn ich glaubte, daß, | da von der Frankf[urter] theologischen Facultät, wie ich höre, nur H[err] D. u[nd] Prof. Schulz, | mein werthgeschätzter Freund, hieherkömmt, auch noch außer ihm und den theolog[ischen] | Docenten der bisherigen Leopoldina ein Raum für kirchenhistorische Vorlesun- | gen übrig wäre; also einen Theil der Theologie, der mich von jeher besonders an- | sprach, da frühe Neigung mir Geschichte zum Lieblings Studium machte. Zwar haben | einige andere litterarische Versuche mir noch nicht vergönnt, bis jetzt dem Publikum | eigene Untersuchungen in dieser Hinsicht vorzulegen. Indeß munterte mich der ehren- | volle Auftrag des H[er]rn Dr. und Prof. Vaters meines mir ewig theuren Lehrers, noch als | Studirender in Halle die 1. Auflage seiner kirchenhistor[ischen] Tabellen vor ihrer Herausga | be durchzusehen, dringend auf, das Begonnene fortzusetzen. Eine Sammlung von Excerp- || ten und Bemerkungen, meist aus Quellen, für alle Theile der Kirchengesch[ichte] suchte ich | bisher immer mehr zu vervollständigen, u[nd] nährte mir die Hoffnung, in einiger Zeit, wenn | ich Muße dazu gewinnen könne, ein oder ein paar Versuche der öffentlichen Beurtheilung | zu

Hochwohlgeborner, gnädiger Herr,
Höchstzuverehrender Herr geheimer Staatsrath
u. Chef des Departements.

Verzeihen Sie gnädigst, daß, obwohl ich nicht das Glück u. die Ehre habe, Ihnen persönlich bekannt zu seyn, ein Wunsch mich so kühn macht, Ew. Hochwohlgeboren mit diesen Zeilen zu belästigen, indem Ihro geneigte Ueberzeugung von selbigem mich für seine Erfüllung würde hoffen machen. Schon früh fühlte ich eine besondere Neigung zum akademischen Leben; indeß Verhältnisse und die nächsten Pflichten mußten diese Vorliebe beschränken. Desto inniger wurde sie von neuem durch Verlegung der Akademie zu Frankfurt an hiesigen Ort rege, da Freundschaften u. Glaubensverwandtschaften, die meine äußere Lage bey einem geistlichen Amte fordert, bisher mich fähig machten, ein Studium zu hindern als zu fördern. Sehr würdige und vorzüglich gelehrte Männer wurden nun bald für alle Fächer der Wissenschaft hieher versammelt. aber vielleicht war es nicht bloß ein anmaßender Wahn, wenn ich glaubte, daß der von der Frankf. theologischen Facultät, wie ich höre, an H. Dr. u. Prof. Schulz, mein werthgeschätzter Freund, sich übertragen, auch noch außer ihm und den theolog. Docenten der katholischen Leopoldina ein Raum für kirchenhistorische Vorlesungen übrig wäre; also ein Theil der Theologie, der mich von jeher besonders ansprach, da frühe Neigung mir Geschichte zum Lieblingsstudium machte. Zwar haben einige meiner litterarischen Versuche mich noch nicht ermuntert, bis jetzt den öffentlichen eigene Untersuchungen in dieser Hinsicht vorzulegen. Jedoch ermunterte mich die ehrenvolle Zustimmung des Hrn. D. u. Prof. Schulz, welcher mir einige Zeit früher erlaubt, mich als Studierenden zu Halle die 1. Grundlage seiner kirchenhistor. Tabellen vor ihrer Herausgabe durchzusehen, dringend auf, den Versuch fortzusetzen; sein Urtheil von Ehrf.

16 N. K. Süvern vorgelegt

Fellner

übergeben; wozu einige Ideen über diese Wißenschaft im allgemeinen, die ich hoffe | Michaelis d.J. herausgeben zu können, vielleicht nicht ganz überflüßige Andeutun- | gen als Vorläufer enthalten sollen. Könnte ich daher so glücklich seyn, durch Mitthei- | lung einer außerordentlichen Profeßur in der Theologie namentlich in der Kirchengeschich- | te durch öffentliche Vorträge mich zu üben, so müßte mir dies die froheste Aufforde- | rung seyn, in dieser Art Kenntniße mich nach möglichsten Kräften fortzubilden und in | ihnen für das gelehrte Publikum bemüht zu bleiben. Diesen Wunsch wage ich daher Ew | Gnaden unterthänig zu äußeren, und die Bitte damit zu vereinen, daß Dero | geneigtes nachsichtsvolles Wohlwollen demselben bey dem hochlöblichen Departement bezeugt werden möge.

Es vermögte [?] dies nichts anderes in meinem Herzen, als die innigste und dank- | vollste stete Verpflichtung mit der vollkommensten geziemenden Hochachtung und | Respect zu verbinden, mit welchen ich die vorzügliche Ehre genieße, mich nennen | zu dürfen, Hochwohlgebohrener, hochzuverehrender Herr geheimer Staatsrath

Ew Gnaden

Breslau, 18 Jan[uar] 1811

unterhänigster Diener
J. G. Scheibel.

ten und Sammlungen, nicht aus Quellen, für alle Theile der Kirchengesch. suchte ich bisher immer mehr zu vervollständigen, u. erhielt mir die Hoffnung, in einiger Zeit, wenn ich Muße dazu gewinnen könnte, ein oder den andern Versuch der öffentlichen Beurtheilung zu übergeben; wozu einige Ideen über diese Wissenschaft im allgemeinen, die ich sonst Michaelis d. J. herausgeben zu können, vielleicht nicht ganz überflüssige Vorarbeiten zu als Vorläufer enthalten sollen. Könnte ich daher so glücklich seyn, durch Mittheilung einer außerordentlichen Professur in der Theologie vornämlich in der Kirchengeschichte durch öffentliche Vorträge mich zu üben, so möchte mir dies die sicherste Aufforderung seyn, in dieser Art Kenntnisse mich nach möglichsten Kräften fortzubilden und in ihr für das gelehrte Publikum brauchbar zu bleiben. Diesen Wunsch wage ich daher, Ew. Gnaden unterthänig zu äußern, und die Bitte damit zu vereinen, daß Dero gnädigstes rücksichtsvolles Wohlwollen demselben bey dem hochlöblichen Departement bezeigt werden möge.

Ich wiederhole hier nichts anders in meinem Bogen, als die innigste und dankvollste stete Verpflichtung mit der vollkommensten gehorsamsten Hochachtung und Respect zu verbinden, mit welcher ich die vorzügliche Ehre genieße, mich nennen zu dürfen, Hochwohlgeborener, Hochzuverehrender Herr geheimer Staatsrath,

Ew. Gnaden

Breslau. 18 Jan. 1811.

unterthänigster Diener
J. G. Scheibel.